数字赋能乡村振兴：
理论与实践

王　娜／著

中国农业出版社
北　京

本书受中央高校基本科研业务费专项资金资助（项目编号：2022TC055）出版

前 言

近年来，随着以大数据、云计算、物联网、人工智能等为代表的新一代信息技术不断取得突破，全球进入了数字经济时代，数字技术在与实体经济相融合的过程中推动经济社会深刻变革。与此同时，我国进入全面建设社会主义现代化国家的新发展阶段，习近平总书记强调"全面建设社会主义现代化国家，最艰巨最繁重的任务仍然在农村。"随着网络化、信息化和数字化在我国农业农村的不断延伸应用，日益赋能农业农村各个领域和环节，深刻改变农业生产方式和农民生活方式。数字技术已经成为乡村振兴的新引擎。

在此背景下，我国大力推进数字乡村建设。从2018年中央1号文件首次提出数字乡村建设，到国家相关部门相继发布了《数字乡村发展战略纲要》《关于开展国家数字乡村试点工作的通知》《数字乡村建设指南1.0》《数字乡村标准体系建设指南》等相关政策方案，我国的数字乡村建设正逐步从战略构想走向实践落地。

那么，如何从理论上理解数字与乡村的融合？本书尝试通过技术创新、场景应用、产品服务三个层面，探讨数字与"三农"的链接：一是技术创新赋能农业高质高效，推动实现农业强国。通过现代数字技术对农业对象、环境和全过程进行可视化表达、数字化设计、信息化管理，进一步转变农业生产方式，推动农业生产效率的提高，促进传统农业向现代农业转型，加快实现农业强国。二是场景应用赋能农村宜居宜业，助力建设和美乡村。利用数字化技术打破传统生产要素的有限供给，加快"三农"资源有效配置，把农村产业、文化、生态、治理等多元场景有机结合起来，因地制宜构建"智慧场景"，实时掌握农村生产、生活、生态变化态势，助力建设和美乡村。三是产品服务赋能农民富裕富足，增强农民获得感满足感。数字平台凭借高效的组织方式和规模效应，将丰富多元的产品和服务突破时空限制传送到广大农村，惠及广大农民。优质便捷的产品和服务方便了农民的生产生活，也拓宽了农民文化素质提升的渠道，真正让农民在乡村发展中有获得感和富足感。

而在实践中，随着数字乡村建设的持续推进，数字技术有效赋能我国乡村振兴战略的实施与推进。因此，本书从乡村振兴战略的总要求出发，用理论探讨和实践案例相结合的方式探讨数字如何赋能产业兴旺、生态宜居、乡风文明、治理有效和生活富裕。总体来看，数字技术作用于乡村政治、经济、文化、社会、生态等方面带来的变化是全方位的，也是颠覆性的。但值得注意的是，数字乡村建设由于技术的成本投入和专业门槛较高，前期仍主要依靠政府、企业的大力推动，在后期的推广应用中则需要与广大农民的积极参与相结合，使数字技术焕发更大的生产力，使农民的生产和生活更受益于技术的变革。

本书得以撰写的重要基础是作者团队持续参与到重庆市国家数字乡村试点区县的数字乡村规划和建设中。我们既惊叹数字技术在重庆乡村的种植养殖、农产品电商、乡村治理、公共服务等领域的推广落地为广袤乡村带来的变革与力量，也深感乡村数字基础设施薄弱、产业单一、人才短缺等问题对数字乡村建设的限制与约束。因此，本书将作者团队赴重庆市渝北区、荣昌区、巴南区、垫江县、大足区的实地调研思考作为其中的组成部分编入，通过更丰富的实践案例来促进更全面的思考。

最后，感谢我的学生赵璐雨、马尹岚、张家玮、牛怡龙、邵洋等，他们积极参与到对数字乡村的研究和团队调研中，为本书的完成贡献了重要力量。由于数字技术和数字经济在乡村的发展仍处于探索阶段，本人的思考也不免有不足之处，若有疏漏，恳请读者朋友们批评指正。

目 录

CONTENTS

第二篇　数字赋能乡村振兴的总要求

第四篇　数字赋能乡村振兴在重庆的实践

第一篇

乡村振兴与数字技术的
时代碰撞

第一章

乡村振兴：
中华民族伟大复兴的"三农"新篇章

2017 年，党的十九大报告首次提出实施乡村振兴战略，指出"要坚持农业农村优先发展，按照产业兴旺、生态宜居、乡风文明、治理有效、生活富裕的总要求，建立健全城乡融合发展体制机制和政策体系，加快推进农业农村现代化。"① 党的二十大再次强调："全面建设社会主义现代化国家，最艰巨最繁重的任务仍然在农村。"② 实施乡村振兴战略是关系全面建设社会主义现代化国家的全局性、历史性任务，是新时代"三农"工作的总抓手。

第一节　乡村振兴战略的重要意义

实施乡村振兴战略，是解决我国社会主要矛盾的必然选择、建设社会主义现代化国家的关键环节和实现共同富裕的客观要求，具有重大现实意义和深远历史意义。

一、解决社会主要矛盾的必然选择

党的十九大报告指出："中国特色社会主义进入新时代，我国社会主要矛盾已经转化为人民日益增长的美好生活需要和不平衡不充分的发展之间的矛盾。"③ 随着改革开放以来物质生活水平的不断提高，人们对生活的标准和要求已经从单一的物质需要向多样化、个性化、多层次的需求转变，他们"期

---

① 习近平. 决胜全面建成小康社会　夺取新时代中国特色社会主义伟大胜利——在中国共产党第十九次全国代表大会上的报告 [M]. 北京：人民出版社，2017：32.
② 习近平. 高举特色社会主义伟大旗帜　为全面建设社会主义现代化国家而团结奋斗——在中国共产党第二十次全国代表大会上的报告 [M]. 北京：人民出版社，2022：30 - 31.
③ 习近平. 决胜全面建成小康社会　夺取新时代中国特色社会主义伟大胜利——在中国共产党第十九次全国代表大会上的报告 [M]. 北京：人民出版社，2017：11.

盼有更好的教育、更稳定的工作、更满意的收入、更可靠的社会保障、更高水平的医疗卫生服务、更舒适的居住条件、更优美的环境、更丰富的精神文化生活。"影响满足人民美好生活需要的因素很多，但主要是发展不平衡不充分的问题。"我国发展最大的不平衡是城乡发展不平衡，最大的不充分是农村发展不充分。"① 城乡发展不平衡除了体现为农村地区经济发展滞后、农民收入偏低之外，城乡间基础设施和公共服务的差距最为突出。一些优质的教育和医疗资源集中分布在城市，农村地区相对匮乏。同时，农业基础比较薄弱、农村人口流失严重、乡村治理能力薄弱等问题也较为突出。而实施乡村振兴战略正是破解城乡发展不平衡、农村发展不充分的必然要求，也是解决我国社会主要矛盾的必然选择。

二、建设社会主义现代化国家的关键环节

党的二十大指出"中国共产党的中心任务就是团结带领全国各族人民全面建成社会主义现代化强国、实现第二个百年奋斗目标，以中国式现代化全面推进中华民族伟大复兴。"② 工业化和城镇化是一个国家实现现代化的必由之路和强大动力，也是被各国实践证明的客观规律。但我国拥有约 14 亿人口，即使城镇化率达到 70%，仍将有 4 亿多人在农村。这意味着我国的现代化无论如何发展，乡村始终存在，城乡长期共存、共同发展是必须面对的客观现实。在人口超过 10 亿的国家实现现代化，这在世界上还没有先例，更没有现成的经验，具体的道路只能由我国自行探索。由于城乡在经济、社会、文化、生态等方面具有不同的功能，城乡之间只有形成不同功能的互补，才能使整个国家的现代化进程健康推进。在我国现代化进程中，不能一边是繁华的城市，一边是凋零的乡村，这既不符合社会主义的本质要求，更不符合中国共产党的执政宗旨。因此，乡村振兴是建设社会主义现代化国家的关键环节。

三、实现全体人民共同富裕的必然要求

习近平总书记在中央财经委员会第十次会议上指出"促进共同富裕，最艰巨最繁重的任务仍然在农村。"并提出促进农民农村共同富裕的要求："要

---

① 中共中央党史和文献研究院．习近平关于"三农"工作论述摘编［M］．北京：中央文献出版社，2019：44.

② 习近平．高举中国特色社会主义伟大旗帜　为全面建设社会主义现代化国家而团结奋斗——在中国共产党第二十次全国代表大会上的报告［M］．北京：人民出版社，2022：21.

巩固拓展脱贫攻坚成果，对易返贫致贫人口要加强监测、及早干预，对脱贫县要扶上马送一程，确保不发生规模性返贫和新的致贫。要全面推进乡村振兴，加快农业产业化，盘活农村资产，增加农民财产性收入，使更多农村居民勤劳致富。要加强农村基础设施和公共服务体系建设，改善农村人居环境。"巩固脱贫攻坚成果是实施乡村振兴战略的前提，脱贫攻坚和乡村振兴的政策和实践指向都是实现共同富裕，只有将脱贫攻坚成果与乡村振兴战略有效衔接才能实现农民农村共同富裕的目标。产业振兴是促进农民增收致富的基础，实施乡村振兴战略，不断夯实农村产业基础、促进农村产业快速发展，将有力拓宽农民就业增收渠道，促进农民共同富裕。实现共同富裕要大力促进城乡基本公共服务均等化，在推进乡村振兴的进程中，持续加大乡村基础设施建设支持力度，增加高质量的乡村科技、教育、医疗、养老、文化等服务供给，不断提升乡村基本公共服务水平。实施乡村振兴战略作为实现农民农村共同富裕的必经之路，是实现全体人民共同富裕的必然要求。

第二节　乡村振兴战略的时代背景

乡村振兴战略是新时代"三农"工作的总抓手，是解决"三农"问题的重大决策部署。目前，我国乡村振兴的基础和条件已经具备，但是乡村发展不平衡不充分的问题仍然突出。面对世界百年未有之大变局叠加世纪疫情，乡村全面振兴成为应变局、开新局的"压舱石"。

一、现实基础和条件已经具备

党的十八大以来，解决好"三农"问题一直作为全党工作的重中之重，大量推进乡村振兴的政策举措出台落地，农业农村现代化取得长足发展。

一是我国工业化和城镇化水平已具备实施乡村振兴的条件。目前我国已建成完整的工业体系，工业化进入到中后期，经济实力和综合国力显著增强，具备了以工促农的条件。与此同时，我国城镇化水平大幅度提高，城镇化率从 1979 年的 10.7% 提高到 2021 年的 64.72%[①]。在此过程中，城市基础设施条件显著改善，城镇居民生活水平快速提升，城镇经济高速增长，产业结构持续升级，为以城带乡、城乡融合发展提供了坚实基础。

---

① 数据来源于国家统计局。

二是我国在推进农业农村现代化方面积累了重要经验。十八大以来，我国农业供给侧结构性改革深入推进，粮食生产能力大幅度提升，农村新产业新业态蓬勃发展。农村改革深化突破，农村土地"三权"分置取得进展，集体产权制度改革稳步推进。城乡一体化持续深化，城乡均衡发展有效推进，城乡差距不断缩小。脱贫攻坚圆满收官，农村经济社会发生历史性变化。这些战略举措的持续推进为我国实现乡村振兴积累了重要的经验。

三是我国农村具备了快速发展的物质基础。党的十八大以来，以习近平同志为核心的党中央坚持把解决好"三农"问题作为全党工作的重中之重，不断加大惠农富农强农的政策支持力度，稳步推进农业农村现代化发展，扎实开展新农村建设，全面深化农村地区的各项改革，农村面貌发生了翻天覆地的变化。农村基础设施建设不断完善，水电路气等基础设施条件极大改善。农村公共服务水平极大提升，医疗卫生、教育、养老和文化事业持续发展。不断完善的基础设施和公共服务为农业农村的发展提供了有力支撑。

二、农村发展不充分不容忽视

尽管新时代我国"三农"工作取得了显著成就，但我国农村仍然在人口、产业、生态、文化、治理等方面面临一系列难题，发展的不充分不容忽视。

（一）农村人口结构失衡明显

在我国工业化、城镇化进程加快发展的背景下，农村大量劳动力向城市转移，导致农村地区劳动力缺乏。进城务工群体在适应城市生活后，返乡意愿降低，农村地区人口结构进一步恶化，加剧了农村的衰落。根据 2020 年第七次全国人口普查数据显示，我国居住在城镇的人口为 90 199 万人，占 63.89%；居住在乡村的人口为 50 979 万人，占 36.11%。与 2010 年相比，城镇人口增加 23 642 万人，乡村人口减少 16 436 万人，城镇人口比重上升 14.21 个百分点[①]。其中，在大量流向城市的人口中，青壮年占据主力，他们担负着家庭的重担，为获得更多的收入和更好的生活选择到城市工作打拼。但是，随着大量青壮年劳动力进城，留守农村的则多是老人、妇女和儿童，农村人口的年龄结构、性别都严重失衡。目前，全国有留守儿童近千万人，1 亿多名农村老年人。农村 60 岁、65 岁及以上老人的比重分别为 23.81%、

---

① 数据来源于国家统计局《第七次全国人口普查公报》。

17.72%，分别比城镇高出 7.99、6.61 个百分点①。随着人口的大量外流，村庄老龄化、空心化现象严重，一些乡村接近废弃，影响了农业农村现代化的推进。

（二）农村产业发展质量和效益有待提高

目前我国正积极推进农业农村现代化，但现代化的实现程度仍有待提高。相关研究显示，全国农业产业体系的现代化、农业绿色发展水平的现代化、农业支持保护水平的现代化处于转型跨越阶段，而全国农业经营体系的现代化、全国农业质量效益水平的现代化还处于发展起步阶段②。我国农业生产规模化经营程度仍然较低，主要为小规模分散经营。据第三次全国农业普查数据显示，2016 年我国农业经营户为 20 亿户，其中规模经营户仅有 398 万户③，仅占所有农户的 1.92%。广大农户与农业现代化和市场之间缺乏有效的衔接机制，在市场中处于弱势地位，缺乏市场竞争力。这主要是因为我国农业基础依然薄弱，虽然目前农业产业结构调整已初见成效，但仍存在一些亟待解决的问题。如农业生产方式仍较为粗放，农业规模化、标准化水平较低；农产品加工业发展滞后，农产品增值困难；农业社会化服务体系不健全，农业生产性服务业供给不足；缺乏具有市场竞争力的农业品牌等等。与此同时，农产品阶段性、地区性供过于求和供给不足并存，农业结构仍需进一步调整，农业供给质量有待提高，农业供给侧结构性改革亟须进一步推进和深化。

（三）农业生态环境亟须改善

长期以来，我国的农业生态环境在保持和促进农业生产体系、保障食物供给、促进国民经济发展等方面发挥了重要作用。但我国农业发展在取得巨大成就的同时，也产生了突出的环境问题。受各种因素影响，我国化肥、农药长期超量使用，畜禽粪液、秸秆等不科学、不合理利用，导致农田、河流和大气严重污染，农业生态环境遭到破坏，在各种原生、次生生态环境问题叠加下，农产品质量安全难以保障，同时对社会的可持续发展带来了潜在威胁。一方面，我国农业资源利用率较低。2020 年我国水稻、小麦、玉米三大粮食作物化肥利用率为 40.2%，农药利用率为 40.6%④，远低于欧美发达国家 50%～60% 的平均水平。此外，2016 年公布实施的《关于推进农业废弃物

---

① 数据来源于国家统计局《第七次全国人口普查公报》。
② 黄哲雯. 我国农业现代化实现程度总体上处于转型跨越初期［N］. 工人日报，2021-01-06.
③ 数据来源于国家统计局《第三次全国农业普查主要数据公报》。
④ 农业农村部. 我国三大粮食作物化肥和农药利用率双双超 40%［R/OL］.（2021-01-19）. http://www.moa.gov.cn/xw/bmdt/202101/t20210119_6360102.htm.

资源化利用试点的方案》明确指出，全国每年产生畜禽粪污38亿吨，综合利用率低于 60%；每年生猪病死淘汰量约 6 000 万头，集中无害化处理比例不高；每年产生秸秆近 9 亿吨，资源化利用率约 70%；农膜使用量 200 多万吨，回收率不足 2/3[①]。另一方面，农业生态功能开发落后也导致了农业生态环境污染。我国长期以来注重农业生态系统的生产功能，忽视了农业生态系统的多功能建设与开发，进而导致各种生态环境问题突出，农产品质量安全无法得到保障。近年来，在新发展理念的引领下，我国加大对农业生态环境领域科技创新的投入，涌现了一大批科技创新成果，对我国在防治农业生态环境污染方面发挥了积极作用。但在具体实践中，农业生态环境污染治理仍然存在投资不足、分散且不系统、不持续等问题，需要进一步提高相关领域科技的整体创新和产业相关性。

（四）乡风文明仍需培育滋养

乡村振兴既要塑形，也要铸魂。近年来，虽然我国乡风文明建设取得了显著成果，但还存在一些薄弱环节，例如一些乡村传统文化没有得到有效传承、不良风气依然盛行、文化阵地建设落后等，这些都制约着乡风文明的有效培育。首先，乡村传统文化没有得到有效保护和传承。由于城镇化和乡村撤并，全国传统乡村数量逐渐减少，许多历史名镇和古村落随之消失。特别是一些地方政府为追求所谓的整齐划一，大拆大建，一些极具文化价值的建筑物、街道、古树等遭到不同程度的破坏。而且随着乡村大量年轻人进城，传统文化传承出现断裂，许多老中医、老艺人、老工匠等的古老技艺无人传承，导致乡村优秀传统文化日益衰落，乡村精神文明建设面临诸多挑战。其次，不良风气依然存在。在一些农村地区，红白喜事盲目攀比、大操大办等陈规陋习屡禁不止，同时乡村迷信之风仍然盛行，宗教异端思想仍在蔓延，乱建庙宇和滥塑宗教造像现象仍然存在，极大地影响农村社会的稳定和谐。最后，农村文化阵地建设滞后，公共设施建设投入不足。当前，多数农村地区还缺乏相对固定的文化活动场所，许多村庄即使建有文化室、图书室，但图书、文化器材等却相当缺乏，无法满足农民日益增长的文化需求。

（五）乡村治理面临诸多挑战

乡村治理是国家治理的基础。目前我国的乡村治理主要依靠乡镇政府及村民自治组织，而作为乡村治理领导核心的农村基层党组织仍存在着软弱涣

---

① 农业农村部. 关于印发《关于推进农业废弃物资源化利用试点的方案》的通知 [EB/OL].
(2016-08-11). http：//www.moa.gov.cn/gk/zcfg/nybgz/201609/t20160919_5277846.htm.

散等现象，许多基层组织缺经费、缺阵地，大部分村集体经济薄弱，基层干部待遇差，许多人不愿在村中担任职务，基层组织在乡村治理中无法发挥引领作用。一方面，乡镇政府的部分工作人员受教育层次相对较低，对于乡村治理工作仍采用传统的被动治理模式，缺乏创新性。另一方面，随着城镇化的发展，农村大部分年轻人涌入城市工作，或大学毕业之后选择留在城市就业，乡村空巢老人和留守儿童数量不断加大，空心化日益严重，导致村民自治组织缺乏年轻血液，农村发展缺乏有头脑有思想的人带领。这些现实状况给乡村治理带来了很大的挑战。

三、城乡发展不平衡愈加突出

长期以来，我国城乡发展不平衡问题突出，城市与乡村之间、工业与农业之间、市民与农民之间的发展差距呈扩大趋势。这不仅制约农业农村发展，也制约城镇化水平和质量的提升，进而影响我国经济社会发展全局。

(一) 城乡居民可支配收入差距仍然较大

城乡居民可支配收入差距是城乡发展不平衡最直观的体现。从城乡居民人均可支配收入指标来看（图 1-1），2021 年城镇居民人均可支配收入为 47 412 元，农村居民人均可支配收入为 18 931 元，城镇居民人均可支配收入是农村居民人均可支配收入的 2.5 倍。从发展趋势来看（图 1-2），1978 年城镇居民人均可支配收入、农村居民人均可支配收入分别为 343.4 元、133.6 元，两者的比值为 2.57。改革开放以来，由于家庭联产承包责任制的实行和农产品收购价格的大幅度提高，1983 年城乡居民可支配收入比值缩小到 1.82，但此后这一比值总体呈现扩大趋势，最大时达到 3.33[①]。尽管近年来这一差距不断缩小，但绝对差距依然是在逐年增加，城乡居民可支配收入差距较大的情况依然没有得到根本性改变。由于农村居民收入增速低，城乡居民收入差距较大，导致农村地区发展活力和潜力远低于城市。

(二) 农村基础设施建设欠账较多

城乡发展差距最直观的体现是基础设施建设。由于长期以来我国发展的重心主要是城市，发展的重点是工业，城市基础设施建设获得了快速发展，而农村地区的基础设施建设长期滞后。由于大量农村劳动力转移进城，广大农村地区供水、排水、道路、电力、信息网络等建设严重滞后于城市，出行

---

① 数据来源于国家统计局。

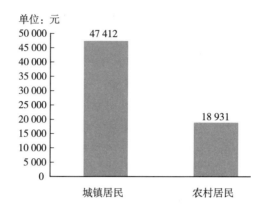

单位：元

图 1-1　2021 年城乡居民可支配收入对比图

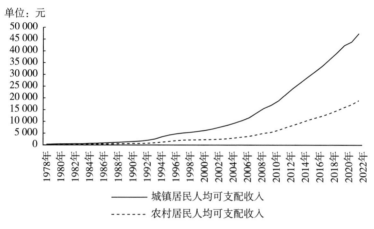

单位：元

────── 城镇居民人均可支配收入

------ 农村居民人均可支配收入

图 1-2　1978—2021 年城乡居民可支配收入趋势图

难、安全饮水难、网络慢、教育资源缺乏、医疗条件差等问题仍很突出。党的十八大以来，随着脱贫攻坚战与乡村振兴战略的实施，我国农村基础设施建设有了较大改善，但与城市相比仍有一定差距。农村道路建设质量较差，养护投入严重不足；电力设备陈旧落后，用电成本较高；集中式供水比例仍然很低，农村供水安全保障体系不完善；流通设施建设严重滞后，农产品贸易配套物流设施不足。农村公共基础设施建设及管理养护运营机制亟待完善。

（三）农村公共服务发展滞后

得益于长期以来的工业化和城镇化建设，城镇地区拥有较为完善的公共服务体系。虽然农村地区基本公共服务的制度框架搭起来了，但覆盖不全、标准较低的问题仍然比较明显，仍有不少领域的公共服务配置处于从无到有的数量增加阶段，农村基本公共服务水平急需提高。据第三次全国农业普查数据显示，只有 11.9% 的乡镇有剧院，16.6% 的乡镇有体育场馆，66.8% 的乡镇有社会福利收养性机构①。除了公共服务设施不足外，农村地区的教育、医疗、养老等公共服务水平也较低。教育方面，农村学前教育滞后、高中教学质量偏低、重点高等院校录取农村生源的比例极低等；医疗方面，农村医疗保障水平明显偏低，农民工参加城镇职工医疗保险者不足 30%；养老方面，农村居民的养老保障水平仅为城镇居民的 1/20，有超过 1 亿的农民工并未参加城镇职工养老保险，有 1.5 亿名农民游离于城乡居民基本养老保险之外②。农村公共服务体系不仅落后于城市，而且跟不上农村经济发展的需要，严重影响着农民生活质量的提高，制约着农业农村的现代化建设。

四、乡村振兴是应变局、开新局的"压舱石"

当今世界正经历百年未有之大变局，世纪疫情叠加使大变局加速变化，乌克兰危机又撕开全球裂痕，世界正进入动荡期。在此背景下，全球经济衰退，产品贸易不稳定性、不确定性更加突出。与此同时，我国正处于实现中华民族伟大复兴关键时期，比历史上任何时候都更接近、更有信心和能力实现中华民族伟大复兴的目标。因此，提高我国农业竞争力、妥善应对国际市场风险任务紧迫，乡村的全面振兴是应变局、开新局的"压舱石"。

（一）稳住"三农"基本盘是应对风险挑战的基础

当前，在复杂国际形势冲击下，国际粮食供应链不畅，国际粮价剧烈波动，对我国粮食进口的稳定性带来挑战，也对我国的粮食安全造成了威胁。国际环境严峻复杂，给粮食稳产保供、乡村产业发展、农民就业增收带来了诸多不确定性。为应对国内外的各种风险挑战，必须坚持农为邦本，做好"三农"工作，稳住农业基本盘不动摇，抓住粮食安全这个关键点。"十几亿人口要吃饭，这是我国最大的国情。"习近平总书记强调，"保障好初级产品供给是一个重大战略性问题，中国人的饭碗任何时候都要牢牢端在自己手中，饭碗主要装中国粮。"稳住"三农"工作基本盘是稳大局的基础，而"三农"的稳定首要任务就是保障国家粮食安全，保证粮食产量稳增长、粮农稳增收、粮价稳运行。

---

① 数据来源于国家统计局《第三次全国农业普查主要数据公报》。
② 陈锡文，罗丹，张征. 中国农村改革 40 年 [M]. 北京：人民出版社，2018.

（二）乡村振兴是扩大内需的着力点

"三农"向好，全局主动。2020年12月，习近平总书记在中央农村工作会议上强调，"构建新发展格局是我们应对世界大变局的战略举措，也是我们顺应国内发展阶段变化、把握发展主动权的先手棋。把战略基点放在扩大内需上，农村有巨大空间，可以大有作为。"① 一方面，农村有广阔的消费市场，推进乡村振兴可以充分挖掘农村消费潜力。近年来，经济全球化遭遇逆流，世界经济持续低迷，扩大内需对我国经济保持持续增长显得尤为重要。在推进乡村振兴的过程中，随着农村生产力水平和农民收入水平提高，将推动农村居民消费扩容提质升级，释放出农村巨大的消费潜力，激发农村市场活力，为形成强大国内市场提供支撑。另一方面，推进乡村振兴可以促进城乡经济循环。城乡经济循环是畅通国内大循环的重要环节，推进乡村振兴可以促进城乡资源要素充分对流、城乡供应有效对接，从而促进乡村资源与全国大市场对接，畅通国内大循环。

第三节　乡村振兴战略的总体要求

乡村振兴战略提出五个方面的总要求，即产业兴旺、生态宜居、乡风文明、治理有效、生活富裕，反映了乡村振兴战略的丰富内涵。

一、产业兴旺是重点

乡村要振兴，产业必振兴。产业是乡村发展的经济基础，产业兴旺是乡村振兴的首要任务。"产业兴旺"要抓牢粮食安全战略这根线，大力实施"藏粮于地、藏粮于技"战略，强化农田水利基础设施保障，充分释放农机装备与种业等现代科技创新的增产潜力，夯实粮食生产能力。实施"质量兴农"战略，推进农业由"增产导向"转向"提质导向"，切实提升全要素生产率，提高农业发展的质量和效益。着力推进农村一二三产业融合，大力开发农业多种功能，推动乡村业态多元化发展，切实促进农民增收，实现生活富裕。促进小农户和现代农业发展有机衔接，改善小农户生产条件，提升小农户的抗风险能力和组织化程度，帮助小农户对接市场。大力推动市民下乡、能人回乡、企业兴乡，更好地培育新型农业经营主体，解决好当前乡村产业发展的人才短缺问题。

---

① 习近平. 论"三农"工作［M］. 北京：中央文献出版社，2022：5.

二、生态宜居是关键

生态宜居体现了广大农民群众对建设美丽家园的追求。在工业化、城镇化加速发展的今天，必须深入贯彻新发展理念，树立尊重自然、顺应自然、保护自然的意识，着眼于乡村生态可持续发展，加大对乡村生态治理的投入力度。要把山水林田湖草作为一个生命共同体，实施重要生态系统保护和修复工程；建立市场化多元化生态补偿机制，加大对森林、草原、湿地和重点生态功能区的转移支付力度；正确处理开发与保护的关系，将乡村生态优势转化为发展生态经济的优势，提供更多更好的绿色生态产品和服务。加强对农村突出环境问题的综合治理，要在农业非点源污染防治、农村饮用水水源保护、土壤污染治理、流域环境治理、近岸海域综合治理等方面，实现投入品减量化、生产清洁化、废弃物资源化、产业模式生态化，严禁工业和城镇污染向农业农村转移。

三、乡风文明是保障

乡村振兴，既要塑形，也要铸魂。"乡风文明，是乡村振兴的紧迫任务，重点是弘扬社会主义核心价值观，保护和传承农村优秀传统文化，加强农村公共文化建设，开展移风易俗，改善农民精神风貌，提高乡村社会文明程度。"[①] 在乡村振兴过程中，要全面践行社会主义核心价值观，激发村民文化自信，为乡村经济社会发展提供良好的社会氛围和坚实的文化基础。中华优秀传统文化是中华民族的根脉，要大力弘扬广大农村保存下来的优良传统文化，加强对农村非物质文化遗产和农业文化遗产的保护，尤其要加强对中华优秀传统文化、红色革命文化重点地区的保护，同时要注重对少数民族地区的民俗、民居等特色文化的保护，建设好广大农民的精神家园。加强农村公共文化建设，加强乡村道德建设，开展移风易俗，提升农民精神风貌，让文明乡风、良好家风、淳朴民风在农村发扬光大，提高乡村社会文明程度。

四、治理有效是基础

坚持和加强党对农村工作的全面领导、提高党的农村基层组织建设质量以及健全自治、法治、德治相结合的乡村治理体系，对深入实施乡村振兴战

---

① 习近平. 论"三农"工作 [M]. 北京：中央文献出版社，2022：278.

略、推动全面从严治党向基层延伸、巩固党在农村的执政基础具有十分重要的意义。2018 年 11 月 26 日，中共中央政治局召开会议审议《中国共产党农村基层组织工作条例》，强调村党组织要全面领导隶属本村的各类组织和各项工作；要加强农村党支部建设，坚持支部建在村上，实现对农村各领域全覆盖；要推动农村基层党组织在重大任务中发挥作用，推动乡村自治、法治、德治有机结合，更好地引导、带领群众投身乡村振兴；要充分发挥农村居民的积极性、主动性，真正实现邻里和睦融洽，形成现代乡村社会治理体制，确保农村社会的健康、有序发展。

五、生活富裕是根本

生活富裕就是让广大农民经济宽裕、衣食无忧、生活便利。广大农民对美好生活的向往是推动乡村振兴的根本动力，保障农民根本利益，促进亿万农民群体的共同富裕是实现农村全面发展的根本出发点和落脚点。多元化增收是实现生活富裕的关键所在，要继续深化农业供给侧结构性改革，将农产品生产不断调优调绿。发展农村新动能、新业态，重点发展农产品加工、观光旅游、农村电商等新业态，提升农产品附加值，促进农村一二三产业融合。在政策和资金上加以扶持，把乡村的潜在优势转化为现实生产力。加大对人才，尤其是返乡人才的支持力度，对农村现有的技术能手、致富明星给予适当奖励，充分激发他们的带动作用，对于返乡创业人才面临的资金、技术、人才和用地等难题给予及时解决。搭建"小农户"和"大市场"的对接桥梁，充分发挥农业合作社、农业龙头企业等的聚合作用，采用合适的方式，带动普通农户规避风险、对接市场、增加收入。

乡村振兴战略是"五位一体"总体布局中的经济、政治、文化、生态、社会建设在"三农"工作的体现，是产业、人才、文化、生态、组织的全面振兴，是新时代促进农业全面升级、农村全面进步、农民全面发展的重要部署。

第二章

数字经济：赋能乡村振兴的新引擎

近年来，以大数据、云计算、物联网、人工智能等为代表的新一代信息技术不断取得新的突破，在与实体经济相融合的过程中推动经济社会深刻变革。随着全球进入数字经济时代，我国数字经济的发展也进入了快车道。在此背景下，网络化、信息化和数字化在农业农村不断延伸应用，日益赋能农业农村的各个领域和环节，深刻改变农业生产方式和农民生活方式。数字经济的发展已经成为乡村振兴的新引擎。

第一节　数字经济的发展为乡村振兴提供新动能

数字技术已经成为驱动经济社会发展的关键力量，在推动经济增长和数字化转型上发挥了重要作用。数字经济发展速度之快、辐射范围之广、影响程度之深前所未有，正推动生产方式、生活方式和治理方式深刻变革。从全球来看，全球已经进入数字经济时代，数字经济成为支撑当前和未来经济增长的重要动力。从我国来看，我国积极把握新一轮科技革命和产业变革的新机遇，数字经济发展正进入快车道。随着数字经济向农业农村的不断延伸，我国数字乡村建设迎来新布局。

一、全球进入数字经济新时代

近年来，全球数字经济发展势头强劲，数字技术成为重组全球要素资源、重塑全球经济结构、改变全球竞争格局的关键力量，全球正经历着数字经济发展带来的全面变革，进入了数字经济新时代。

（一）全球数字经济发展势头强劲

近几年，世界各国数字经济发展势头迅猛，数字经济已成为世界经济发展的重要推动力。主要呈现以下几个特点和趋势①：

一是规模大，数字经济的总量逐年递增。近几年，世界经济的数字化发展趋势日益显著，传统工业加速向数字化、网络化、智能化转型升级，数字经济的规模不断扩大。从 2019 年的 31.8 万亿美元到 2020 年的 32.6 万亿美元，再到 2021 年的 38.1 万亿美元，数字经济发展活力持续释放。数字经济呈现出发达国家发展水平较高、发展优势明显的趋势，虽然各国经济受疫情冲击较大，但数字经济持续表现出良好的发展势头和较好的发展前景。美国在 2021 年凭借技术创新优势，以 15.3 万亿美元的数字经济总量保持着世界上领先地位；中国依靠着国内市场的强势，推动了技术创新和模式创新，使其在世界上的数字经济总量达到了 7.1 万亿美元，位居全球第二。

二是增速快，数字经济增速实现"逆势上扬"。近年来，全球经济持续低迷，2020 年受疫情影响，主要国家的经济甚至出现了逆增长，但各个国家的数字经济却一直保持较快增速。中国信息通信研究院发布的《全球数字经济白皮书》显示，2021 年测算的 47 个国家的数字经济增加值规模为 38.1 万亿美元，同比名义增长 15.6%，占 GDP 比重为 45.0%。产业数字化仍是数字经济发展的主引擎，占数字经济比重为 85%。

三是占比高，数字经济占 GDP 比重稳步提升。近年来，数字经济对全球经济的贡献持续增强，以数字化为代表的新生产方式创造的经济价值占比逐年提升，已成为各国国民经济的重要组成部分。2020 年，数字经济对全球经济的贡献持续增强，《全球数字经济白皮书》显示，测算的 47 个主要经济体数字经济占 GDP 比重为 45.0%，同比提升 1 个百分点，数字经济在国民经济中所占的比重不断提高，核心主导地位持续巩固。同时，2021 年，数字经济在发达国家和高收入国家国民经济中的占比为 55.7%，远高于发展中国家的 29.8%。

四是融合深，产业数字化成为发展主战场。产业数字化表示数字经济在实体经济中的融合渗透，是数字经济的关键组成部分。全球数实融合趋势更加明显，以 5G、半导体、集成电路、人工智能等为代表的数字产业化创新加速。数字技术正加速向传统产业渗透，2021 年，全球 47 个主要经济体数字产业化规模为 5.7 万亿美元，占数字经济的比重为 15%，占 GDP 的比重为 6.8%；产业数字化规模为 32.4 万亿美元，占数字经济的比重为 85%。

五是渗透强，数字经济推动三次产业转型升级。全球三二一产业数字化

---

① 以下数据来源于中国信息通信研究院《全球数字经济白皮书（2022 年）》。

发展逐次渗透。新冠疫情倒逼网络零售、在线视频、在线教育等服务业数字化新模式蓬勃发展，同时也催生出无人工厂、工业机器人等制造业数字化生产新方式，推进全球产业数字化转型。2021 年，第一产业、第二产业、第三产业数字经济增加值占行业增加值比重分别为 8.6％、24.3％、45.3％。从不同经济发展水平来看，发达国家的工业转型起步较早，基础较好，已加速向网络化、智能化转型。

（二）全球正经历数字经济的全面变革

早在 20 世纪 90 年代，经济合作与发展组织（OECD）就已经提出数字经济的概念，但至今没有统一定论。2016 年 G20 杭州峰会发布的《二十国集团数字经济发展与合作倡议》将数字经济定义为"以使用数字化的知识和信息作为关键生产要素、以现代信息网络作为重要载体、以信息通信技术的有效使用作为效率提升和经济结构优化的重要推动力的一系列经济活动"[①]。

2021 年 10 月 18 日，中共中央政治局就推动我国数字经济健康发展进行第三十四次集体学习，习近平总书记在主持学习时强调，"近年来，互联网、大数据、云计算、人工智能、区块链等技术加速创新，日益融入经济社会发展各领域全过程，数字经济发展速度之快、辐射范围之广、影响程度之深前所未有，正在成为重组全球要素资源、重塑全球经济结构、改变全球竞争格局的关键力量。"[②]

放眼全球，数字经济通过不断创新融合，驱动多领域升级变革，正在为社会发展创造新的发展机遇。可以说，全球正经历数字经济带来的全方位变革。

1. 数据成为推动经济发展的关键性生产要素

数据具有的可复制、易传播、跨时空等特点使其成为数字经济的核心要素，数据的流通共享是数字经济发展的重要保障，可以说离开了数据，互联网的网络效应和共享优势便无从谈起。

随着 5G、物联网、智能终端等数字基础设施的发展，数据要素的流动性和可获得性日益增强，呈现爆炸式增长态势，其蕴藏着巨大的潜力和价值，海量、低成本的数据资源结合大规模数据挖掘、机器学习、可视化等多种技

---

① 中国网信网. 二十国集团数字经济发展与合作倡议［EB/OL］.（2016 - 09 - 29）. http：//www. cac. gov. cn/2016 - 09/29/c _ 1119648520. htm.

② 中国政府网. 习近平主持中央政治局第三十四次集体学习：把握数字经济发展趋势和规律推动我国数字经济健康发展［R/OL］.（2021 - 10 - 19）. http：//www. gov. cn/xinwen/2021 - 10/19/content _ 5643653. htm? jump＝true.

术，数据价值持续得到提升、叠加和倍增。在数字经济时代，可以说只要有人的活动，数据的生产就是无穷尽的，这从根本上改变了稀缺性生产要素的制约，能够有效驱动劳动力、资本、技术等要素的网络共享、协作开发及高效利用，提升全要素生产率，为经济社会发展提供新动能，成为推动经济发展的关键性生产要素。

2. 数字经济加速了世界范围内的产业结构调整

产业结构的调整升级是指产业体系中相对高级的产业逐渐成为主导产业的过程，其发展方向是高技术化和高集约化。"作为一种新的经济形态，数字经济基于互联网平台进行资源配置，催生出新的产业，为传统产业提供转型升级路径，进而对产业发展以及产业结构演进产生影响。"① 数字经济从产业数字化和数字产业化两个方向推动传统产业数字化转型升级，催生出新的产业，加速世界范围内的产业结构调整。

产业数字化推动传统产业转型升级，对产业结构进行调整。产业数字化催生了可感知的智能生产模式，实现传统产业在生产工具和生产工艺上的转型升级。首先是智能机器人在产业中广泛运用代替了重复的人类劳动，极大地提高了生产效率。其次是数字技术与工业软件的增材制造技术的出现，使传统的生产工艺突破难以生产复杂结构部件的约束，生产工艺更加精细化。比如在健康领域，越来越多的移动健康 App 和电子健康记录为优化和改善临床管理带来新的机遇；在农业方面，智能农业系统的应用改变了传统农业看天吃饭的模式，通过精确的环境监测和自动管理系统提高了农业生产率。

数字产业化催生出新产业，对原有产业结构进行调整。数字技术通过产业化发展形成新的产业，变革整个产业结构。从信息技术发展的几十年来看，电子信息制造业、软件和信息技术服务业等产业发展已相对成熟，物联网、大数据、云计算、人工智能等新兴产业发展迅猛并逐渐成为国家发展的支柱产业，围绕数字产品生产、销售和服务的产业正蓬勃兴起，这使得产业结构的内涵更加丰富，也改变着世界范围内的产业结构。

3. 数字经济改变了传统生产组织和社会分工

随着数字经济的发展，数字技术的开放、平等、共享等特点对传统的生产组织带来挑战。为适应新形势的变化，新的生产组织开始出现，社会分工不断调整。

数字经济改变了传统生产组织模式。数字技术与新一代信息技术、先进

---

① 陈晓东. 数字经济影响产业结构演进的方向路径［N］. 经济日报, 2021 - 05 - 21 (06).

制造技术等融入产品研发、设计、制造的整个过程，生产技术的变革引发了更多企业开始探索建立更加灵活、更具柔性的组织形式，以应对变动越来越快的市场竞争。数字经济时代，传统的大批量、标准化的生产方式被逐步淘汰，取而代之成为主流生产方式的是更加智能化、个性化、专业化的定制服务。与此同时，信息的流动性和穿透性在互联网、大数据等数字技术的加持下得到提高，信息的快速流动一定程度上降低了交易费用和协调成本，促进更大范围和更深层次的市场分工，协同化、灵活化的企业组织形式日益增多，网络化、平台化、众包化的新型企业组织模式也相继出现。

数字经济改变了社会分工。随着网络化、平台化、众包化的新型企业组织模式的不断发展，传统产业链条式的产业分工发生改变，基于网络平台的新协作分工体系正在形成。"随着制造经济向服务经济转型升级，基于互联网的平台经济体作为资源整合者（上游）、基础设施供给者（中游）、需求创造者（下游）正在加速重塑整个产业链，形成以最终用户需求为导向的数字化产业创新生态系统。新产业创新生态系统类似于进化论中的'生态群落'，是以数字化、网络化、智能化为核心，聚合众多创新企业，为满足最终用户差异化需求形成自组织共同体。在新型产业创新生态系统中，上下游产业（企业）群落间更多的是共生协作的关系，而不仅仅是企业分层或供应链管理关系或者集群关系。随着产业界限日渐模糊，产业深度融合，新兴业态不断涌现，全新的产业体系逐步出现，成为新的经济增长点。"① 新一代数字技术对就业的复杂影响也已开始展现，引起就业结构和就业性质的新变化，如网络主播、大数据工程师等新的就业岗位开始出现，越来越多的人乐于通过网络平台从事灵活的、临时性和兼职的工作。

4. 数字经济一定程度上重塑了全球价值链

数字经济通过数字交付和数字服务参与构建全球产业链，并逐步占据重要地位，一定程度上改变了传统的全球价值链。

以前，全球的产业链都是围绕具体的物质产品建构的，核心是制造品，形成的也是制造品价值链，虽然也有全球范围内的服务产品，但相对来说较为简单，并且基本上都依附于制造品价值链。但是，在数字经济蓬勃发展的今天，数据成了一种关键的生产要素，跨境的数字流动也成为一种常态，围绕数字的独立价值链逐步建构起来，数字交付和数字服务参与到全球价值链

---

① 梁正，李瑞. 数字时代的技术——经济新范式及全球竞争新格局［J］. 科技导报，2020，38（14）：142-147.

中，且内容和形式越来越丰富，在全球价值链中占据十分重要的地位。在这个价值链中，数字产品成为主体，不依附于任何产品，独立地为全球价值链嵌入更多活力。

放眼全球，因数字产品和数字服务引起的贸易和投资规模不断扩大，正在重塑国际贸易格局。在发达国家，数字技术的高度发展使得数字产品丰富多样，成为对外出口的重要产品。反观经济发展较为落后的国家，只能接受来自发达国家或者一些数字贸易大国的数字产品，自身并没有什么数字产品可以出口，这造成数字贸易的流向几乎是单向的。同时，数字经济正在给国际投资带来新的变化。数字跨国公司借助数据的传输和数字产品的交付，实现在收入不变的基础上减少在东道国的前期投资，由此也造成跨国公司在当地创造的就业机会大幅减少。

（三）数字经济成为重塑全球竞争格局的关键力量

当所有的生产信息数据化的时候，谁掌握全球更多的数据，谁就能赢得国际竞争的主动权。数字经济已经成为国家竞争的战略新高地，发展数字经济已成为各国的共识和不可阻挡的时代趋势。其中，最为突出的要数美国、德国和日本。

美国率先在数字经济领域布局。自1998年以来，美国商业部推出《浮现中的数字经济》系列报告。近年来，美国依托自身在互联网、信息通信、软件等领域的优势，通过国家战略引导，聚焦前沿技术，加大抢占制高点的力度，力图在数字经济和网络空间形成新的霸权。一是聚焦前沿技术研发。2016年起，美国政府从国家战略层面加紧布局，重点发展大数据、人工智能、物联网、数字孪生等核心技术，大力扶持技术研发机构和各类实验室，为美国在今后10～20年内保持数字技术的主导地位奠定了基础。二是维护网络领域优势。美国于2018年推出了印太区域的数字互联与网络安全合作项目（DCCP），并于2019年提出了"蓝点网络"。2020年3月发布《美国5G安全国家战略》，聚焦5G及更高版本的前沿技术发展，旨在寻求与盟友合作引领5G技术发展和部署的主导权，竭尽全力维护5G技术优势，夯实美国在网络领域的统治地位。三是打造高端制造业。《美国先进制造业领导战略》于2018年发布，明确提出了"技术、劳动力、供应链"是保证先进制造业领先地位的核心内容，将数字技术、前沿领域技术与经济要素紧密挂钩，为市场提供有价值的产品和服务。2019年，白宫发布《未来工业发展规划》，将重点放在人工智能、先进制造业、量子信息科学、5G等领域。

德国政府积极推动数字化战略，加快工业数字化转型升级，多举措推动数字行业发展，在产业数字化领域领跑全球。一是提出"工业4.0"战略。制造业是德国的名片，将数字技术与制造业相融合是德国数字经济发展的一大特点。德国最早提出"工业4.0"战略，通过制造业的数字化转型促进产业调整升级，充分挖掘新一代信息技术在经济发展中的潜能，以确保经济活力，并通过与传统竞争优势相衔接确保工业长期领先地位。二是持续出台措施推动数字行业发展。2014年出台的"数字议程"强调通过变革推进"网络普及""网络安全""数字经济发展"3个重要进程，建设数字强国。2016年3月，德国经济和能源部公布"2025年数字战略"，涉及10个行动领域，要求不断完善数字化基础设施建设的投入，力求2025年实现千兆光纤网络、推进基础设施领域智能联网、覆盖全年龄数字化教育等。

日本是全球数字经济大国，产业数字化发展迅速，大力推行"数字新政"，释放发展数字经济的强力信号。一是产业数字化发展迅速。2017年，日本依托制造业基础提出"互联工业"战略，积极推动人工智能、物联网、云计算等科技手段应用到生产制造领域，突破人口老龄化、劳动力短缺、产业竞争力不足等发展瓶颈。经过互联网发展的第二次浪潮，日本在电子信息产品生产制造、关键零部件、机器人等领域长期保持竞争优势，牢牢掌控了这些产业链的中高端环节。二是大力推行"数字新政"战略。在"后5G"信息通信基础设施、学校ICT应用、中小企业信息化、ICT领域研发等方面加大资金投入力度，通过硬件投资和软环境建设，夯实数字经济发展基础，打造有利于数字经济发展的环境[1]。

二 我国数字经济发展进入快车道

在党中央、国务院的决策部署下，我国深入实施数字经济发展战略，不断完善数字基础设施，加快培育新业态新模式，推进数字产业化和产业数字化，促使我国数字经济进入了快车道，发展韧性显著增强。2021年，我国数字经济规模达到45.5万亿元，较"十三五"初期扩张了1倍多，同比名义增长16.2%，高于GDP名义增速3.4个百分点，占GDP比重达到39.8%，较"十三五"初期提升了9.6个百分点[2]，为经济社会持续健康发展提供了强大动力。

---

① 蓝庆新，彭一然．日本"数字新政"战略动机与发展特征 [J]．人民论坛，2020（25）：128 - 131.

② 中国信息通信研究院．中国数字经济发展报告（2022年）[R/OL]．（2022 - 07）．http：//www.caict.ac.cn/kxyj/qwfb/bps/202207/t20220708_405627.htm.

(一) 新型基础设施建设成效明显

在数字经济发展过程中，我国高度重视新型基础设施建设，建成世界上最大的数字基础设施网络，在数量和普及率等方面达到世界一流水平。

1. 网络供给能力强

我国已建成全球规模最大的 4G 和 5G 网络，千兆光纤加快推广。据工业和信息化部发布的《2021 年通信业统计公报》显示：截至 2021 年底，我国累计建成并开通 5G 基站 142.5 万个，建成全球最大 5G 网络，实现覆盖全国所有地级市城区、超过 98％的县城城区和 80％的乡镇镇区。我国 5G 基站总量占全球 60％以上，每万人拥有 5G 基站数达到 10.1 个，比 2020 年末提高近 1 倍。全国有超过 300 个城市启动千兆光纤宽带网络建设，全年互联网宽带接入投资比上年增长 40％。截至 2021 年底，建成 10G PON 端口 786 万个，已具备覆盖 3 亿户家庭的能力。基础电信企业加强云网建设和部署，建设泛在融合、云边协同的算力网络，提升云网融合服务的能力，2021 年实现数据中心客户规模翻一番[①]。"5G＋工业互联网"在采矿、钢铁、电力等 10 个重点行业形成了远程设备操控、机器视觉质检等 20 个典型应用场景，"云网边端"协同发展的工业互联网基础设施基本成型。

2. 信息普惠力度大

基础设施大规模建设覆盖全国，持续向农村延伸。截至 2021 年底，5G 用户数达 3.55 亿户，农村宽带用户总数达 1.58 亿户。持续推进电信普遍服务，全国所有行政村实现"村村通宽带"，宽带网络逐步向农村人口聚居区、生产作业区、交通要道沿线等重点区域延伸，农村偏远地区网络覆盖水平不断提升，农村光纤平均下载速率超过 100Mbps，实现与城市"同网同速"[②]。与此同时，数字基础设施建设带动了网速的提升和费率的下降。据中国互联网络信息中心发布的第 48 次《中国互联网络发展状况统计报告》显示，截至 2021 年 4 月，我国移动宽带的速率在全球 139 个国家和地区中排名第四位。据全球移动通信协会（GSMA）监测，2020 年我国移动通信用户月均支出（ARPU）5.94 美元，低于全球的 11.36 美元平均水平[③]。

3. 技术创新推进快

随着我国大力推动科技创新，数字技术在部分领域实现了跨越式发展。一是 5G 移动通信技术、设备和应用全球领先，5G 标准必要专利占比全球第

---

①② 中华人民共和国工业和信息化部 . 2021 年通信业统计公报 [R/OL]. (2022－01－25). https://www.miit.gov.cn/gxsj/tjfx/txy/art/2022/art _ e8b64ba8f29d4ce18a1003c4f4d88234.html.

③ 李勇坚 . 我国数字经济发展现状、趋势及政策建议 [J]. 科技与金融，2021 (11)：24－33.

一。二是关键基础软件加速发展，桌面操作系统生态兼容性持续提高，面向全场景的分布式操作系统进入产业化阶段，云数据库部分技术指标全球领先。三是部分领域芯片设计水平跻身国际一流行列，3D-NAND闪存、DRAM等存储器工艺加速发展，千万门级FPGA产品成功量产。四是人工智能技术研究取得新进展，知识增强视觉-语言预训练模型ERNIE-ViL刷新5项多模态经典任务的世界最好效果，并首次提出类脑计算完备性概念及计算系统层次结构。五是光通信关键技术能力持续提升，部分25G以上激光器芯片、探测器芯片、配套电芯片等高端光电芯片实现批量生产。六是量子信息领域新成果不断涌现，量子计算机"九章"处理"高斯玻色取样"验证量子计算优越性[1]。

（二）数字经济产业不断壮大

近年来，我国产业数字化转型稳步推进，数字技术与各行各业加速融合，数字技术带动传统产业产出增长、效率提升的作用更加明显，服务业数字化继续高速发展，工业数字化快速推进，数字经济产业不断壮大，产业数字化在数字经济中的主引擎地位进一步巩固。

1. 服务业数字化高速发展

近年来，我国生活服务数字化消费快速渗透，我国网络零售市场保持稳步增长。据国家统计局数据显示，2021年全国网上零售额达13.1万亿元，同比增长14.1%，增速比上年加快3.2个百分点。其中，实物商品网上零售额10.8万亿元，首次突破10万亿元，同比增长12.0%，占社会消费品零售总额的比重为24.5%，对社会消费品零售总额增长的贡献率为23.6%。特别是2020年新冠疫情以来，网上外卖、在线医疗和网约车的用户规模持续扩大。截至2021年12月，中国网上外卖用户规模达5.44亿，较2020年12月增长1.25万，占网民整体的52.7%；我国在线医疗用户规模达2.98亿，较2020年12月增长8 308万，占网民整体的28.9%[2]。

2. 工业数字化快速推进

工业数字化转型加速，工业企业生产设备数字化水平持续提升。我国工业互联网产业在疫情影响下依然保持中高速增长，根据中国工业互联网研究院发布的《全球工业互联网创新发展报告》显示，我国工业互联网发展势头

---

① 国家互联网信息办公室.数字中国发展报告（2020年）[R/OL].(2021-07-02).http://www.cac.gov.cn/2021-06/28/c_1626464503226700.htm.

② 中国互联网络信息中心.第49次《中国互联网发展状况统计报告》[R/OL].(2022-02-25).http://www.cnnic.cn/n4/2022/0401/c88-1131.html.

整体向好，2021年工业互联网产业增加值超4万亿元，其中核心产业增加值达到1.17万亿元，工业互联网经济增长强劲。

制造业数字化步伐也在加快，智能制造装备产业提速，2021年规模以上工业机器人同比增长达到30.8％，3D打印装备同比增长27.7％。有全国影响力的工业互联网平台已经超过150个，"5G＋工业互联网"在建项目超过2 000个，已经形成了20个典型应用场景和10个重点行业领域的实践活动，创新应用水平处于全球第一梯队。

（三）数字经济发展韧性显著增强

随着我国深入实施数字经济发展战略，数字经济对经济社会的引领带动作用日益凸显，发展韧性显著增强，数字经济增速稳步提升，数字贸易发展持续加速，数字经济国际合作深入开展。

1. 数字经济增速稳步提升

近年来，我国数字经济迅猛发展，相关产业发展迅速。相关数据显示，2020年我国数字经济核心产业增加值占国内生产总值（GDP）比重达7.8％。《"十四五"数字经济发展规划》提出了到2025年数字经济核心产业增加值占GDP比重达到10％、数字化创新引领发展能力大幅提升、数字经济竞争力和影响力稳步提升等目标。面对新时期的新形势和新挑战，数字经济在培育发展新动能、提升经济质量效益方面前景广阔。

2. 数字贸易发展持续加速

在全球数字经济蓬勃发展的背景下，基于数字技术开展的线上研发、设计、生产、交易等活动日益频繁，极大地促进了数字贸易的发展。根据国务院发展研究中心披露的数据显示，我国数字服务贸易规模总体呈上升趋势，由2011年的1 648.4亿美元增长至2020年的2 939.9亿美元，年均复合增长率达到6.6％，数字服务贸易占服务贸易的比重由36.7％提升至44.4％。我国数字服务贸易净出口值从2011年的逆差148.2亿美元扭转至2020年的顺差147.7亿美元，反映我国数字服务贸易的国际竞争力持续增强①。

随着数字贸易发展提速，我国密集出台了一系列数字贸易政策，围绕数字贸易的发展、开放和监管三大领域展开部署。2020年，《国务院办公厅关于推进对外贸易创新发展的实施意见》发布，加快贸易数字化发展，鼓励企业向数字服务和综合服务提供商转型，支持企业不断提升贸易数字化和智能化管理能力，建设贸易数字化公共服务平台，服务企业数字化转型。2021年

---

① 数据来源于前瞻产业研究院《2022年中国及全球数字贸易发展趋势研究报告》。

11月，商务部等10部门联合印发了《关于支持国家数字服务出口基地创新发展若干措施的通知》，并在随后的官方解读中表示，这些国家数字服务出口基地将成为我国打造数贸示范区的重点。数字贸易的发展也将给我国经贸格局带来新变化。

3. 数字经济国际合作深入开展

近年来，我国积极开展双多边数字经济合作，同时深度参与国际数字经贸规则制定，推进数字经济国际合作不断深化。

一是双多边数字经济合作深入开展。2016年，G20杭州峰会通过了《二十国集团数字经济发展与合作倡议》，这是全球首个数字经济合作倡议，自此，数字经济成为全球经贸合作的重点议题和重要领域。我国积极参与金砖、中欧、中俄、中国东盟等双多边数字经济发展合作，助力打造数字经济国际化交流合作平台，积极推动在基础设施建设、数字化转型、电子商务、国际标准化、国际人才交流等方面的国际合作，成果丰硕。

二是深度参与国际数字经贸规则制定。随着数字贸易发展如火如荼，数字贸易规则制定已经成为国际社会关注的焦点。对内，我国通过完善相关立法，进一步完善数据跨境流动管理的机制建设。国家网信办发布《网络数据安全管理条例（征求意见稿）》，在《中华人民共和国网络安全法》《中华人民共和国个人信息保护法》《中华人民共和国数据安全法》"三法"的立法宗旨下，数据跨境流动和数据安全领域的一系列规章落地。对外，我国积极参与国际数字经贸规则制定，提出数字经济贸易的中国方案。2020年11月15日，我国与东盟十国以及日本、韩国、澳大利亚、新西兰等国家正式签署《区域全面经济伙伴关系协定》（RCEP），明确了电子商务项下各成员方制定数据本地化和数据跨境流动政策的基本原则。在G20罗马峰会上，习近平总书记宣布中国高度重视数字经济国际合作，已经决定申请加入《数字经济伙伴关系协定》（DEPA）。中国正式提出申请加入DEPA，以及此前申请加入《全面与进步跨太平洋伙伴关系协定》（CPTPP），宣示了中国正以开放的态度积极参与全球数字经贸规则制定。

三、数字乡村建设迎来新布局

近年来，数字技术对我国经济发展的贡献越来越显著，不断改变着人们的生产生活方式，并向我国农村地区延伸应用。党中央、国务院高度重视数字乡村建设（表2-1）。2018年1月，《中共中央　国务院关于实施乡村振兴战略的意见》明确提出要实施数字乡村战略，做好整体规划设计，加快农村地区宽带网络和第四代移动通信网络覆盖步伐，开发适应"三农"特点的信息技术、产品、应用和服务，推动远程医疗、远程教育等应用普及，弥合城乡数字鸿沟。2018年9月，《国家乡村振兴战略规划（2018—2022年)》也提出大力发展数字农业、实施数字乡村战略。

数字乡村战略提出后，国家进一步对数字乡村建设的战略目标和重点任务作出谋划。2019年5月，中共中央办公厅、国务院办公厅印发了《数字乡村发展战略纲要》，对未来15年数字乡村建设的战略目标分步谋划，并提出了加快乡村信息基础设施建设、发展农村数字经济等10项重点任务。

2020年，在战略目标和重点任务引领下，我国数字乡村建设加快推进。2020年1月，中央网络安全和信息化委员会办公室制定了《数字农业农村发展规划（2019—2025年)》，对"十四五"时期推进数字农业农村建设的总体思路、发展目标、重点任务做出明确部署，并指出"数字农业农村"建设是"数字乡村"战略的有力支撑。2020年5月，中央网信办、农业农村部等部门联合印发《2020年数字乡村发展工作要点》，明确了2020年数字乡村发展工作目标，部署了8个方面22项重点任务，包括推进乡村新型基础设施建设、推动乡村数字经济发展、推进乡村治理能力现代化、建设绿色智慧乡村等。与此同时，浙江、河北、江苏、山东、湖南、广东等22个省份相继出台数字乡村发展政策文件，政策体系更加完善，统筹协调、整体推进的工作格局初步形成。2020年7月，中央网信办、农业农村部等部门联合印发《关于开展国家数字乡村试点工作的通知》，统筹部署开展国家数字乡村试点工作，确定117个县（市、区）为首批国家数字乡村试点地区，为全面推进数字乡村建设探索新模式。

为更好解答各地数字乡村建设中存在的问题与疑惑，扎实有序推进数字乡村建设，2021年9月，中央网信办、农业农村部等多部门联合制定的《数字乡村建设指南1.0》公开发布，系统搭建了数字乡村建设的总体参考框架，明确了各类应用场景的建设内容、建设主体任务、注意事项等关键要素。各部委统筹推进数字乡村建设的工作格局初步形成，我国数字乡村建设全面铺开。

2022年，国家进一步总结数字乡村建设的经验，不断补足数字乡村建设的薄弱环节，为数字乡村发展提供引领和保障。2022年1月，中央网信办、农业农村部等部门印发《数字乡村发展行动计划（2022—2025年)》，提出了"十四五"时期数字乡村发展目标、重点任务和保障措施，对数字乡村工作进行全面部署。为强化标准化引领，加强数字乡村标准化建设，2022

年8月《数字乡村标准体系建设指南》发布，从标准应用、标准制定、标准修订、标准转化4个方面提出了数字乡村标准化建设路径。同时，针对各地在数字乡村建设实践中遇到的新问题、新挑战，中央网信办、农业农村部也联合启动了《数字乡村建设指南2.0》修订工作，并广泛征求修改意见和建议。

总之，通过在全国各地优先推行试点，总结了一批因地制宜典型经验，为全面建设数字乡村奠定了良好的基础。

表2－1　党的十九大以来国家层面的数字乡村政策汇总

	文件时间（年．月）	文件名称	文件内容
1	2018.01	《中共中央 国务院关于实施乡村振兴战略的意见》	实施数字乡村战略，做好整体规划设计，开发适应"三农"特点的信息技术、产品、应用和服务，推动远程医疗、远程教育等应用普及，弥合城乡数字鸿沟
2	2018.09	《乡村振兴战略规划（2018—2022年）》	大力发展数字农业，实施"数字乡村"战略
3	2019.02	《2019年农业农村市场与信息化工作要点》	提升贫困地区市场信息服务水平；推进"互联网＋"农产品出村进城工程；全面实施信息进村入户工程；加快数字农业农村建设；强化网络安全能力建设。明确指出加快数字农业农村建设，探索重要农产品全产业链大数据建设
4	2019.05	《数字乡村发展战略纲要》	将数字乡村作为数字中国建设的重要方面，加快信息化发展，整体带动和提升农业农村现代化发展
5	2019.06	《关于加强和改进乡村治理的指导意见》	发挥信息化支撑作用，探索建立"互联网＋网格管理"服务管理模式，提升乡村治理智能化、精细化、专业化水平；推广村级基础台账电子化，建立统一的"智慧村庄"综合管理服务平台
6	2019.12	《数字农业农村发展规划（2019—2025年）》	对"十四五"时期推进数字农业农村建设的总体思路、发展目标、重点任务做出明确部署，并指出"数字农业农村"建设是"数字乡村"战略的有力支撑
7	2020.02	《中共中央 国务院关于抓好"三农"领域重点工作确保如期实现全面小康的意见》	依托现有资源建设农业农村大数据中心，加快物联网、大数据、区块链、人工智能、第五代移动通信网络、智慧气象等现代信息技术在农业领域的应用

	文件时间 （年．月）	文件名称	文件内容
8	2020.05	《2020 年农业农村部网络安全和信息化工作要点》	要求大力实施数字农业农村建设，加快启动实施"互联网＋"农产品出村进城工程等。文件包括四方面：一是大力实施数字农业农村建设；二是深入推进农业数字化转型；三是扎实推动农业农村大数据建设；四是进一步夯实农业农村信息化工作基础
9	2020.05	《关于印发〈2020 年数字乡村发展工作要点〉的通知》	明确了 2020 年数字乡村发展工作目标：农村信息基础设施建设加快推进，基本实现行政村光纤网络和 4G 普遍覆盖，农村互联网普及率明显提升；农村数字经济快速发展，农业农村数字化转型快速推进，遥感监测、物联网、大数据等信息技术在农业生产经营管理中广泛应用。《工作要点》部署了 8 个方面 22 项重点任务，包括推进乡村新型基础设施建设、推动乡村数字经济发展、推进乡村治理能力现代化、建设绿色智慧乡村等
10	2020.06	《关于深入实施农村创新创业带头人培育行动的意见》	要求各地加强指导服务，优化创业环境，培育一批饱含乡土情怀、具有超前眼光、充满创业激情、富有奉献精神，带动农村经济发展和农民就业增收的农村创新创业带头人，力争到 2025 年，培育农村创新创业带头人 100 万以上，基本实现农业重点县的行政村全覆盖。《意见》提出，要以实施乡村振兴战略为总抓手，紧扣乡村产业振兴目标，重点扶持返乡创业农民工、鼓励入乡创业人员、发掘在乡创业能人，壮大农村创新创业人才队伍，提升农村创新创业层次水平
11	2020.06	《乡村振兴战略规划实施报告（2018—2019 年）》	《报告》指出，两年来各地有关部门把落实《规划》作为重点任务，不断加大工作力度。31 个省（区、市）全部建立了实施乡村振兴战略工作领导小组，一级抓一级、五级书记抓乡村振兴的责任体系基本建立；省级乡村振兴战略规划全部出台，大部分市县出台了地方规划或方案，上下衔接的规划体系初步形成；相继制定出台建立健全城乡融合发展体制机制和政策体系、促进乡村产业振兴、开展农村人居环境整治三年行动、加强和改进乡村治理等意见或方案，乡村振兴的政策框架加快构建；建立健全乡村振兴实绩考核制度和激励机制，落实党政一把手第一责任人工作要求，《规划》实施的报告制度、督查制度和台账制度逐步完善

文件时间 （年．月）	文件名称	文件内容
12 2020.07	《2020 年数字乡村发展工作要点》	明确了 2020 年数字乡村发展工作目标：农村信息基础设施建设加快推进，农村互联网普及率明显提升。农村数字经济快速发展，农业农村数字化转型快速推进，遥感监测、物联网、大数据在农业生产经营管理中广泛应用。乡村信息惠民便民不断深化，乡村数字普惠金融覆盖面进一步拓展。网络扶贫行动目标任务全面完成，巩固提升脱贫成果
13 2020.07	《关于开展国家数字乡村试点工作的通知》	以弥合城乡数字鸿沟、促进农业农村经济社会数字化转型为重点，积极探索数字乡村发展新模式，加快推进农业农村现代化建设，促进农业全面升级、农村全面进步、农民全面发展
14 2020.11	《中国数字乡村发展报告（2020 年）》	要按照党的十九届五中全会部署要求，加快建设智慧农业，推动数字经济与农业农村经济深度融合发展。一是加强规划布局，总体谋划"十四五"数字乡村发展；二是夯实发展基础，加快建设乡村新一代信息基础设施；三是释放数字红利，培育壮大农业农村发展新动能；四是创新治理模式，提升乡村治理能力现代化水平；五是推动融合发展，统筹发展数字乡村与智慧城市；六是激发内生动力，持续推进网络扶贫与数字乡村建设
15 2020.12	《关于实现巩固拓展脱贫攻坚成果同乡村振兴有效衔接的意见》	坚持共同富裕方向，将巩固拓展脱贫攻坚成果放在突出位置，加快推进脱贫地区乡村产业、人才、文化、生态、组织等全面振兴，为全面建设社会主义现代化国家开好局、起好步奠定坚实基础。并提出支持农产品流通企业、电商、批发市场与区域特色产业精准对接，搭建用工信息平台，培育区域劳务品牌，加大脱贫人口有组织劳务输出力度
16 2021.01	《中共中央 国务院关于全面推进乡村振兴加快农业农村现代化的意见》	要求将巩固拓展脱贫攻坚成果同乡村振兴有效衔接，明确提出农业现代化、农村现代化都要开好局起好步。深入推进电子商务进农村和农产品出村进城，吸引城市各方面人才到农村创业创新，参与乡村振兴和现代农业建设；加快发展面向乡村的网络教育；完善农村生活性服务业支持政策，发展线上线下相结合的服务网点
17 2021.02	《2021 年乡村产业工作要点》	以信息技术带动业态融合，促进农业与信息产业融合，发展农村电商、数字农业、智慧农业等，让农民跨界增收、跨域获利

文件时间 （年.月）	文件名称	文件内容
18 2021.03	《中华人民共和国国民经济和社会发展第十四个五年规划和 2035 年远景目标纲要》	重点部署、优先发展农业农村，全面推进乡村振兴，明确将解决好"三农"问题作为全党工作的重中之重；加快推进数字乡村建设，构建面向农业农村的综合信息服务，建立涉农信息普惠服务机制，推动乡村管理服务数字化
19 2021.06	《中华人民共和国乡村振兴促进法》	建设现代农业产业技术体系，推动农业农村创新驱动发展；鼓励农业信息化建设，加强农业信息监测预警和综合服务，推进农业生产经营信息化
20 2021.07	《2021 年重点强农惠农政策》	围绕产品特色化、身份标识化和全程数字化，加强地理标志农产品特色种质保存和特色品质保持，推动全产业链标准化全程质量控制，提升核心保护区生产及加工储运能力
21 2021.09	《数字乡村建设指南 1.0》	围绕"为什么建、怎么建、谁来建、建成什么样"的问题，系统搭建了数字乡村建设的总体参考框架，明确各类应用场景的建设内容、建设主体任务、注意事项等关键要素，并分别从省、县两级层面给出了指导性建议
22 2022.01	《数字乡村发展行动计划（2022—2025 年）》	行动计划部署了数字基础设施升级行动、智慧农业创新发展行动、新业态新模式发展行动、数字治理能力提升行动、乡村网络文化振兴行动等 8 个方面的重点行动。一是数字基础设施升级行动，二是智慧农业创新发展行动，三是新业态新模式发展行动，四是数字治理能力提升行动，五是乡村网络文化振兴行动，六是智慧绿色乡村打造行动，七是公共服务效能提升行动，八是网络帮扶拓展深化行动。根据行动计划，到 2023 年，数字乡村发展取得阶段性进展，网络帮扶成效得到进一步巩固提升，农村互联网普及率和网络质量明显提高，农业生产信息化水平稳步提升；到 2025 年，数字乡村发展取得重要进展，乡村 4G 深化普及、5G 创新应用，农业生产经营数字化转型明显加快，智慧农业建设取得初步成效，培育形成一批叫得响、质量优、特色显的农村电商产品品牌，乡村网络文化繁荣发展，乡村数字化治理体系日趋完善

	文件时间 （年.月）	文件名称	文件内容
23	2022.04	《2022年数字乡村发展工作要点》	目标到2022年底，数字乡村建设取得新的更大进展，数字技术有力支撑农业基本盘更加稳固，脱贫攻坚成果进一步夯实
24	2022.05	《乡村建设行动实施方案》	推进数字技术与农村生产生活深度融合，持续开展数字乡村试点；加强农村信息基础设施建设，深化农村光纤网络、移动通信网络、数字电视和下一代互联网覆盖，进一步提升农村通信网络质量和覆盖水平；加快建设农业农村遥感卫星等天基设施；建立农业农村大数据体系，推进重要农产品全产业链大数据建设；发展智慧农业，深入实施"互联网＋"农产品出村进城工程和"数商兴农"行动，构建智慧农业气象平台；推进乡村管理服务数字化，推进农村集体经济、集体资产、农村产权流转交易数字化管理；推动"互联网＋"服务向农村延伸覆盖，推进涉农事项在线办理，加快城乡灾害监测预警信息共享；深入实施"雪亮工程"；深化乡村地名信息服务提升行动

第二节　数字经济赋能乡村振兴的理论机制

近年来，网络化、信息化和数字化在农业农村领域不断延伸应用，日益深入赋能农业农村的各个领域和环节，深刻改变农业生产方式和农民生活方式，成为乡村振兴的新引擎。从国家政策来看，数字乡村建设也是我国当前和今后一段时间内全面提升乡村振兴战略实施质量与水平的重要途径。在这样的背景下，有必要从系统性、全局性的角度，从理论层面探讨数字技术如何助推乡村振兴，其背后的运作机理是什么。只有科学地回答这些问题，才能更好地助力数字乡村建设，实现乡村全面振兴。

实施乡村振兴战略，是党的十九大作出的重大决策部署。党的二十大报告提出"全面建设社会主义现代化国家，最艰巨最繁重的任务仍然在农村。"[①] 那

---

① 习近平. 高举中国特色社会主义伟大旗帜　为全面建设社会主义现代化国家而团结奋斗——在中国共产党第二十次全国代表大会上的报告 [M]. 北京：人民出版社，2022：30-31.

么，乡村如何振兴？习近平总书记强调"要坚持乡村全面振兴，抓重点、补短板、强弱项，实现乡村产业振兴、人才振兴、文化振兴、生态振兴、组织振兴，推动农业全面升级、农村全面进步、农民全面发展。"[①] 农业强、农村美、农民富是全面实现农业农村现代化的重要标志。数字技术和数字经济的发展不断向乡村融合渗透，以数据驱动农业农村全面数字化改革，通过技术创新、应用场景、产品服务连接"三农"，赋能农业生产、农村发展和农民富裕，推动实现农业强国，助力建设和美乡村，增强农民获得感满足感（图2-1）。

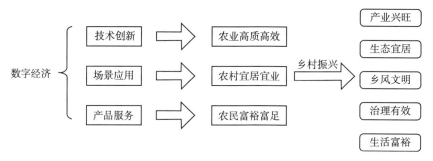

图2-1　数字经济助力乡村振兴

一、技术创新赋能农业高质高效，推动实现农业强国

　　实现农业农村现代化是党在全面建成社会主义现代化强国的新发展阶段，对"三农"工作作出的重大部署，是全面建设社会主义现代化国家的重大任务，是实施乡村振兴战略的最终目标，是推动农业农村高质量发展的必然选择，直接关系社会主义现代化目标的进度和质量成色。这一任务目标的实现有赖于数字技术在乡村的推广应用。

　　数字技术以其扩散效应快、溢出效应大、普惠效应强的特点，在加速传统工业转型升级、打破传统工业技术瓶颈等方面发挥了重要作用。利用现代数字技术，可以对农业对象、环境和全过程进行可视化表达、数字化设计、信息化管理，进一步转变生产方式，解放农村生产力，从而实现我国农业强国的目标。

　　数字技术的推广应用实现了农业生产的智能化。通过整合农业资源、环

---

① 中共中央党史和文献研究院．习近平关于"三农"工作论述摘编［M］．北京：中央文献出版社，2019：19．

境、生产数据，实现生产的全程无人化操作和智能化管理；利用智能化专家系统，科学生产，摒弃传统粗放的农业生产方式，最大限度地优化农业投入；有利于推进高标准农田建设，提高了粮食等重要农产品供给保障水平，强化了农业质量效益和竞争力，提升了产业链供应链现代化水平，农业基础更加稳固，促进乡村振兴战略全面推进。数字技术与农业生产的融合发展，推动农业朝着更加智能、更有效率、更加生态的方向转变，提高农业生产效率、发展水平和科技含量，实现农业精准化生产，降低农业生产风险和成本，使农业生产过程更加节能和环保，提升农产品附加值，保证农产品质量安全，对农业农村现代化建设具有重要意义。

数字技术在乡村生产生活各领域的广泛应用催生了一系列新业态、新模式。通过农业物联网、农业大数据、农业机器人等核心技术的广泛应用，形成了一批"数字农业"应用模式，电子商务、农业服务平台、农业信息化平台、农村物流、乡镇大型农产品仓储中心等不断在乡村落地，促进乡村生产发展和生活样貌变化，为破解农业农村现代化建设瓶颈提供了可能。

二 场景应用赋能农村宜居宜业，助力建设和美乡村

数字经济的飞速发展使其场景应用更加丰富多样，同时，场景应用的丰富也为数字经济的发展提供了加速器和试验台。在数字经济背景下，数据具有可复制、可共享等特点，打破传统生产要素的有限供给，加快要素流动和资源配置，实现数字经济发展的多元场景应用，为乡村生产、生活和治理中的痛点提供有效解决方案。利用数字化技术提高农村公共服务质量，把农村产业、文化和生态有机结合起来，因地制宜构建"数字化网格＋智慧治理"模式，实时掌握农村生产、生活、生态变化态势，突出实效改进乡村治理，整体提升乡村治理水平，助力建设和美乡村。

乡村治理是国家治理的基石，推进乡村治理现代化是实现国家治理体系和治理能力现代化的重要内容，是实现乡村全面振兴、巩固党在农村执政基础、满足农民群众美好生活需要的必然要求。构建乡村社会治理新格局，需要在自治、德治、法治的基础上引进"智治"，以科技的正向拉动为乡村社会治理赋能。

数字技术在乡村的应用，有助于全方位推动和美乡村建设。利用信息化平台，对乡村建设提出科学系统的总体规划，在生态环境、产业发展、医疗卫生、社会保障、便民服务、乡风文明、基层组织建设等方面均实现数字化，整体推动乡村数字化建设，提升乡村治理能力，改善乡村居住环境，提升村

民幸福感，打造宜居宜业和美乡村。

利用信息技术改善治理方式和手段，激活治理主体的主动性和创造性，提升乡村治理的效能。数字技术的应用一方面畅通村民参与乡村治理的渠道，打破地域限制，提高村民参与治理的广度和深度，村民可以通过互联网参与村级事务的管理和监督，加深对基层工作的理解支持，有力提高村务决策的民主性和科学性。另一方面，数字技术赋能乡村治理加强了治理者和群众的信息沟通，为实现共建共治共享提供了新的平台，加快实现民主治理和开放治理，不断提升乡村治理智能化、精细化、专业化水平，助力乡村治理体系和治理能力现代化建设，加快构建共建共治共享的乡村治理格局。

三、产品服务赋能农民富裕富足，增强农民获得感满足感

在数字经济背景下，信息的快速流动促进了更大范围和更深层次的市场分工，平台这一组织形态开始出现并逐步发展壮大。数字平台的规模效应使得其经营范围不断扩大，客户群体也逐步延伸。数字平台重构生产组织方式，突破时空限制，将丰富多元的数字产品和服务传送到广大农村，惠及广大农民。在此基础上，乡村经济进一步与数字技术结合，在数据创新、技术创新、知识更新的推动下，构建结构更优、层级更高、可持续发展力更强的现代化农业农村经济体系。优质便捷的数字产品便利了群众的日常生活，真正让农民在乡村发展中有获得感和富足感。

中国共产党坚持发展为了人民，把实现人民对美好生活的向往作为奋斗目标。利用数字技术逐步推动乡村产业发展现代化、乡村治理现代化，让农民获得物质和精神生活的满足，增强其幸福感，共享发展成果。

一方面，数字技术的应用催生了直播带货、电商平台、智能物流配送等新兴业态，推动了农村一二三产业深度融合，延伸了产业链条，提高了农产品附加值，拓宽了农产品销售市场，以产业发展带动农村地区经济发展，盘活了乡村集体资源和资产，培养了懂技术、善经营、会管理的高素质农民，乡村就业结构更加优化，农民增收渠道持续拓宽。另一方面，数字技术在乡村公共服务领域的应用使农民能更便捷地获取各方面的优质公共服务，享受到与城镇居民同样的设施和保障，从而进一步缩小城乡差距，利于城乡一体化建设。数字技术作用于乡村文化发展可以进一步提升乡村公共文化水平，丰富农村群众的精神文化生活。

第三节　数字技术赋能乡村振兴的运作机理

党的十九大报告明确提出实施乡村振兴战略的总要求是产业兴旺、生态宜居、乡风文明、治理有效、生活富裕。当前以物联网、云计算、大数据、人工智能为代表的新一代数字技术成为赋能乡村振兴的新引擎，正在全面推动实现乡村产业兴旺、生态宜居、乡风文明、治理有效、生活富裕。

一、驱动乡村产业提速升级，加快农业现代化发展

推进农业农村现代化是全面建设社会主义现代化国家的重大任务，是实施乡村振兴战略的总目标，是推动农业农村高质量发展的必然选择。这一目标任务的实现有赖于数字技术在乡村的推广应用。在助力乡村产业兴旺上，数字技术不仅促进了农村传统产业的转型升级，提高了农业生产效率，加快了农业现代化发展步伐，也催生了新的经济业态，推动了农村一二三产业融合发展，促进了乡村产业结构升级，带动了当地的经济发展。

一是数字技术在乡村传统产业大量应用，驱动乡村传统产业数字化转型，促进乡村产业结构转型升级。在农业生产方面，5G、农业物联网、人工智能等数字技术在乡村的应用，推动传统农业向着更加智能、更有效率的方向转变。农业生产采取可感知的智能生产模式，实现精准管理，突破传统农业生产瓶颈，进一步提升了农业的生产效率和智能化水平。如精准农业、智能灌溉、智能温室等农业物联网的应用，通过对生产的实时监控以及数据的收集传导，实现了水、肥、光等要素的科学供给，降低了损耗，提高了收益。

二是数字技术催生乡村新商业模式，进而形成新的乡村产业，促进乡村产业结构调整升级。农村物流、农村电商等新兴产业蓬勃发展，形成产业集群，带动当地经济发展。以淘宝村为例，相关研究结果显示，2022 年淘宝村数量达到 7 780 个，较上年增加 757 个。中国淘宝村排行榜百强县覆盖了服装、家具、特色农产品等多种品类，形成多个产业集群相互促进的新格局。

三是数字技术促进农村一二三产业融合发展，形成多功能产业，促进乡村产业结构优化升级。从智慧农业到智慧农产品生产，数字智慧系统的普遍运用使农业生产、加工和利用的数据有效衔接，进一步促进农业与第二产业融合发展，形成智慧农机制造、农产品加工等一、二产业融合的产业模式。此外，运用数字技术提升旅游产品开发和旅游服务设计水平，催生智慧生态观光旅游、体验农业等新产业新业态新模式，推动农业从单一的生产转向集

生产、生态和生活为一体的多功能产业。

二、筑牢生态环境安全防线，焕发美丽乡村新风貌

农村生态文明建设不仅是全面推进乡村振兴的重要内容，也是加强生态文明建设的题中应有之义。农村地区由于基础设施建设水平较低，难以完全消解生产生活产生的废弃物，人居环境一度恶化，农村人居环境落后成为城乡不均衡的突出表现。习近平总书记强调，"建设好生态宜居的美丽乡村，让广大农民在乡村振兴中有更多获得感、幸福感。"①

在助力乡村生态宜居上，数字技术通过对农业生产方式的绿色化改进和乡村环保的智慧化监测，筑牢乡村生态环境安全防线，改善人居环境，为老百姓留住鸟语花香和田园风光，焕发美丽乡村的新风貌。

一是利用数字技术对农业生产过程进行透明化、精细化操作，实现农业生产绿色化。基于物联网的农业生产过程实现了水分、化肥、农药等生产要素的精细化管理，农业生产向着集约化、绿色化方向发展。此外，基于互联网信息数据连通，农产品安全溯源技术兴起，倒逼农户采用绿色生产方式，保障农产品质量安全。

二是利用平台系统实现对农村污染物的实时监测，推动乡村环保走向智能化。环境监管部门通过建立数字监测平台，实现对农村污染物排放的实时监控，制定更加科学合理的农村生活垃圾处理、污水治理对策。此外，实时监测也倒逼村民采取绿色节约的生产生活方式，加强畜禽养殖废弃物资源化利用和污染防治，改善人居环境，助力美丽乡村建设。

三、助力乡村文化发展繁荣，培育文明乡风新动能

乡村精神文明建设是铸魂工程，"乡村振兴既要塑形，也要铸魂。"② 乡村文化的地域性、多样性和丰富性在城镇化快速发展进程中不断被削弱，乡村优秀传统文化的传承面临着后继无人的困境。乡村文化是乡村振兴的内在推动力，动力不足，全面振兴便无从谈起。数字技术与乡村文化的结合使乡村文化重新焕发新动能。

一是数字技术实现对乡村文化资源的数字化管理，破解优秀传统乡土文化的传承保护难题。基于数字技术的可再生性、非竞争性、高渗透性以及大

---

① 习近平. 论"三农"工作［M］. 北京：中央文献出版社，2022：271.
② 习近平. 论"三农"工作［M］. 北京：中央文献出版社，2022：231.

数据自身的可复制性、多样性等特点，对于有较高价值的乡村文化资源，如地方戏曲、传统技艺等非物质文化遗产以及庙宇、戏楼等物质遗存进行数字化资源的永久保存，通过大数据、3D影像技术、虚拟现实等技术，形成乡村文化资源库，破解乡村文化遗产由于资金、技术、传承等原因造成的消失困境。

二是数字技术有利于传播和展示乡村文化特色，实现乡村文化发展的网络化。基于数字技术具有的外部经济性、非排他性、较强的传播性以及高速性等特点，将数字技术嵌入乡村公共空间、公共设施，形成乡村智慧旅游、田园综合体、特色小镇等新型产业，重塑乡村文化传播生态，利用数字技术传播和展示乡村文化的特色，提升乡村文化的表现力和吸引力，实现乡村文化振兴。

三是数字技术拓宽村民信息获取渠道，提高信息获取能力，助力村民文化素养提升。提升村民文化素养是乡村文化建设的重要组成部分，也是村民自我持续发展的内在要求。互联网技术的应用普及丰富了村民获取优质多样资源的渠道，满足村民对生活、工作、学习等的知识需求，对于培育高素质农民起到重要作用。

四、协同创新乡村治理体制，塑造乡村治理新格局

乡村振兴离不开和谐稳定的社会环境，乡村治理是乡村振兴的基石，也是国家治理的基石。在数字经济时代，数字赋能乡村治理既能为提升乡村治理科学性、时效性等提供支撑，也能为乡村治理现代化提供新的方法路径。

在助力治理有效上，数字技术打破治理空间，激发治理主体积极性，推进治理内容创新，实现乡村建设的空间、主体和内容的协同，塑造乡村新秩序和新结构。

一是数字化治理打破乡村治理空间约束，提高村民参与率。在城镇化快速发展和农业效益相对较低的双重影响下，我国农村人口特别是青壮年大量流出，农村呈现出治理主体缺位和治理人才不足的问题。数字赋能乡村治理为破解这些难题提供了新的路径方法，在外村民可以突破时间、空间限制，利用互联网表达民意，参与村民自治，一定程度上解决了治理主体失语困境。

二是数字技术的嵌入激发多元治理主体积极性，促进协同治理新格局的形成。随着数字技术在农业农村的应用，乡村治理主体呈现出多样化、复杂化的特点，农村居民、村集体、合作社、涉农企业、电信运营商、行业协会、

政府、科研院所和高校等分饰创新主体和治理主体双重角色，形成新的经济共同体和利益共同体，改变了乡村原有的组织结构和人才结构，大家积极参与到乡村治理中，为构建"三治"融合的乡村治理体系建言献策。

五、推动公共服务普惠共享，促进城乡一体化发展

城乡发展不平衡不协调，是我国发展过程中存在的突出问题，也是阻碍乡村全面振兴的一大难题。推动实现城乡一体化发展，就是要推动城镇基础设施向农村延伸，城镇公共服务向农村覆盖，增强农民的获得感、幸福感，使农民实现富裕富足。

在助力生活富裕上，数字技术释放普惠效应，推动城乡服务的一体化建设，提高乡村公共服务水平，让城乡居民共享发展红利，满足人民日益增长的美好生活需要。

一是数字技术的发展推动公共服务向乡村下沉。乡村信息基础设施的日益完善使普惠金融、远程医疗、在线教育、智慧交通、电子政务等公共服务走进农村、走向农民，切实解决乡村资金短缺、看病困难、教育落后等实际困难，一定程度上缩小了城乡差距。

二是数字技术与乡村产业的有机融合催生了新的产业形态和工作岗位，乡村旅游、电商物流等产业增强了农村地区的自我生产能力，增强了农户自身"造血"功能，拓宽了农户的收入渠道，提高了农户的收入水平和生活质量。

三是依托线上线下两个市场，新经济发展为乡村振兴注入新动能，乡村有了更多高质量的就业创业机会和更广阔的发展平台，不仅让村民实现在当地就业致富、创业圆梦的愿望，同时让更多技术型人才和融合型人才有了返乡下乡实现价值的新选择。

第二篇

数字赋能乡村振兴的总要求

第三章

数字赋能为乡村产业兴旺提供新动力

产业兴旺是农业农村高质量发展的关键，也是乡村振兴的重点。党的十八大以来，我国以推进农业供给侧结构性改革为主线，不断完善农业支持保护政策体系，推动农业质量变革、效率变革、动力变革，农业生产跃上新台阶。但农业劳动生产效率低、生产成本不断攀升、生产环境不友好、结构性矛盾突出、先进技术利用不足等问题依然存在①。要实现农业农村高质量发展，必须促进农业转型升级，调整优化农村产业结构。

数字经济的发展顺应了新发展阶段农业农村高质量发展的要求，加速了现代产业要素与乡村传统产业的融合，为乡村产业变革带来了重大的发展机遇。近年来，随着我国数字乡村战略的持续推进，数字经济与乡村发展加速融合，各大互联网头部公司正加快在农村布局，众多涉农行业互联网科技公司迅速崛起、大量互联网带动的农村创新创业活动蓬勃开展。数字经济改变了农业生产方式，改善了农村面貌，深刻影响了农民的生产生活，为乡村产业发展提供了新动力。

第一节　生产数字化推进农业绿色高效

农业生产数字化主要是指通过生产信息采集设施、生产作业装备和生产管理平台三大部分组成的农业生产系统，利用数字化监测设备和大数据存储、云计算、仿真等功能，全面统筹农业资源、环境、生产和管理数据，对各类信息进行整合分析，通过持续的数据积累和人工智能的应用，以数据指导生产运营，实现无人化操作和智能化管理②。利用现代数字技术可以实现农业生产可视化、远程诊断病虫害、灾害预警等，并利用数据分析整

---

① 张红宇. 加快构建现代乡村产业体系 [J]. 中国发展观察，2021（Z1）：17-21.

② 清华大学互联网产业研究院. 中国数字农业白皮书（2019）[R/OL]. (2021-08-19). http://www.iii.tsinghua.edu.cn/info/1097/2755.htm.

合资源和指导农业生产，实现农业生产的降本增产、提质增效。

一、数字技术助力种业自立自强

种子是农业的"芯片"，种源安全关系到国家安全。我国水稻、小麦等作物的供给基本充足，但整体来看，我国种业企业综合竞争力不强，研发能力与国外相比还有较大差距，甚至部分种子大量依赖国外进口，威胁到了我国粮食安全。因此，需要加强种质资源保护和利用，加强种子库建设。种业数字化的发展是推动实现种业科技自立自强、种源自主可控的重要支撑。

种业数字化是指通过大数据、人工智能、物联网和智能装备等在种业全产业链的应用，实现育种科研、制种繁种、生产加工、营销服务和监督管理服务的多场景信息化、品种创新数字化、生产经营智能化和产业体系生态化[①]。一方面，数字技术可以推进育种创新。通过性状采集信息化、田间操作标准化、数据分析自动化，在育种流程上实现科学管理、专业分工、流水化作业，助力"经验育种"向"精确育种"转变。另一方面，数字技术也有助于实现种业信息化管理。利用 RFID 技术、电子技术、计算机技术、数据库技术、特种标签制造技术及 3D 仿真技术等，可以构建种业全周期追溯管理系统，实现对制种过程、种子检测、种子溯源等流程的管理。此外，数字技术还可以加强种业推广与应用。利用数字技术开展市场跟踪与行情分析，可以适时调整营销策略和手段；通过电商大数据分析能够开展潜在受众群体的精准营销；利用电商、短视频等新媒体平台开展种业品牌宣传可以促进企业营销转型升级。总之，推动种业数字化的应用有助于解决我国种源"卡脖子"问题，打赢种业翻身仗。

二、数字技术赋能种植业增智增效

种植业是农业的基础，种植业不仅为人类提供赖以生存的食物与生活资料，还为轻纺工业、食品工业提供原料，为畜牧业和渔业提供饲料。种植业的稳定发展对畜牧业、工业的发展和人民生活水平的提高均有重要意义。改革开放以来，我国种植业高速发展，仅用全世界 7% 的耕地养活了全世界 22% 的人口，但我国种植业仍存在机械化程度不高、生产设施落后、生态环境污染严重、抗灾能力低下等问题。数字技术为解决这些问题提供了重要支

---

① 中国网信网. 数字乡村建设指南 1.0 ［EB/OL］. (2021 - 09 - 03). http：//www.cac.gov.cn/2021 - 09/03/c_1632256398120331.ht.

撑。种植业数字化是指数字技术在农作物种植各环节的应用，通过获取、记录农业生产经营各环节数据并计算分析得出应对方案，为种植各环节流程提供智能决策，提高生产效率①。

一是智能农机装备的发展助推大田作物精准耕作。近年来，我国各地围绕物联网、智能控制、北斗导航等在农机精准作业与控制方面开展了有益探索。调查显示，新型农业经营主体大田耕种管收主要环节的数字化应用水平约为25%，近九成经营主体开展了测土配方施肥，约40%的经营主体应用了水肥一体化技术，精准施药、病虫害监测预警系统、无人机植保等技术与装备也得到不同程度的应用②。智能化农业机械设备为农业生产中的土壤墒情、作物长势、灾情、虫情等农业生产运行状况的实时监控和预报提供了翔实可靠的技术资料和技术支撑。

二是质量追溯、物联网监控以及温室环境智能控制等技术促进设施栽培智能化。设施农业作为高附加值的技术密集型产业，其数字化水平比大田生产高，主要环节数字技术应用比例约为30%，特别是质量追溯、视频监控、传感器和自动控制设备等环节信息技术的应用水平已达50%以上③。水肥一体化、精准施药、病虫害监测预警等信息化技术的实施，为设施农业的发展提供了有力保证。根据有关调查和测算，通过推动设施栽培的数字化改造，各生产主体平均节水、节工、节肥、节药20%以上，提高了蔬菜的品质和效益。设施栽培中多方面数字化技术的应用实现了对生产过程的实时监控，通过数字模型对农业生产进行可视化表达、数字化设计、信息化管理，基本实现无人化操作，大大节约人力成本，提高生产效率。

三、数字技术引领养殖业产业蝶变

受地理环境、人口分布、动物防疫要求等综合因素影响，长期以来畜牧业产地高度分散，在生产技术、产销对接、监管服务等方面存在明显短板。养殖业的数字化建设可以实现针对畜牧、水产养殖等多领域的智能管理，包括养殖数据监测、养殖过程监管、大数据应用管理等，实现智慧养殖，增加养殖业产能。

一是畜禽智能养殖提高养殖效率。一方面，畜禽养殖管理系统的数字化

---

① 中国网信网. 数字乡村建设指南 1.0 [EB/OL]. (2021-09-03). http://www.cac.gov.cn/2021-09/03/c_1632256398120331.ht.

②③ 李瑾. 新型农业经营主体生产数字化转型现状、问题与对策 [J]. 中国农民合作社，2020 (7)：19-20.

可以实现智慧养殖。利用数字化技术对畜禽圈舍的通风温控、空气过滤、环境感知等设备进行智能化改造，可以实施包括温湿度、光照强度和通风情况等在内的养殖环境自动化监测，还能实现电子识别和精准饲喂等。另一方面，利用数字技术构建养殖过程监管平台可以提升畜禽养殖安全。对环境数据、投入品数据、养殖数据、屠宰加工数据、市场消费数据、市场价格数据乃至粪污处理数据进行综合分析及检测，可以实现数据的全局可控、可管、可应用，同时为农产品溯源提供有效的数据支撑。利用数字技术实现畜禽养殖标准化生产、集约化经营和资源高效利用，联通了上下游产业环节，为未来的畜禽养殖带来更多可能。

二是水产养殖业数字化促进产能提高。物联网、北斗导航等技术的应用是推动智能水产养殖业发展的重要手段。我国数字化水产养殖较发达国家起步较晚，但随着渔场渔情服务的海域范围不断扩展，智能化水产养殖范围也在不断扩大。利用数字技术，可以实现对养殖环境的自动化监测。同时，北斗导航卫星也已经在海洋渔船监测中得到初步应用，可以采用3S技术（遥感技术RS、地理信息系统GIS、全球定位系统GPS的统称）进行资源环境监测。数字技术对渔船安全监管也发挥了重要作用，智能设备的应用可以全面提升安全作业和应急处突能力，保障渔船、渔民、渔业安全。通过对渔船出海捕捞、归港、储运、销售各环节进行数据、影像记录，还可以实现渔获全程可追溯，保障水产品质量安全。

案例

天津市西青区：借力智慧农业服务平台
创新小站稻"五统一"标准化生产模式①

一、背景介绍

西青区位于天津市中心城区西南部，区域总面积565.36平方公里，以蔬菜、果树、水稻、水产种养为主，形成了高效蔬菜、天津小站稻、特色水产及花卉等优势农业产业格局。近年来，西青区以天津特产小站稻为重点，打造智慧农业平台，推行标准化生产，有力推动了数字化、智慧化、绿色化发展。

---

① 中华人民共和国农业农村部发展规划司. 天津市西青区：借力智慧农业服务平台创新小站稻"五统一"标准化生产模式［EB/OL］.（2022 - 03 - 07）. http：//www. ghs. moa. gov. cn/gzdt/202203/t20220307＿6390767. htm.

二、主要做法

（一）搭建"五统一"标准化生产体系

以"种出好品质、卖出好价钱"为纲，围绕"品质原粮"，以规模化、标准化和产业化的发展思路，统一品种、统一农资、统一标准、统一管理、统一仓储，打造高标准优质小站稻种植示范基地。

（二）标准化生产技术创新与迭代

建立了具有品种筛选区、肥料试验区、植保试验区、农机农艺试验区、品质提升试验区和小站稻优产提质种植技术集成展示区的"5＋1"功能的试验功能区，通过试验验证，结合大规模种植，不断优化生产种植技术、提升标准化水平，真正实现"一品种一方案、一区域一方案"的精准种植。

（三）发展数字化管理服务

围绕标准化种植生产管理的业务流程，建立一体化智慧农场管理服务平台。综合利用卫星遥感监测、精准气象、物联网等农业信息化技术，在统一标准体系建设基础上，建设水稻高标准农田智慧农场，实现对农场的智能化、精准化、自动化监测，提高生产管理效率，推动现代农业智慧农场的落地。

（四）全程品控溯源确保质量

建设小站稻全程溯源系统，通过"三戳一指数"（时间戳、地理戳、品质戳、绿色发展指数）的形式向消费者展示小站稻种植、仓储、加工、品评、物流、销售各环节的全程信息，以及土地、化肥、农药利用效率、碳排放量、优质化率等，让消费者买得放心，吃得安心。

（五）推行绿色生产技术

品种筛选、测土配方、智慧农业、智能农机、绿色种植等多手段综合投入。统一采用侧深施肥技术，提高肥料利用率。追肥改自走式撒肥机为无人机撒肥，提高工作效率，减少农机下田对秧苗的毁损，保障产量。

三、取得成效

2021年小站稻春播油菜绿肥还田，当季减量氮肥20％。推行测土配方施肥，钾肥减投20％。亩＊均增产10％以上，亩均增收180元，示范农场产出稻米品质达到国家优质大米一级标准。

＊ 亩为非法定计量单位，1亩＝1/15公顷。——编者注

第二节　智能车间助推农产品
加工业提档升级

农产品加工产业发展在前端可以带动农民建立原材料基地，在后端则可以建立起物流、销售、服务等网络，是农业农村现代化的重要支撑。我国农产品加工业目前还存在许多问题，包括产后损耗大，存在技术短板；梯次加工技术缺乏，附加值低；农产品加工装备自主创新程度低等①。数字技术为农产品加工业提档升级提供支撑。农业加工数字化是指利用物联网技术和设备监控技术，配备作业机器人、智能化电子识别和数字监测设备，建设农产品加工智能车间。建立果蔬产品包装智能分级分拣装置，实现果蔬产品的包装智能分级分拣。利用智能管理软件系统，实时准确地采集生产线数据，合理编排生产计划，实时掌控作业进度、质量与安全风险②。

一是数字技术提高农产品加工效率。农业加工数字化可以实现农产品加工的智能化管理，提高生产效率。由数字化生产设备、综合网络、数据管理系统建立起来的农产品智能加工管理系统可以实现智能生产设计、控制、管理等。将数字信息嵌入到控制与执行系统，利用计算机和网络进行处理和共享，可以实现农产品加工生产过程中原料采购、设计、制造、装配、质量控制与检测等各个阶段的智能管理和控制，优化传统农产品加工车间和生产线，以及产品从设计到加工生产的转化过程，使产品设计到产品加工生产之间的各项不确定性因素降低。通过仿真技术，优化产品生产、加工过程，使生产、加工过程在各项信息化、数字化手段中得以检验，从而提高生产系统的成功率与可靠性，缩短从设计到生产的转化时间，降低改良设备的成本③。

二是数字技术降低农产品加工业经营成本。传统的农产品加工想要降低成本，往往通过优化加工技术和降低原材料成本来实现。数字技术可以实现农产品加工业运行和管理的智能化，为处于中间环节的加工提高生产效率和产品质量，减少生产费用。在生产前，通过大数据分析、归纳和总结市场及

---

① 瞿剑. 我国农产品加工营收近农业产值的 2.4 倍　关键技术"卡脖子"现象仍存在 [N/OL]. (2021-03-24). http://www.stdaily.com/index/kejixinwen/2021-03/24/content_1096102.shtml.

② 中国网信网. 数字乡村建设指南 1.0 [EB/OL]. (2021-09-03). http://www.cac.gov.cn/2021-09/03/c_1632256398120331.ht.

③ 高雅静，赵明远. 基于数据共享的农产品加工模式构建研究 [J]. 北方经贸，2021（9）：131-133.

顾客的信息，为产品的开发和更新提供前瞻性的预测。在经营中，通过有效运用大数据与网络技术来增强对市场的反应、提升对客户的服务质量、减少经营费用。最后，通过对产品的市场使用情况进行分析，并根据顾客的反应，采用新的营销方式提高产品销量。

三是数字技术促进农产品加工业质量提升。促进产业发展的关键因素是市场的需要。目前，我国农业生产经营的总体状况是：农业生产经营规模日益增大、产品结构日趋高档、采购方式个性化多样化。市场从以往的以价格为主导，逐渐转向以质量、创新为主，供求关系从以供应为主转向以消费者需求为主。为适应日益激烈的市场竞争，农产品加工业需要准确把握市场需要。传统农业生产过程中，一般都是以经验来进行市场需求的评估，从而导致了需求的偏离和不确定。同时，由于传统的农业生产工艺很难适应个性化、高质量的要求，因而不能适应目前的消费市场。运用大数据等数字技术可以对市场的需要做出正确预测，减小需求偏差，从而达到节约生产的目的，满足顾客对产品质量的要求，提高企业的盈利能力。

案例

占领农业信息化高地
——鹤壁市农产品加工业与信息化融合发展侧记[①]

一、背景介绍

鹤壁因"仙鹤栖于南山峭壁"而得名，位于河南省北部，是河南粮食生产核心区的示范区。作为农业大省河南省内的农业大市，鹤壁在农业人均产粮、人均肉蛋奶产量、人均畜牧业产值、人均旱涝保收田、作物良种覆盖率等指标上连续多年居河南省首位，是全国粮食生产先进市、全国首批整体推进农业农村信息化示范基地、国家现代农业示范区、全国农业综合标准化示范市。

近年来，鹤壁市超前谋划，坚持"顶层设计、整体规划，分步实施、注重应用"的原则，以全面推动农业生产经营信息化为主攻方向，加快全市农产品生产、加工、消费和农业管理服务与信息化深度融合，取得了显著成效，涌现出了像永达食业集团、飞天农业开发股份有限公司等多家农业产业化重点龙头企业。据鹤壁市农业局统计，全市市级以上农业产业化龙头企业 212 家，其中国家级 4 家、省级 37 家、市级 171 家。

---

① 中国农村网. 占领农业信息化高地——鹤壁市农产品加工业与信息化融合发展侧记［EB/OL］. (2016 - 12 - 15). http://journal.crnews.net/ncpsczk/2016n/dssqq/915501 _ 20161214032518.html.

二、主要做法

（一）信息物联连接农业生产最前端

2010年，为提升粮食高产创建水平，鹤壁市引入了中国农大、农科院先进的星陆双基遥感农田信息协同反演技术，并在粮食高产创建中建立大田智能物联系统。通过视频采集系统、叶面积指数系统、农田环境参数接收系统、土壤水分观测系统、病虫害孢子监测系统等五大系统，实时监测温度、湿度、墒情、作物长势、病虫害等，并将这些数据传输到管理系统中。专家对数据进行分析整理后，给出管理意见，指导农民生产管理，初步实现了种植面积、苗情长势、作物产量、土壤墒情、病虫草害、气象灾害等六大监测功能，解决农业技术服务农业生产"最后一公里"问题。

据了解，目前鹤壁市每个县区都建有监测站，每个粮食高产创建示范区都建有监测点，示范应用面积达62万亩。2015年，示范应用区内平均每亩增产200公斤*，增收420元，62万亩示范应用区共增收近2.6亿元。"农业物联网的应用极大提升了科技进步对农业增长的贡献率，2015年全市农业科技进步对农业增长的贡献率达58%，农业信息化在科技进步贡献率中所占比例达到15%以上，均高于全国平均水平。"市农业局副局长胡全贵对记者说。

（二）智能化设备推动企业转型升级

河南永达食业集团是集肉种鸡繁育、饲料生产、商品鸡养殖、屠宰加工、熟制品生产、冷藏配送、电子商务为一体的肉鸡产业化集团公司。作为中国肉类食品行业五十强，集团早在2012年就设立了信息管理部，负责公司信息化建设。

据了解，集团主业跨越鹤壁安阳两市四县，为此，公司组建了鹤壁总部、淇县园区、滑县园区、汤阴园区四个局域网，局域网之间通过光纤联通，组建成一个大局域网，通过光纤与互联网连通，日常的应用都架构在此网络上，大大提高了集团工作效率。此外，集团还花费巨资邀请上海科技公司，根据业务与管理需求，为集团开发了金蝶K3系统、青花瓷销售管理系统、肉鸡养殖管理系统、人力资源系统。

（三）追溯系统提升产品竞争力

近年来，农产品质量安全越来越被国家重视，生产出优质安全的农产

---

* 斤、公斤均为非法定计量单位，1斤＝0.5千克，1公斤＝1千克。——编者注

品是企业生存和发展的首要任务。河南省淇花食用油有限公司作为河南省油脂行业"十强"企业，早在公司创立之初就制定了"一条主线、四个板块"（即以全程油脂食品安全为主线，打造基地建设、绿色制造、质量控制和第三方介入评价四个板块）的质量安全追溯信息体系。在公司种植基地，工作人员告诉记者，公司运用GPS定位信息系统，把原料基地的种植地块落实到每个合作社、每个农户以及相关的技术责任人，并对种植、收获以及储运过程进行全程追溯，如果哪一个环节出现问题，直接问责相关工作人员。

（四）电子商务带动市场大发展

农产品电子商务是现代农业发展的重要方向。目前，市场大批量的涉农电商纷纷涌现，站在"互联网＋"浪尖风口处，农产品电子商务可以有效解决农产品信息不对称现象，除去"中间商"利润，减少流通环节，推动农产品领域的公平贸易。处在传统农业向现代农业转型关键期，鹤壁市也抓紧机遇鼓励农产品加工企业大力发展电子商务。

据了解，河南大用集团与香巴拉生鲜食品O2O电商平台签订深度合作协议，在未来三年内，合作开展商城入驻、生鲜O2O进社区模式探索与布局，生鲜产品跨境电商模式探索与应用等多方面的合作，2015年大用网上商城全年订单量达到20.96万个，实现交易额25亿元，占公司营业收入总额的68.14％。此外，中鹤集团建设了"七鲜源"电商平台，永达集团与阿里巴巴、谷歌等开发跨境电商项目，开展了电子商务营销和跨境电商业务，产品远销俄罗斯、中东、东南亚等国际市场，这些都大大增强了企业产品竞争力。

三、经验总结

虽然鹤壁市农业信息化取得了长足进步，农产品加工业与信息化融合快速发展，但在采访过程中胡全贵还是向记者道出了发展中存在的一些问题：一是有些企业重视程度不够，对"互联网＋农产品加工业"认识不到位。二是企业本身投入不足，信息化基础设施及配套设备不够，智能化、信息化水平较低。三是企业信息化人才短缺，应用能力差。为此，许多专家表示，应加大"互联网＋农产品加工业"培训工作，由农业部门组织专家对农产品加工企业高层管理人员及技术人员进行专题培训；要加大对农业信息化方面的投入，建立适应全国的农产品加工企业运用的同一平台，这样既可以节省投资，也能够起到较好效果。

第三节　互联网平台加强农产品
产销精准对接

随着我国经济的快速发展，大部分农产品告别了普遍短缺的时代。然而，我国农产品市场供求结构不合理的情况依然长期存在，农产品滞销现象频频发生，严重扰乱了农民的正常生产和做出正确的经营决策。而互联网的发展为农产品的流通和销售开辟了新的空间。通过数字技术建立农资产品、农副产品销售等新的交易平台，用户可以通过各种网络平台进行农产品的网上交易，实现生产与消费的有效对接，使农产品的流通更加快捷。近几年流行的网络直播也为农产品销售提供了新思路，网络直播加电商平台满足了消费者对产品全方位了解的需求，提高了农产品的知名度，为农产品销售提供了新思路。

一是数字营销有效扩大农产品销售半径。数字营销可以跨越生产和消费的时空界限，农产品在线上平台与全国市场乃至全球市场的对接，打通了小生产与大市场之间的鸿沟，扩大销路。并且，农产品不再依赖传统的市场收购或销售方式，农业生产的效益大大增加。品种丰富、各具特色的农产品供给有力地保障了消费者多元化的消费需求，使城乡居民的菜篮子和果盘子更加丰富，农民进行农业生产的意愿得以提升。数字营销还可带动农产品加工、物流快递、观光农业等相关行业的发展，不断催生新产业新业态，拓宽农民的就业渠道，加速农村一二三产业的融合，是推动农业升级和农村振兴的有力工具。

二是网络平台大幅减低交易成本。网络平台具有实时互动、即时沟通的优势，在交易过程中减少了大量中间环节，降低物流成本，保证农产品的新鲜度。网络平台助销农产品，可以实现农产品销售过程的多渠道连接，一次上架，全平台发布，多渠道销售的助销过程降低了销售过程中的操作复杂性，现了农业领域商业模式的突破，重塑农产品交易流程，完成了农产品交易线上线下的同步进行。

三是网络媒体助推农产品品牌塑造。我国农产品种类丰富、特色明显，背后蕴含的历史文化内涵也都各不相同，这些都为农产品品牌的打造提供了独特的优势。借助自媒体等多种网络营销方式，农产品品牌可以快速崛起。生产者可以通过电商平台产生的产品交易数据，及时有效获取市场需求和消费者偏好，优化生产决策，提升产品品质。

云霄县："电商＋"创新举措　助力乡村振兴①

一、背景介绍

云霄县原是福建省省级扶贫开发重点县，辖9个乡镇（场）和1个工业开发区，有186个行政村（社区），总面积1 166平方公里，人口42万。

受新冠肺炎疫情影响，曾供不应求的优质农产品面临着客商进不来、产品出不去的局面，农特产品销售难，刚刚脱贫的群众面临因疫返贫的风险。云霄县委县政府及时吹响战"疫"助农的战斗号角，云霄县电商办应声而动，以勇创新、强举措、优服务的态度开展工作，把传统枇杷节改为线上枇杷节、举办线上科技大讲坛、以党建引领企业弘扬社会责任、培育农村电商带头人销售产品，确保丰收不愁销路，排除了脱贫户因疫返贫的风险，带动数千脱贫人员和农村低收入人口增收致富，努力以长效机制巩固拓展了脱贫攻坚的成果，助力乡村振兴。

二、主要做法

（一）"电商＋"线上枇杷节，在全省率先把传统"节会"改为线上举行

2020年2月，开春第一果枇杷熟了，负有中国驰名商标的"云霄枇杷"因疫情陷入销售困境，传统的枇杷节也无法举行，槟树村村委吴素华忧心忡忡地说："去年这个时候，我们这里有几十个外地来收购枇杷的客商，现在只有三个，再这样下去，群众的收入就泡汤了，脱贫户很可能就要返贫了。"

云霄县电商办了解到这个情况，及时向领导汇报，取得领导的支持后，在3月6日把连续举办5届的枇杷节"搬"到网上，云霄县电商办通过直播、微商、短视频大赛等网销形式，推动枇杷线上线下销售"火力全开"，副县长李娟"直播带货"为云霄枇杷网上造势、网上促销。

（二）"电商＋"线上科技大讲坛，线上开展助农活动

云霄县电商办了解到果农缺乏种养技术的指导，迫切需要产品保鲜技术和加工技术，取得县领导支持后，开设"线上科技大讲坛"，由市、县农业农村局派出科技特派员蔡建兴、陈天佑、张玮玲、张茂盛等讲解种养技术，以新颖的方式在线为上万名果农等送上技术提升攻略的丰盛"文化套餐"。

---

① 福建商务．云霄县："电商＋"创新举措助力乡村振兴［Z/OL］．（2021-11-10）．https：//mp.weixin.qq.com/s/5RlrflsP87cqKYvyeMr-9A.

（三）"电商＋"协会＋党建，发动以购代捐

面对疫情，云霄县电商办联系县光电电商协会党支部，光电电商协会党支部加强党建工作，发挥党员在关键时期的战斗堡垒作用，发出倡议书，引导企业弘扬社会责任，22家电商企业带头以购代捐，捐赠12.6万元购买下河杨桃，通过邮政公司提供免费运输，由县领导带队慰问抗疫工作者，医务人员感动地说："这时候能记得我们，我们再怎么拼也是值得的。"云霄县中医院、农信社、广大医务人员和群众纷纷投入以购代捐的活动中，通过扫捐赠企业的二维码网上下单，带动了杨桃销路，有效地促进了果农增收。

（四）"电商＋"引导企业弘扬社会责任，促进"一产接二连三"

云霄县电商办积极引导企业开展助力乡村振兴活动。福建省支点农业发展有限公司在云霄县电商办的促成下，积极弘扬社会责任，开展销售帮扶活动，前期由于经验不足，销售农产品亏损了很多，整个团队信心不足，总经理郑志雄倍感压力地说："再这样我们公司撑不住了。"

云霄县电商办认为有必要把支点农业公司培育成助农企业的标杆，以此带动其他企业参与。通过协调，帮助支点农业公司将云霄的杨桃、老金枣、百香果、青枣、果糕、罐头、淮山等消费帮扶产品整合进入省扶贫办指定的消费帮扶平台和厦门"鹭岛"，助销产品200多万元。由于云霄产品的质量有口皆碑，顾客不仅纷纷复购，还慕名到云霄旅游观光。支点公司既帮助了群众增收，也提高了销售额，其他公司受到鼓励，也纷纷投入战"疫"助农活动中。

云霄县电商办还积极引导电商企业开展农产品网货化、标准化、品牌化工作，促进农产品出村上网，推动电商企业开展"一产接二连三"工作，通过引导企业弘扬社会责任，从长效机制帮助解决农产品的销路和加工难题，促进群众增收。

三、取得成效

云霄县电商办紧跟县委县政府工作布置，围绕"党建＋电商"，以"战疫情、强举措、优服务"开展脱贫攻坚衔接乡村振兴工作，电商扶贫工作入选了国务院扶贫办征集的"全国电商扶贫50佳案例"（收编在红旗出版社《中国样本》），并收录在福建人民出版社出版的《脱贫奔小康的福建经验》一书中。

在认真总结经验的基础上，以"电商＋"系列创新举措创新，培育长

效机制带动脱贫人口和农村低收入人口增收致富，促进特色产业提质增效，推动实现巩固拓展脱贫攻坚成果同乡村振兴有效衔接，得到了中宣部、商务部、人民日报、新华日报、新华社政务智库、中国商报、中央电视台、省商务厅、省电视台、福建日报、海峡导报、漳州市委、市政府、闽南日报、漳州市电视台、今日头条、新浪网等媒体的表扬、肯定和报道。

云霄县电商办因在云霄电商扶贫工作中发挥了重要作用，2021年5月获得了福建省委省政府授予的脱贫攻坚先进集体的荣誉称号。

第四节　物流数字化助力乡村农产品流通

乡村物流能力的滞后是制约农产品电商，特别是生鲜电商发展的重要因素。虽然近年来我国的交通及物流体系建设取得了很大进步，但是相对于城市地区，农村地区物流水平仍相对薄弱。物流数字化利用互联网、物联网、云计算、大数据、区块链、人工智能等技术对物流各个环节进行赋能，具有高效、快速、低成本等优势，能够使农产品流通较好地适应快速变化的市场需求。

一是物流组织平台化集聚农产品资源。我国小农户众多，大多农产品是由分散的农户进行生产的，小农户没有力量组织大规模的生产，相对于其他市场主体，其市场力量非常薄弱，导致农村货运市场弱、小、散问题很普遍。通过互联网货运物流平台，可以加速碎片资源的集聚，实现农产品物流的有效组织，不仅可以使农产品走向市场，有效拓宽农产品销售渠道，还可以满足工业品下乡的物流需求。

二是物流管理智能化保障农产品质量。农产品本身的特性和公众对食品安全的需求决定了农产品物流在基础设施、仓储条件、运输方式和品质保障技术方面有着更为严格的要求。为保证农产品品质，农产品在运输、收货、转运等各个环节都要进行严格的质量管理。利用数字技术有助于完善农产品物流保障制度和服务体系，使农产品运输顺畅。通过建立专业的物流管理信息系统，对农产品全生命周期的信息进行管理，科学整合生产、分销、仓储运输、配送等供应链上下游信息，提高整体效率，实现农产品物流管理透明化、一体化。

委员单位安远东江电商：
推动农村物流革命　科技赋能乡村振兴①

一、背景介绍

近年来，安远县大力推动快递、电商进村，加快数字产业化和产业数字化转型，农村电商产业蓬勃发展，全县开办网店 2 800 多家，电商从业人员达 1.42 万人。在农村电商发展实践中，"快递物流难进村，城乡消费信息不对称，农民与互联网难接轨"成为急需解决的难题。为此，安远县组建了东江电商产业集团，以解决城乡物流"最后一公里"问题为切入口，探索创立了"安远'智慧园区＋智运快线＋数字平台'城乡绿色智慧物流发展新模式"（以下简称安远"三位一体"模式），实现了城乡生产与消费多层次对接，推动了数字经济和实体经济深度融合，为电子商务进农村综合示范和乡村振兴建设提供了可复制、可推广的发展新模式。

二、主要做法

（一）建设智慧园区

投资 20 亿元，建设占地 521 亩的电商产业园，围绕发展需要，建设集电商快递物流园、智能分拣中心、冷链物流中心、农产品集散中心、物流大数据中心、5G 直播大厦、数字产业园等配套设施于一体的县级智慧物流总仓，深度融入商品供应链数字化、智能化、在线化管理，实现电商快递统收统配，形成了巨大的聚集效应。

（二）搭设智运快线

构建基于近地低空索道和穿梭机器人的智运快线，通过架设近地低空索道，支撑由云端系统控制的穿梭机器人在索道上自动驾驶，实现县乡村三级城乡物流网络节点间即时运输，满足城乡物流"少批量、多批次、多品种、长距离"运输需要。穿梭机器人设计载重量为 100 公斤，可 24 小时进行配送，运行时速最高可达 60 千米/时，可实现县域内随时发送、一小时到达。100 公斤货物运输 100 千米，直接成本仅为 3～5 元，较传统物流方式下降 50% 以上。目前，鹤子镇智运快线工程覆盖 1 镇 5 村，近地低空索道线路总长约 10 千米（复线约 20 千米），直接服务 1.7 万余人口。

---

① 江西省数字经济学会智慧物流专委会. 委员单位安远东江电商：推动农村物流革命　科技赋能乡村振兴 [Z/OL].（2021 - 12 - 27）. https://mp. weixin. qq. com/s/k1JrrpBTPcS4wyfoW2gCQA.

三、取得成效

安远县创新探索"智慧园区＋智运快线＋数字平台"三位一体的城乡绿色智慧物流发展新模式，有效打通农产品出村进城的"最初一公里"和消费品下乡进村的"最后一公里"，解决了加快发展农村寄递物流、推进快递进村的"五个关键问题"，有望走出一条由农村物流革命带动农村产业革命的乡村振兴之路。

（一）解决网点下沉问题

该发展模式规划县级智慧物流园区用于统收统配，盘活乡镇和村级交通场站资源建设，完善各级物流节点，在兼具公路货运站、交通管理站、公路养护站基本功能的基础上，可灵活吸收邮政网点、供销网点、快递公司和电商平台服务网点功能，特别是拓展了经营困难、运营效率不高的各类镇村网点的服务范围，无需大规模新建各级寄递物流综合服务站，最大限度利用现有设施，发挥存量资源的有效价值。

（二）解决运输组织问题

该发展模式依托智运快线实现智能化、轻量化、无人化运输，实现延伸到村、随时发送、准时到达。由于不再依赖传统运输机构、运输队伍和运输装备，打破传统寄递物流服务的时间限制和空间限制，有效解决传统寄递物流服务定时定点配送、村民需赴圩镇收发货物的诸多不便。末端节点管理人员能够提供更加方便灵活的运输服务，完善残疾、高龄、失能、留守等弱势群体的物流服务保障，让改革发展成果更多更公平惠及全体人民。

（三）解决产业配套问题

该发展模式整合生产制造、仓储配送、商贸流通、配套服务等各环节资源，不断拓展服务范围、服务领域、服务内容，为城乡一二三产业融合发展提供了"产供销运"一体的供应链综合物流服务。远期能够产生显著集聚效应，依托物流网络节点可以自发衍生出邮政寄递、停车装卸、仓储配送、流通加工、电商快递、餐饮服务、休闲旅游、房地产开发等多种功能，有效推动县域和周边经济高质量、跨越式发展。

（四）解决成本收益问题

该发展模式盈利渠道清晰，近期可通过收取直接运输费用、仓储租金、冷库租金以及与快递企业合作分成等方式实现盈利，远期可依托逐步发展壮大的产业规模和消费规模实现二次增收。与此同时，100公斤货物运输

100 千米，直接成本仅 3～5 元，较传统物流方式下降 50%以上，间接成本（如建设养护、运营管理、营销推广等）可随运输网络规模扩大而稀释摊薄，形成规模效应并不断巩固。

（五）解决绿色发展问题

该发展模式主要采用电力等清洁能源驱动运载装备，自然资源占用少、污染排放水平低、抵抗灾害能力强，与既往的运输网络、能源网络、通信网络互不排斥，与现有的自然风貌、重要建筑、关键设施较好融合，与未来的建设规划、产业规划、功能规划相得益彰，有助于健全绿色低碳循环发展的流通体系，探索流通领域实现碳达峰、碳中和新路径。该模式被评为交通运输部第二批"农村物流服务品牌"，典型经验作为案例向全国推广。依托这一模式，安远县成功创建国家电子商务进农村综合示范县、全国数字乡村试点示范县。

第五节　数字农文旅打造乡村新业态

近年来，乡村旅游规模快速扩大，但乡村旅游仍面临着城乡信息不对称、供应能力和需求期望不匹配等问题。如何通过数字技术更多发挥乡村自然资源、人文资源等方面的优势和吸引力，通过数字技术打通乡村与城市间的信息、对接乡村供应能力和消费者需求期望至关重要。

一是数字技术丰富农文旅产业形态。在 5G、大数据、AR、VR、云计算等新技术的推动下，数字文旅正逐渐成为乡村旅游发展新方向。传统文化产业发展较弱的乡村地区可以借助数字技术，结合本土特色文化与特色生态景观等发展数字文化产业，在深挖乡村文化内容的基础上，通过运用数字技术提升乡村文旅内容的生产能力，从而提供更好的产品来吸引消费者，提升整体消费能力。此外，还可以结合乡村特色文化、著名历史人物、文化遗产、乡村工艺、戏剧戏曲等开发动画、游戏、文创产品，延长旅游产业链，丰富业态。

二是基础设施智能化提升农文旅运营效能。由于乡村旅游基础设施和服务设施相对不完善，无法提供健全的游客服务，导致乡村旅游运营效能低下。利用数字技术对乡村旅游景区、饭店、博物馆等的信息化基础设施进行更新和完善，可以提升农文旅运营效能。通过加快 5G 网络的覆盖，加快停车场、游客服务中心、景区引导标识系统等的智能化改造升级，推动无人化、非接触式设施的普及应用，提升游客体验；通过建设数字文旅平台，推动乡村旅游景区、饭店、博物馆等与互联网平台合作，助力乡村旅游规模化、品牌化发展，提高乡村旅游产业的整体竞争能力；通过建立数字化的农文旅信息管理平台，将产品服务、营销、结算、经营等一体化，对旅游业的经营状况进行实时监控，从而大大减少经营管理的费用，提升运营效率。

案例

贵阳市水东乡舍"互联网＋乡村旅居"助力乡村[①]

一、背景介绍

水东乡舍"村村"数字乡村 App 运营平台，是一个整合乡村全资源的互动型、体验型、娱乐型、定制型的农旅生活大数据平台，是贵州水东乡舍旅游发展有限公司不断总结企业发展经验，利用大数据技术，深度挖掘大数据资源，自主研发的智慧旅游管理服务平台。

二、主要做法

水东乡舍"村村"数字乡村 App 运营平台，以"一核心二互动四模块五功能"为平台架构，满足游客一步畅游乡村的需求，构建了出行更便捷、业态更丰富的度假空间。通过游客参与创建、体验、互动乡居生活，让游客参与到发现乡村、挖掘乡村、共享乡村中来，有力推动乡村振兴。

目前，该平台已正式上线运营，平台拥有农家乐、饭店、农特产品店、超市、小卖部等商家共计 147 家，订单总数为 2 140 单，乡舍订单 10 000 余单，乡愁任务总数 540 条。公司计划在 2023 年前，通过乡舍打造、渠道嫁接等方式，在省内带动至少 500 万户农户上线参与城乡生活服务。

山水康旅：为游客汇集了周边热门景点和康养娱乐项目。平台提供的信息全面，让用户直观地看到项目的价格、评价、评分等信息，游客下单付款后获得项目体验资格二维码，系统会有短信等提示将订单告知商家，让商家做好接待准备，游客只需到店后出示二维码，商家扫码即可开始消费体验流程。

夜宿乡村：为游客提供酒店、民宿预定的功能板块。游客选择入住日期后，搜索自己喜欢的酒店、乡舍进行预订，预订成功后游客可通过导航找到乡舍并入住。同时，乡舍服务站的服务人员也会收到预订通知，游客在到达乡舍后，点击开门钥匙，平台会返回开锁二维码，扫码即可完成入住。

---

① 腾讯网.2021年智慧旅游典型案例｜贵阳市水东乡舍"互联网＋乡村旅居"助力乡村［Z/OL］.（2022－02－10）. https：//new.qq.com/rain/a/20220210A03NEQ00.html.

寻物寻味：运用大数据技术分析游客结构特征、年龄段、兴趣爱好、消费习惯等，推出特色服务。游客选择商品下单后，平台可通过距离分析，为用游客推荐合理的配送方式。例如：当游客与商家距离超过30公里，平台默认游客使用快递配送，当游客与商家距离在20公里内，平台会分配与商家距离最近的村民进行配送，村民配送完毕，游客确认收货后，商家和村民会收到费用和佣金。

艺术会：由平台签约的艺人发起节目表演，节目表演包含歌唱、乐器、舞蹈等，艺人可选择发布的节目类型，并选择需要有的设施，如椅子、电源、音响等，系统根据艺人所选的条件推荐场地。之后艺人上传节目海报，填写节目名称、报名价格、限制人数等即可发布节目，表演结束后可将录制的视频上传至平台供用户观看。

三、取得成效

（一）解决农民如何深度参与乡村旅游，促进农民增收

通过水东乡舍"村村"数字乡村运营平台，农民将闲置房使用权入股后，可通过农户端实时查看经营状况，实时提现收益分红；可通过农户端上传农家乐产品、农产品、土特产品到平台的"寻物寻味"板块，实现农产品网上售卖，增加收入；等等。水东乡舍"村村"数字乡村运营平台全面带动当地农村人力、物力的发展，让农民能够深度参与到乡村旅游产业中，通过股东分红、服务员工资、农产品销售、农家乐收益等方式增收致富。目前，入股农户110余户，已打造投运43栋，带动农户入股、就业增收户均30 000元/年；带动农家乐、农产品销售等增收200余户，户均增收20 000元/年。

（二）解决市民如何长期安家在乡村家园，盘活农村资源

市民可通过水东乡舍"村村"数字乡村运营平台"我要投资"功能，自主选择喜欢的闲置农房，按照"622"利益联结机制（农户以闲置房20年使用权入股，市民以闲置房改造资金入股，公司负责设计、改造及整体运营；改造投运后，市民股东获得20年经营使用权，享有一间长住房，其他房间经营收益按市民股东占60%、农户股东占20%、平台公司占20%）在乡村"安家"，并可通过市民端实时查看经营状况，实时提现收益分红。"622"利益联结机制不仅能吸引大批社会资本参与乡村建设，还能吸引大批对乡村开发具有目标认同、价值认同、情感认同和有专业、有技术、有特长的"投资人"成为股东，让更多高素质市民涌入乡村、常住乡村，参与乡村旅游产业发展。全面促进农特产品开发、生产和消费，推动农村特色文化、产品、服务提档升级，盘活农村资源。目前，入股市民72位，吸引社会资金2800余万元，已参与分红43个，入股增收人均28000元/年。

（三）解决游客如何全面体验乡村生活，助力乡村振兴

水东乡舍"村村"数字乡村运营平台重点打造游客端，让游客挖掘和发现更多有价值的乡村资源，并能够深度体验乡村生活及休闲活动。

游客可通过游客端"发现"功能，查看周边游客在平台分享的旅游乐趣、精彩瞬间、美食体验、娱乐活动及行程攻略等动态，进一步了解周边景区景点、美食美景及乡村生活业态；通过"遇见你"发布自己的乡村生活趣事，也可通过"附近的人"寻找志同道合好友聊感想、约同行；艺人通过"艺术会"发起艺术活动，其他游客可通过平台报名参与，吸引有相关才艺、共同爱好的游客共同举办草坪音乐会、乡舍茶话会、书法群英会、手艺大比拼等多种艺术活动，丰富游客的乡村生活；通过"找乡愁"功能设置一定的佣金，填写文字描述、语音描述及图片描述等内容进行发布，例如"上山采蘑菇""农家打糍粑""果园采摘体验""酸菜腌制体验"等个性化乡愁服务，农民抢单后能上门提供乡愁服务。通过"乡建手工"查找周边手工体验活动，游客可自行前往体验；通过"寻物寻味"可查找预定周边农家乐、土特产、手工艺品、便利店、时令水果等乡村资源；通过"山水康旅"浏览及预定周边景区、景点、康养、休闲等产品。

第六节　数字普惠金融助力乡村资金融通

农村金融是支持农村产业发展的重要力量。传统金融模式下，由于农户、中小农企缺乏可抵押资产，信贷额度不足导致融资难，资金匮乏导致乡村产业发展困难。数字技术融入商业活动和金融服务的诸多环节，将盘活农户、中小农企现有资源，提升融资能力和效率，重塑农村商业模式和发展格局，深化农村数字普惠金融创新。

一是数字网络为乡村产业提供普惠金融产品。数字技术与普惠金融结合下的数字普惠金融既增大了金融服务的覆盖范围、完善了金融服务网络，又降低了金融服务的风险和成本、提高了个体层面金融服务的可

获得性①。数字普惠金融可以利用移动互联、大数据、云技术等技术手段实现社会各个层面的金融需求，为企业提供更多的金融支持。通过便利支付、平滑消费、发放储蓄和发放贷款补贴等渠道，帮助农户、中小农企等金融弱势群体获得能够负担得起的金融支持，从而使农村地区不再受融资困难的约束，能够在短时间内享用到便捷、温暖、贴心、物美价廉的理财产品和服务。

二是大数据技术化解乡村金融信息不对称问题。利用大数据技术可以实现对服务主体信用数据的采集和分析，解决农村信贷市场中存在的不对称性问题，实现普惠金融信贷风险的有效防范。通过运用数字技术，可以对普惠金融业务进行风控模式的优化，提高普惠金融的信用管理水平，完善数字化风控系统，强化对普惠金融业务的全过程和精细化管理，确保普惠金融的健康发展。当前，我国普惠金融迅速发展，出现了"支付普惠""融资普惠""信用普惠"等融资方式。特别是在我国西部一些较为落后的农村地区，数字普惠金融突破了地理可及性障碍，缓释了金融地理排斥，提高边远地区支付服务的可得性，并与发达的城市资源链接，促进城乡资源共享和平等交换②。

案例 •

打造数字普惠金融样本"乡村 V 贷"提升信贷供给效能③

一、背景介绍

"乡村 V 贷"是陕西农信为满足种植养殖户、家庭农场、农民合作社、农业产业化龙头企业等新型农业经营主体及小微客群推出的一款小微数字普惠贷款产品，具有线上办理、循环额度、随用随贷、支持多种担保方式组合等特点。"乡村 V 贷"支持手机银行 App、微信公众号、富秦 e 支付 App 等多个渠道办理，多渠道协同，最高授信额度 500 万元，最高信用额度 100 万元，支持信用、农业信贷担保、抵押担保等多种担保方式灵活组合，一次授信、多次使用，有效提升了对县域及农村地区小微客群的信贷服务能力，同时结合"3＋X"特色现代农业工程和"一县一园、一镇一业、一村一品"产业发展规划，立足各县（区）资源禀赋特点，有效服务

---

① 中央网信网.《"十四五"国家信息化规划》专家谈：积极实施数字普惠金融服务行动［EB/OL］.（2022-03-04）. http://www.cac.gov.cn/2022-03/04/c_1648000412369209.htm.

② 谢丽霜，董玉峰. 数字金融：西部民族地区普惠金融发展的新动力［J］. 北京金融评论，2018（2）：41-52.

③ 中华合作时报. 打造数字普惠金融样本！"乡村 V 贷"提升信贷供给效能［Z/OL］.（2022-11-28）. https://baijiahao.baidu.com/s?id=1750752098609833896&wfr=spider&for=pc.

县域及农村地区农业产业化龙头企业、农民专业合作社、家庭农场、种植养殖大户等新型农业经营主体。

二、主要做法

（一）细分行业智能化信息采集

"乡村 V 贷"产品简化、改良了"线下调查""交叉验证""财报还原""财报检查""软信息"等 IPC 信贷技术，将其问卷化，系统自动交叉验证，并引入基于人工智能的自然语言处理技术，通过 AI 机器交叉验证财务数据，建立决策模型，让机器模拟专家进行信贷决策。

针对小微企业、个体工商户客群。设计细分 90 个行业的财务问卷，以及对应的数据采集和交叉验证工具，共涉及 610 个调查问题，能够标准化、智能化采集客户核心财务类数据，规范数据采集行为，提升数据质量和应用效率，自动化还原客户财务报表。系统通过内建的多项财务科目监测指标，按行业基准快速检验客户财务状况，对于超出阈值的财务指标，运用财务报表之间的勾稽关系，通过人工智能语音机器外呼方式进行交叉检验，最终确认财务数值。

针对新型农业经营主体客群。设计种植作物 36 个大类 418 个小类、养殖动物 8 个大类 540 个小类的差异化调查问卷，通过专业化调查工具，了解单个客户从事的农业经营活动周期、投入产出情况、销售计划，精准还原农业经营活动的现金流。系统通过农业行业基准值（价格、产量、产能等）对关键财务指标进行校验，准确刻画客户真实画像，有效解决小微企业客户财务不规范、信息不对称的核心风控难题。

（二）数据交叉验证

引入智能 AI 机器人核实客户的基本信息、贷款用途、还款意愿等，基于用户画像自动生成私有化问题库，根据数据库中客户的基本资料、负债信息、专家财报等信息快速生成初始问题库，并采用蒙特卡洛树搜索方法、区块链技术中的拜占庭容错算法对任务对话进行逼近，精准定位语境意图。运用财务逻辑和经营规律，使用远程交叉验证和风险筛查对客户提供的某项财务数据进行不同维度全面检验，并自动更新财务报表，最终还原其最为真实的财务状况。

（三）风控模型多元化、高维化

"乡村 V 贷"充分引入可支撑小微贷款风控要求的合规第三方数据、政府数据，融合人民银行征信数据、行内数据、收单数据、线下财务数据，并对客户全量数据进行标准化处理，运用多维度数据构建客户画像和计量模型体系，将大数据建模和机器学习等技术运用到风险控制中，构建 EM-Tool 专家模型，根据用户还款能力和还款意愿，通过模型自动形成授信建议，使用 XGBoost 作为机器学习算法，以专家对信贷审批的结果作为建模训练的训练样本，对模型进行持续训练和调优。通过机器学习专家如何决策更加有效地提升了建模效率和精度，最终结合客户的申请额度、申请期限、产品配置的额度及期限，推荐最接近客户需求的额度、期限组合。建立了利率定价模型，通过评估违约概率（PD）、违约损失率（LGD）、违约风险敞口（EAD）和风险暴露期限（M）等因素，来计算其覆盖信贷风险所需的成本（即风险加权资产），实现千人千面的差异化利率定价。同时，使用设备指纹、生物探针、模拟器识别、星网关联、深度学习等技术，构建多维度、矩阵化的反欺诈技术集群，通过多元化、高维化风险模型为客户分类、欺诈识别、信用风险评估、贷后预警等应用场景提供支撑。

三、取得成效

"乡村 V 贷"产品运用金融科技手段，以数据要素为底层驱动，通过细分行业的差异化、特色化模型有效提升了对县域及农村地区小微客群的信贷服务能力，同时结合"3＋X"特色现代农业工程和"一县一园、一镇一业、一村一品"产业发展规划，立足各县（区）资源禀赋特点，通过种植、养殖两大类细分行业的专业化模型有效服务县域及农村地区农业产业化龙头企业、农民专业合作社、家庭农场、种植养殖大户等新型农业经营主体。产品上线以来，截至 2022 年 9 月末，累计授信 18.8 万户、324.2亿元，累计用信 14 万户、345.5 亿元，贷款余额 144.11 亿元，不良率0.18％。

"乡村 V 贷"以数字化、智能化手段支持乡村振兴，赋能产业兴旺，大幅降低贷款边际作业成本，从数据获取和营销方式、客户认知方式、运营管理模式、风控模式等方面推进了小微信贷服务数字化转型，为中西部地区农村金融机构和中小金融机构发展数字普惠金融、服务"三农"及小微客群提供了一定经验，可为省级农信机构开展数字普惠贷款体系建设和产品创新提供一些参考。

第四章

数字赋能为乡村生态宜居注入新力量

生态宜居是乡村振兴的关键，是提高广大农村居民生态福祉的保障。随着我国各地和美乡村建设的持续推进，一大批乡村从生态困境中华丽转身，取得令人瞩目的成就。但是我国农村仍存在农业污染、生态资源破坏、人居环境较差等问题。改善农村人居环境，创建美丽的、宜居的、可持续发展的村庄，是实现乡村振兴的重要任务。

近年来，数字技术广泛应用于农业农村生产生活的各个方面，在推进农业绿色发展、提升乡村人居环境治理水平、助力乡村低碳生活、推进乡村生态保护等方面发挥了重要作用。把数字化技术和乡村生态建设紧密结合起来，充分利用数字技术"助推器"作用，为实现乡村生态建设提供全面的、强有力的支持，是实现乡村生态宜居的必由之路。

第一节　数字化应用推进农业绿色新发展

推进农业绿色发展，不仅是一场关乎农业结构和生产方式调整的经济变革，也是一次行为模式、消费模式的绿色革命。推进农业绿色发展需要以各种现代化技术为依托，以数字技术赋能农业绿色发展，从而获得更高的经济效益、社会效益和生态效益。这对农村农业的持续发展和乡村振兴具有重要意义。

首先，数字化手段助力农业生态环境修复。我国长期以来粗放型的农业生产模式造成了一定程度的农业资源浪费和农业生态破坏，因而急需对农业生态系统修复，实现农业可持续发展。利用数字技术推进农业绿色发展有助于农业生态系统修复。一是利用数字技术能够准确地识别出农业环境的变化，并能对突发性的环境问题做出有效反应，使农业生产的生态环境得到最优化[①]。二是

[①]　陈晓玲，聂志平．乡村振兴视域下绿色农业发展：数字赋能与路径引导［J］．黑龙江工业学院学报（综合版），2022，22（10）：90-94.

可以通过大数据精准识别作物生长所需的水肥养料，实现农业灌溉用水的总量控制和定额管理，加强资源高效利用。三是利用智能设备合理科学喷洒化学药剂防治病虫害，避免盲目喷洒农药和过度引料施肥破坏农业生态系统。

其次，数字化评估优化农业生态资源管理配置。乡村生态价值源于多样性的生态资源，保护并激活农业生态资源，将农业生态资源价值化是推进乡村振兴的重要内容。数字技术可以有效破解制约生态产品价值实现的"度量难、交易难、抵押难、变现难"等突出难题，提高"绿水青山"向"金山银山"转化的效率①。一方面，数字技术有助于准确编制农业资源资产负债表，实现农业资源的智慧化、可视化、便捷化管理和动态价值评估。另一方面，在借助数字技术全方位了解乡村农业资源底数的基础上，运用多媒体技术、图像技术、互联网技术等技术手段，可以对美丽农村进行全要素、全系统、全过程设计，因地制宜配置、开发利用农业资源。

最后，数字化系统构建绿色低碳农业产业链条。农业全产业链涵盖农业研发、生产、加工、消费等各个环节。利用数字技术可以推进农业全产业链绿色发展，形成适度节约、绿色低碳的生产模式。通过从前期规划到生产过程再到销售流通的全生产链数字化，利用大数据技术对数据进行分析，并对农业生产中的现象、过程进行模拟，为生产计划安排、生产过程管理、销售渠道管理提供依据，从而达到合理利用农业资源、降低生产成本、改善生态环境、提高农业产出数量和质量的目的。通过加快农产品生产标准的制定，实施标准化管理，并利用溯源系统对农产品的生产、流通、加工、销售进行全程追踪与纪录，从而构建起从田间到餐桌的全程质量控制、检测和追溯系统，提高消费者对生态农产品安全的信任感。

案例

湖南省邵阳市新宁县：健全绿色防控网　香嫩脐橙满崀山②

一、背景介绍

新宁县位于湖南省西南部，以山区丘陵为主，境内生态优良，发展脐橙历史悠久，现有脐橙种植面积 50 万亩。近年来，新宁县建立脐橙绿色发展技术集成示范基地，构建脐橙绿色发展技术体系，通过技术示范与推广

---

① 冯俊．数字技术赋能生态产品价值实现［N］.新华日报，2022-08-16（13）.
② 中华人民共和国农业农村部．湖南省邵阳市新宁县：健全绿色防控网　香嫩脐橙满崀山［EB/OL］.（2022-03-16）. http：//www.moa.gov.cn/xw/bmdt/202203/t20220316_6392424.htm.

应用，带动全县8万亩脐橙达到生态种植，促进了脐橙产业的高质量发展。

二、主要做法

依托农民合作社，在黄龙镇的三星村、羊坪村建立脐橙绿色发展技术集成示范基地，创新构建集"监控预警＋生态控制＋生物防治＋物理防治＋理化诱控＋科学用药"于一体的脐橙绿色发展技术体系。

（一）监控预警

建立完善脐橙病虫发生动态预测预报观察监测点，建立1个大实蝇成虫羽化监测点、3个木虱监测点。定点、定树、定人，及时掌握病虫发生动态趋势。

（二）生态控制

通过山顶戴帽绿化、果园主干道种植高大绿化树种、支道种植防护篱等措施，营造适合脐橙绿色发展的生态防护林系统，促进脐橙园生态系统的平衡与协调，降低果园风速、减少水分蒸发、提高空气湿度、改善土壤水分状况，促进脐橙病虫害天敌繁殖，减少病虫害。

（三）生物防治

按每株脐橙1袋（＞1 000只）释放捕食螨等柑橘害虫天敌，捕食害虫；橙园生态养殖家禽，减少橙园杂草及虫源基数；应用植物源和微生物源制剂印楝素、除虫菊素、阿维菌素、核型多角体病毒等控制脐橙病虫害。

（四）理化诱控

应用太阳能或频振式杀虫灯诱杀天牛、金龟子、尺蠖、潜叶蛾等害虫成虫，一般单灯控害面积为30～50亩。利用脐橙害虫对颜色的偏嗜性原理，采用诱虫黄板控制蚜虫、木虱、粉虱等害虫，采用诱虫蓝板控制脐橙蓟马；每亩果园悬挂诱虫色板20～25张。合理使用性诱剂诱捕和色诱剂诱杀害虫。

（五）科学用药

施用低毒低残留农药，优先选择生物源农药，禁止施用高毒高残留农药，严格农药施用备案制度。掌握防治关键时期和农药安全间隔期，采用"一喷三省"增效减量精准施药技术，科学合理使用农药。

三、取得成效

初步构建脐橙绿色发展的技术体系、推广应用模式和政策服务体系，示范与推广应用区内的脐橙主要病虫害防控效率由80％提高到90％以上，危害损失率由10％调减到5％以内，化学农药使用量减少30％以上，优质果率由75％提高到85％以上，亩均增产300公斤以上，亩均增收达1 000元以上。2020—2021年，绿色发展技术体系推广应用面积达10万亩。

第二节　数字技术构建乡村人居环境新图景

农村人居环境落后是城乡发展不均衡的重要表现，是制约我国农业农村现代化建设的突出短板。随着信息技术的飞速发展，以数字赋能乡村人居环境建设、以数字化加速乡村生态系统改造已经成为推动乡村人居环境综合整治提升工作的有力抓手。

一是数字化监测平台提升人居环境治理效能。农村人居环境问题点多面广，并且动态监测机制不够健全，长期观测数据积累不足，难以提早预判、提前排除隐患，造成了部分村庄的人居环境问题无法及时发现和处理。建立完善的农村人居环境监测平台，发挥信息化平台覆盖全面、监控实时、智慧预测等优势，有助于提升农村人居环境治理效能。人居环境监测数字化平台可以对涉及农村公厕、生活污水处理设施、生活垃圾收转处置设施、规模种养殖场地等相关点位的数量、运行使用情况等基础信息进行数字化管理。通过推进农村人居环境、生态环境保护监测体系全覆盖与大数据联网，可以为污染溯源、风险预警、方案制定、惩治违法等行动提供数据支撑。还可以利用 App、二维码等信息化手段，加强农村居民和管理端信息互联互通，提高农村人居环境监测设备利用配置精准性。

二是数字化治理体系提高人居环境治理质量。在农村人居环境治理具体工作推进执行中，各地推动政策落地落实还存在标准执行不一、管理程序不清、服务水平不齐等情况，导致一些地方政策红利没能真正惠及群众，影响农民生活品质的实质性改善。构建健全的农村人居环境数字化治理保障体系，将有效提高农村人居环境治理质量。开通农村人居环境治理"互联网＋监督申诉"端口、移动终端 App、小程序等问题线索反映渠道，推进在线受理、实时督办与效果点评，有助于精准化解决治理服务不到位问题，提高乡村公共服务时效性。将数字化监管与服务实施效果纳入农村人居环境治理考核指标体系，督促地方强化数字化手段运用能力，提升农村人居环境治理水平。

三是数字化平台助推乡村人居环境治理主体多元化。农村人居环境治理要靠人民群众，但农民参与农村人居环境治理的各种权利往往得不到有效保障，群众感受容易被忽略，群众参与积极性不高、主体作用发挥不充分等影响了农村人居环境治理效果。通过运用数字化的宣教引导方式，加强农村厕所革命、生活垃圾和污水治理、村容村貌改善、生态环境保护、卫生健康知识等宣传力度，可以充分激发农民参与农村人居环境治理和生态环境保护的内生动力。此外，还要定期举办农村人居环境治理数字化评选活动，推举先进人物、宣传先进事迹、推广典型做法；探索推进乡村治理数字化积分制，量化考核村庄环境卫生、社会风气、家庭美德等综合表现；畅通互联网、手机移动终端等线上受理渠道，保障知情权、参与权、申诉权、监督权，帮助广大农民群众树立责任意识，提高村庄环境保护意识与参与积极性，自觉履行当家作主的权利义务①。

`案例`

农村生活垃圾智能分类处理的"宁海模式"②

一、背景介绍

垃圾治理是当今世界各国面临的普遍性难题，而垃圾分类处理是各国垃圾治理的有效方式，世界各国都在积极开展垃圾分类。在我国，垃圾分类运行模式主要有传统垃圾分类模式和智能化垃圾分类模式两大类。从2015年开始，宁海县认真总结国内外垃圾分类各种模式的长处，依据物联网技术，创建垃圾分类与保洁管理云平台，创造性地提出农村生活垃圾"智分类"的理念，经过历时5年的实践摸索，由点到线、由线到面逐步推进一个成本低、能落地、可跟踪、可持续、可复制、可推广的农村生活垃圾智分类与保洁一体化运行模式，在源头上实施农村生活垃圾"减量化、资源化、无害化"处理。

二、主要做法

（一）构建规范系统的智分类标准，使农村生活垃圾可"按图收集、按序流转"

宁海出台全国首个县域农村生活垃圾智能分类地方标准，做到分类处理"一个规格、一套流程、一致效果"。一是健全术语标识。致力于使行业术语精简实用，既对照上级要求，又对应群众需求，推动分类概念、运行程序、管理规范等8大类50条标识定义通俗化、简便化，确保群众一听即懂、一学即会，降低标准普及门槛。二是厘清流程节点。结合农村生活垃圾分类处理实际，梳理环卫系统、农口系统和处理企业各自职能，明确分类、回收、处理、利用4层面工作内容、单位职责，实现农村生活垃圾分

---

① 中国网信网. 专家解读 | 乡村数字化技术内核驱动人居环境治理进入新时代 ［R/OL］. （2022－03－03）. http：//www.cac.gov.cn/2022－03/03/c_1647914846626528.htm.

② 胡赛，朱宁，罗俊锋. 打造农村生活垃圾智能分类处理的"宁海模式" ［N］. 学习时报，2020－09－11（08）.

类处理流程重组再造，方便各职能主体照章办事、联动协作。三是明确评价细则。为加强标准落地，对账式设定农村生活垃圾智能分类处理评价目录，依托县对乡镇（街道）和乡镇（街道）对村二级评价体系开展定量化标准落实评价，评价结果挂钩绩效认定和工作纠偏。

（二）构建便捷高效的智操作平台，让农村生活垃圾"即刻清运、即时监督"

在该县大佳何镇建成"智分类"特色小镇，组建乡镇层级的垃圾分类监管云平台，实现垃圾分类信息化、设备智能化、分类效果可视化、保洁管理精细化的大数据模式。一是以云端督察保证分类成效。在前端分类环节，为村民发放智能化芯片垃圾桶，由群众开展即时户内分类，随后由村保洁人员定时驾驶智能上门收集车，对智能垃圾桶开展当场识别、称重、评分、拍照留档，收集过程全程上传云端平台，方便查阅监督。二是以云端监控实现全程跟踪。对智能上门收集车安装 GPS 定位，由云端平台实时监控车辆清运路径及后续运行流程，对出现清运遗漏和流程偏差的，由云端平台向保洁人员及时发送信息提醒，确保垃圾清运流转顺畅。三是以云端分析强化分级管控。建立农村生活垃圾分类处理大数据服务中心，根据各分类处理区域运行实际，定期生成周反馈、月总结、年报告，为各相关职能部门后续决策提供第一手参考资料。目前，已开展运行分析 78 次，问题整改 186 个。

（三）构建循环多元的智处理体系，促使农村生活垃圾"就地减量、就近转化"

通过投用智能化处理设施和配套软件，对农村生活垃圾开展减量化、资源化、无害化处理。一是优化循环减量体系。依托智分类数据管理云端平台，建立集农村生活垃圾回收信息交换、价格发布、网上交易等功能于一体的县再生资源回收信息服务体系，推动资源回收全域数字化。目前，已累计完成网上订单 4 600 余单，回收各类废品 6.5 万吨，废纸、有色金属等农村主要废品回收率由 72% 提高到 85%。二是升级资源利用体系。硬件方面，采用一村一建或多村联建方式，打造厨余垃圾处理中心开展有机肥生产；软件方面，数字化"物联"厨余垃圾处理中心，由智分类数据管理云端平台开展生产监督，产出数据及时对接农户、农业生产基地，使有机肥能第一时间根据实际需求送达田间地头。目前，共建立乡镇（街道）一级厨余垃圾处理中心 57 处、设备 76 台，年产优质有机肥 2 890 吨。三是完善无害处理体系。由智分类数据管理云端平台对有害垃圾收运开展信息化管理，动态监督有害垃圾收容器、清运车运行轨迹，方便环卫部门第一时间掌握具体清运情况，规避二次污染。2018 年以来共纠正有害垃圾错投乱放 422 起、0.89 吨。

（四）构建对账闭环的智管理机制，推动农村生活垃圾"常抓不懈、常态长效"

利用"互联网十"手段，实时跟踪农村生活垃圾智能分类处理推进成效，开展精准奖惩。一是农户层面，通过村保洁员定时上门收运并开展分类评分，评分结果当场生成可用于消费兑换的网络绿色积分，优劳者优得，激励群众主动提升垃圾分类质量。以大佳何镇为例，今年上半年共产生积分 486 万分，按 100∶1 比例折合人民币 4.86 万元。二是村级层面，通过云端平台的运行统计和专项实地督察，确定生活垃圾分类优秀村，予以涉农项目优先安排资格，提升干部群众工作热情。目前已面向 108 个优秀村安排项目奖励 268 个，共计资金 1 亿余元。三是乡镇（街道）层面，结合网络抽样调查和第三方服务公司暗访检查结果，对乡镇（街道）落实情况开展年度考核，工作优秀者予以全额发放县级"以奖代补"保洁经费，考核良好和及格的按 80% 和 60% 予以发放。2018 年至今已发放奖补资金达5 000 万元。

三、取得成效

近年来，宁海县对农村垃圾分类做了成功的探索，特别是从敏锐地发现村企垃圾分类合作创新典型，到成功地实行农村生活垃圾智分类与保洁一体化运行村级试点，再到镇级运营垃圾智分类的体系闭环，不断完善"智分类、云回收、源处理、循利用"的垃圾智分类运营管理体系，精心培育农村生活垃圾智分类与保洁一体化运行模式，为有效处置农村生活垃圾全局性难题贡献了宁海方案，对全国各地都具有广泛的启示意义。

（一）增强了农村生活垃圾治理水平，破解了"参照无据、执行无序"问题

农村生活垃圾智能分类处理是标准化理念的具体应用，也是"互联网十"思维的实践载体，通过对农村生活垃圾分类处理的标准化定性和信息化定量，有效破解了传统农村生活垃圾治理中常见的标准不统一、执行易走样问题，确保了点上经验可借鉴、易复制，为规模化推广应用夯实了基础。

（二）提升了农村环卫资源利用成效，破解了"投用分散、监管分离"问题

农村生活垃圾智能分类实现了有限环卫资源的精准"滴灌"，撬动了传统农村保洁模式变革。据统计，生活垃圾智能分类处理村平均压缩环卫成本近六成。同时，通过透明化的云端平台运行体系，使每一笔处理业务可追踪、可溯源，最大限度规避了因信息不对称而造成的业务主体行为失范问题。

（三）激活了农村生态保洁群众动力，破解了"意识淡漠、习俗淡薄"问题

农村生活垃圾智能分类破解了传统农村生活垃圾治理中因"前端分类、中端混运"而导致的群众意愿低、运行难持续问题。同时，通过建立积分反馈和项目奖励机制，使按规分类的群众可持续享有红利反哺，提升了群众参与积极性和工作推进的延续性，消除了农村环境治理"政府贴钱赚吆喝、检查过后易回潮"现象。

（四）促进了经济发展与生态保护的同步协调，破解了"环境脏乱、乡风低俗"的问题

农村经济发展对生态环境保护是一把双刃剑。在发展农村经济过程中如何做到与生态环境同步协调实现两者的共赢是关键。坚持以绿色发展为导向是乡村振兴战略的一项基本原则，绿色的循环经济既能够实现农村经济发展，也有助于实现农村生态环境保护。农村生活垃圾智分类与保洁一体化运行模式，以循环利用为手段，以垃圾减量为目标，运用大数据平台管理，对农村生活垃圾进行智能化分类，回收可回收物转送专门处理的企业进行资源再生利用，回收有害垃圾转送专门处理的企业进行无害处理，并将生活垃圾中占比达59%的厨余垃圾回收分化处理，残渣发酵制成有机肥料。该运行模式的实施，全面推进了农村综合治理体系，改变了以往农村脏乱差的整体环境，农村面貌更加优美了，村民行为更加文明了，乡村风尚更加和谐了。

第三节　低碳数字化绘就乡村"零碳"新画卷

实现碳达峰碳中和是一场广泛而深刻的经济社会系统性变革，农业农村

领域碳达峰碳中和是其中的重要内容，碳达峰碳中和目标也为农村发展带来了新的挑战和制约。利用数字技术助力乡村实现低碳生活，是实现乡村碳达峰碳中和、推动我国乡村高质量发展的关键。

一是数字化促进乡村绿色生活理念嬗变。人们的生活习惯与消费理念对生态环境和生产发展起着举足轻重的作用，绿色的生活习惯和消费理念可以引领绿色生产，保护生态环境。随着农村生活水平的不断提高，农村传统生活方式正在发生变化，要在新一代农村居民中形成节约资源的消费模式和消费习惯。通过网络在乡村宣传绿色发展理念，倡导简约适度、绿色低碳的生活方式。利用互联网对农民进行各种形式的环境知识教育，提高农民的节约意识、环保意识和生态意识，促进绿色低碳理念的普及。在宣传方法和方式上，可以将低碳环保思想与文化艺术相结合，创作文化创意、公益广告。此外，还可以在乡村建立碳减排数字台账，对衣食住行等方面的个人碳减排行为进行量化和记录，并实行奖励机制，以激发广大农户在碳达峰碳中和过程中的热情。

二是数字化引导推动废弃物循环利用。农村废弃物不仅有生活垃圾，还有大量的秸秆和畜禽粪便，将这些废弃物循环利用好是乡村低碳生活的重要内容。可以通过物联网等数字技术，建立垃圾分类利用奖励平台，实行垃圾称重、积分措施，引导鼓励农民将废弃物分类处理及回收。农村具备庭院种植的条件，可以利用网络推广有机种植课程，引导农民利用粪肥、厨余垃圾开展绿色种植，实现低碳生活。

三是数字化推动乡村能源绿色转型。农村地区的太阳能、风能、生物质能等资源丰富，开发和利用农村清洁能源能够全面提升农村能源使用质量，有效实现碳减排。一方面，利用数字化手段在农村推广建设屋顶光伏、光伏充电站、电气化畜禽养殖系统等基础设施，推动能源利用清洁化。另一方面，利用电力物联网智慧管理系统，实现能源监视、预测、调控、分析、运维和服务等，提升能源利用效率。例如，在新能源大发时段，有效引导负荷侧就近消纳光伏和风电，提升新能源利用率；在新能源出力较弱时段，如果用户用电需求增加，供电公司通过平台集中式智能控制作用，借助大电网互联互通优势，在最短时间内优化配置调峰资源，在保障用户用电无忧的同时，节约了电网投资成本①。

---

① 能源品牌观察．智慧能源催动数字乡村蝶变｜绿色智慧乡村建设专题报道［EB/OL］．（2022 - 12 - 22）．https：//baijiahao．baidu．com/s？id＝1752908380312836216&wfr＝spider&for＝pc．

梅林"低碳智能"未来乡村①

一、背景介绍

梅林村位于杭州市萧山区瓜沥镇东部，是浙江省首批未来乡村试点。二十年来，梅林村积极践行低碳发展理念，创"低碳乡村"新模式，绘"生态共富"新蓝图，以减污降碳实现高质量发展。

二、主要做法

（一）多措并举，提升电气建设水平

推进乡村农网再电气化。通过新建环网箱、集表箱、铺设高压电缆、低压电缆等方式，为老百姓改变用能方式提供基础保障。推动乡村生产再电气化。大力推广电排灌、农业养殖温控、电动喷淋等电气化示范项目，助力梅林低碳环保的农业现代化发展。推进乡村生活再电气化。大力推广电炉灶、电炊具等清洁用能设备应用，全面提高乡村清洁能源占比，引领农村居民享受清洁、绿色、智能电气化美好生活。

（二）多能互补，推进清洁能源建设

促进乡村能源综合开发。在梅林美好生活中心率先打造村级光充储一体化系统，今年预计发电 20 万千瓦时，能够减少 164 吨二氧化碳排放量。在浙江爱迪尔包装有限公司建设低碳工厂，今年预计光伏发电 120 万千瓦时，能够减少 950 吨二氧化碳排放。探索乡村供能远程监控。实现梅林村 688 户智慧空开全覆盖，对村民用电情况进行全天候用能监测，掌握全村能耗趋势，助力节能减排。建设乡村能源管理平台。以浙江省首个村级电力（低碳）服务驿站为依托，搭建梅林村双碳驾驶舱，对乡村绿色发展进行评价评级。通过"萧碳码"为梅林 9 家企业提供碳排放和碳排结构分析，帮助企业和社会共同实现"有序用电、有序生产、有效控耗"。

（三）多管齐下，倡导低碳生活方式

践行低碳风尚。搭建"梅林村垃圾分类监管中心"，以周为单位评比晾晒，有效激发村民的积极性，让老百姓形成垃圾分类的良好习惯。建设低碳公园。梅林乡村公园用"固化土"和水洗石代替传统铺装，公园中心位置安装了一组智能健身器材，使用太阳能光伏发电记录健康数据。打造低碳民居。以全省第一个乡村"未来居"展厅为依托，通过新能源设备、中

---

① 杭州发改发布．梅林"低碳智能"未来乡村［Z/OL］．(2022-06-20)．https：//mp. weixin. qq. com/s/cesNe2GRdfgL9YYKqYgjPw．

水回用、垃圾分类等指导村民的低碳生活，每年可减碳 10 240 千克，相当于种了 100 颗 30 年树龄的冷杉。引导低碳出行。增设 6 个智能充电桩，实现村民车辆的出行充电需求。

三、经验启示

（一）实行"硬件和软件一起上"的政策方向

通过利用光伏、充电桩、智能空开等硬件和"沥家园"手机端软件相辅相成的方式，提高"低碳智能"发展水平。

（二）倡导"政府和群众一起干"的原则宗旨

通过政府搭台建设、百姓积极应用的方式进一步支持"低碳智能"乡村的整体发展。

（三）争取"高效和实惠一起得"的实际效应

通过碳管理平台让乡村治理变得更加高效，同时通过屋顶光伏的推广，给老百姓带去实实在在的民生红利。

第四节　生态保护数字化助力乡村绿水青山

农村生态环境是村民生存和发展的基本条件，是其经济发展的基础。由于我国农业生产方式粗放、农民自身受教育程度不高与农村环保设施建设薄弱等问题，导致农业生产过程中污染物乱排乱放，农村生态环境污染形势严峻，问题也日益突出。利用数字技术可以提高乡村生态保护的效率和速度，推进乡村生态振兴。

一是数字化平台健全乡村生态环境保护机制。乡村生态环境的监控与预警是保障乡村生态安全的一个关键环节。在大数据技术和数字化集成的基础上，建立数字生态环境管理系统，可以实现对大气、水、土壤等方面环境指数的实时、动态监测。依托区块链和云计算技术，推动生态资源区块化，推动旅游产业、环境产业、金融产业、休闲产业发展。运用虚拟现实与增强现实技术，建立产业信息生态链。

二是大数据等技术助力乡村生态资源库建设。要实现乡村生态环境的有效维护，就需要激活乡村的生态资源，建立乡村的生态资源库，推进生态环境价值评估、生态价值补偿、生态产品交易等方面的数字化建设。一是利用大数据、区块链、云计算等技术手段，建立生态系统的数字化档案，摸清乡村的生态资产底数，从而形成一个完整的生态价值评估模型。二是构建多层面的、智能的、动态的、基于数字技术的生态补偿机制。三是要在生态产品的市场中，将生态补偿、生态损害赔偿、生态产品市场定价等制度有机地整合在一起，形成良性循环。

三是数字化核算系统精准评估生态资产价值。要把资源整合并有效提升和转换，就必须建立起一个统一的生态产品数字核算平台充当中间载体。实际上，一些地区利用数字化核算系统为生态产品的交易提供了重要参考[①]。生态资产数字核算系统通过数字技术赋能，使生态资源实现资产化和资本化转变，使其在数字技术的推动下，具有了经济效益和社会效益。同时，生态资产价值核算系统也可以为我国的绿色发展财政奖补、财政补偿资金的配置等方面提供精确的信息支撑。

案例

宁夏回族自治区吴忠市青铜峡市：
全链推进废弃物资源化利用　健全绿色低碳循环经济体系[②]

一、基本情况

青铜峡市位于黄河上游，宁夏平原中部，地处西北内陆，属中温干旱气候区，黄河穿境而过58公里，盛产水稻、小麦、玉米、苹果、葡萄等农作物。近年来，青铜峡市依托龙头企业组建农业生物质技术创新中心，全链条推进畜禽养殖粪污、农作物秸秆等废弃物循环利用，形成了集农业废弃物收集、沼气能源开发利用、生物质颗粒燃料加工、清洁供气供暖服务于一体的农业废弃物资源化利用模式。

二、主要做法

（一）积极培育绿色发展经营主体

建设第三方农业废弃物集中收储处理中心，以农业废弃物综合利用为重点，开展资源化利用和再生清洁能源开发。规范农业龙头企业、农民专业合作社、规模化养殖场等生产活动，促进经营主体强化绿色理念、推行绿色循环发展。

---

① 曹海晶，杜娟．农村人居环境治理数字化平台建设的三个维度 [J]．理论探索 2022（2）：71-78．

② 中华人民共和国农业农村部．宁夏回族自治区吴忠市青铜峡市：全链推进废弃物　资源化利用　健全绿色低碳循环经济体系 [Z/OL]．（2022-05-26）．http：//www.ghs.moa.gov.cn/gzdt/202205/t20220526_6400497.htm.

（二）建立农业废弃物循环开发利用模式

按照"建设1个中心、培育2个体系、建成3个工厂"的农业废弃物全链条处理思路，青铜峡市采取"政府项目带动＋企业投资"模式，建设农业废弃物资源化利用中心、农业废弃物收储运体系、沼气工厂、生物质成型燃料工厂和有机肥工厂，形成"沼气工程（热电联产）—有机肥加工—绿色生产—种养业循环发展""生物质颗粒燃料生产—清洁供暖"全链条可持续循环开发利用模式，促进农业废弃物高效转化。

（三）推进农业废弃物集中收集处理

建设农业废弃物收储运体系，由沼气工厂、生物质成型燃料工厂和有机肥工厂对集中收储的畜禽养殖粪污、农作物秸秆和林业"三剩物"进行分类处理。每年集中收集处理畜禽粪污约10万吨、农作物秸秆约2万吨、林业"三剩物"约6万吨。

三、工作成效

（一）有效控制农业面源污染

以点带面推广农业废弃物集中处理和资源化循环利用模式，畜禽粪污综合利用率达到99％以上，农作物秸秆综合利用率达到91％以上，有机肥施用面积达到18万亩，土壤有机质含量提高3％以上。

（二）变废为宝绿色循环发展

处理中心每年向周边酿酒葡萄、枸杞、水稻等种植基地提供液态肥5万吨、固态有机肥3万吨，向生态移民区2 000户居民提供生活用气，向国家电网输送清洁电能800万千瓦时。依托生物质颗粒燃料，为各乡镇、学校提供生物质清洁供暖服务约50万平方米。

（三）推动农业生产减碳降碳

以生物质能源开发方式推动农业废弃物处理，每年可替代标准煤约2.86万吨，减少碳排放1.91万吨，促进了农业可持续发展，助力减碳降碳。

第五章

数字赋能为乡村乡风文明提供新支撑

乡风文明是乡村振兴战略中的铸魂工程，更是乡村振兴战略实施的重要保障。习近平总书记指出："乡村文明是中华民族文明史的主体，村庄是这种文明的载体，耕读文明是我们的软实力。"① 随着我国城市化进程的迅速推进，大量的人才从乡村转移到城市，导致一些乡村传统文化资源陷入生存困境，更有一部分乡村文化面临存续危机。数字技术的发展可以为乡村文化资源的保护和传承、乡村文化服务的供给和丰富以及乡村文化振兴多元主体的建构提供重要支撑，对推动我国乡村文化振兴具有重要的现实意义。

近年来，随着乡村数字基础设施的建设，数字技术在乡村的应用对乡村文化的保护、创新、发展起到了重要的推动性作用，有利于恢复乡村文化的活力，并为乡村文化振兴提供了科技支撑。

第一节　文化资源管理数字化
保护传承乡村文化

中国是一个文化资源丰富的国家，不同的地理特征和生产方式塑造了生活方式、风俗习惯不一的乡村文化，中国乡村文化呈现出多样化的特征，蕴含着丰富的文化内容。乡村文化资源的管理对于保护和传承乡村文化具有重要作用。在数字化建设的进程中，乡村文化资源管理转向数字化极大便利了乡村文化的保护、传播和传承。多样的数字化手段不仅有利于乡村文化的保存和保护，而且还丰富了乡村文化的展现路径，乡村文化在数字化技术的加持下更为生动立体，更能吸引民众对乡村文化的关注，有助于文化资源的保护和传承。

---

① 中共中央文献研究室．十八大以来重要文献选编（上）［M］．北京：中央文献出版社，2014：605.

文化资源管理数字化最主要体现在文化资源和文化产品的传播中，通过发挥数字媒介在信息存储、信息共享、智能分类等方面的技术优势，通过信息技术采集农村风土民情、非遗资源、文物遗址等文化资源信息，通过数字化方式收集、整理、储存、归档传统文化资源；同时，通过建设数字化平台，宣传好乡村文化的民俗特征，传播好物质和非物质文化资源，增强人与文化的双向互动作用，创新文化资源长久保存、传承、发展的模式，健全和完善乡村文化传播的数字化转型机制，为发展乡村文化产业创造良好条件。

推进乡村文化资源数字化还体现在加强农村文物资源数字化保护及推进乡村文化的数字化呈现上。在这一过程中，关键是将乡村自身特色与数字化建设相耦合。一是要结合乡村文化特色，制定行之有效、独具特色的数字化实施方案，有效保护当地文化资源，展示乡土文化的真正魅力。二是要加强乡村文化资源的数字化转型，重点保护利用好古镇古街、祠堂民宅、廊桥亭台、古树名木等物质文化遗产，以及民俗风情、传统技艺、乡乐乡戏等非物质文化遗产，实现乡村文化遗产的创造性转化和创新性发展，延续乡村文化脉络。三是加大线上线下相结合，利用网络充分展示当地乡村文化资源，促进"互联网＋文旅"产业发展，积极探索开发新产品、新业态，为发展乡村文化产业创造良好条件。

一是农村文物资源数字化。主要包括对农村文物资源进行数字化采集与展示，采集是指应用信息技术将农村文物的自然属性信息与人文属性信息加工为图文、视频、3D影像资源；展示是指对采集成果进行故事化加工创作，通过各类网络平台对外宣传展示。数字化技术在音频观感、图像形态上的计算、模拟、仿真等功能，为文物的保护、复原提供了科学支撑，也为文物的展示和重现提供了机遇。

数字化有助于加强文物的科学管理。通过高精度测量、全景信息采集、三维扫描技术及高清航拍，对文物遗产外观质量、主体结构变形、整体稳定性等进行详细的评估与全方位记录，将历次修缮记录、历史文献信息、日常巡检情况等资源进行数字化整合，建立文物数字档案，加强文物科学管理。

数字化有助于文物的预防性保护。科技成为诊断文物病理的良医，在文物健康体检领域，无损检测、红外热成像探测、三维扫描分析等现代技术的应用呈现普遍化，全景摄像机、无人机等影像采集设备为文物建模提供了有力支撑，较为全面地完善了文物的健康检测、危机预警、风险排除等工作程序。

数字化有助于文物的价值传承。文物价值的认知过程对于文物保护来讲尤为重要，认识文物价值、了解文物历史、发掘文化根脉是有机统一的整体。

文物的价值传承是文物保护工作的重要内容，通过数字技术，可以使文物在观感上得到更为全面而立体的呈现，文物的美感就越发凸显。并且，在虚拟仿真技术的作用下，文物历史的跨时空叙事方式给予体验者更为真实的体验，文物也从冰冷、静态的形态中走向鲜活。在数字平台的助力下，文物的价值传播范围不断被扩展，从地方走向全国，从全国走向世界。如中国日报利用人工智能，通过数字员工——元曦进行文化价值的传播，利用 AR/VR 的技术手段，重现历史中的甲骨文演变，文物的价值传播更为鲜活，虚拟现实技术的跨时空特性让历史的呈现更为生动。

二是农村非物质文化遗产数字化。主要是指对农村地区传统口头文学及文字方言、美术书法、音乐歌舞、戏剧曲艺、传统技艺、传统民俗、体育和游艺等非物质文化遗产进行数字化记录、保存与宣传展示，通过数字化技术实现乡村文化的永久性保存和传播。

数字化技术通过科学而客观的技术原理和设备功能，能更为真实、全面、准确的记载乡村文化资源，多种形式的文化资源得以保存和传播，部分文化资源可以得到跨时空重现、复刻，对于传播好文化的价值向度、促进文化的发展维度具有重要的功能。

三是乡村文化数字博物馆平台建设。主要是指通过信息技术手段对传统村落资源进行挖掘、梳理、保存、推广，以网站、App、小程序等形式建设数字博物馆平台，集中展示村落的自然地理、传统建筑、村落地图、民俗文化、特色产业等。将传统的文化遗产从实体模式、电子档案和数据库中解放出来，有助于形成文化与民众之间的双向流通，促进优秀乡土文化的传播与传承。如基于数字化场馆，针对不同农村群体，开展"线上线下""随时随地"的泛在学习。

一方面是中国传统村落数字博物馆的建设。传统村落形态是农耕部落的最早期、最经典的图式，更是中华农耕文化的根脉。乡土中传统村落秉承丰厚而瑰丽的文化价值，从传统村落的图景呈现中可以发掘建筑、雕塑、器具等物质实体的美学蕴涵，更能考古中华文明早期的历史根源，这就让传统村落成为具有多种价值的综合体，如同一栋栋颇具生命力、仍富有生活气息的博物馆。

针对入选中国传统村落名录的村庄，依托中国传统村落数字博物馆平台，建设传统村落单馆，以文字、图片、影音、三维实景、全景漫游等形式，集中展示传统村落概况、历史文化、环境格局、传统建筑、民俗文化、美食特产、旅游导览等信息。在文字、图片、实物等传统展示方式的基础上，运用高科技手段增添博物馆的魅力和吸引力，提升游客在馆内游玩的体验感，增进其对于乡村文化的获得感，同时也展现了中国传统文化在乡村的历史根脉和源远流长的价值传承，凸显中华民族传统文化的丰富内涵与独特魅力。在中国传统村落数字博物馆对乡村文化保护和推广的过程中，乡村的地位逐渐被认识，乡村的影响不断被增强，乡村的保护不断被强化。

另一方面是历史文化名镇名村数字博物馆的建设。中国历史文化名镇名村是由建设部和国家文物局从 2003 年起共同组织评选的，保存文物特别丰富且具有重大历史价值或纪念意义的，能较完整地反映一些历史时期传统风貌和地方民族特色的镇和村。针对入选中国历史文化名镇名村名录的村落，依托中国历史文化名镇名村数字博物馆平台（由住房和城乡建设部组织建设），建设村镇单馆，集中展示村镇历史文化、文物资源、历史建筑、非遗资源等信息。

案例

"国家公共文化云基层智能服务端"
典型案例之金寨县文化馆[①]

一、背景介绍

金寨县文化馆 1950 年在麻埠镇成立，1951 年在金寨镇成立文化分馆，承担城关等区群众文化工作；1955 年梅山水库建成蓄水两镇淹没，迁址梅山合并为县文化馆；1984 年县文化馆迁入"梅山文苑"；2011 年 6 月，文化馆搬迁至新城区文化中心大楼办公，馆舍面积 1 200 平方米；2016 年7 月 1 日，金寨县文化馆迁入新改建的金寨县文化中心，设有书画展厅、小剧场、器乐培训室、美术培训室、舞蹈培训室等共 7 个功能室，场馆面积2 600 平方米，下辖 23 个乡镇分馆，2015 年获评文化和旅游部二级文化馆，2020 年再次获评文化和旅游部二级文化馆。

二、主要做法

（一）"实地数字资源录制＋线上购买版权资源"整合推出数字资源

2021 年安徽省非物质文化遗产保护中心赴金寨县调研大别山民歌、红歌相关信息。金寨县文化馆以此为契机，录制整理了大别山民歌传承人相关视频 32 余条，均已上传至基层智能服务端。

通过"实地数字资源录制＋线上购买版权资源"的方式，金寨县文化馆目前已在公共文化云基层智能服务端"看视频"板块推出非物质文化遗

---

① 金寨县文化馆．"国家公共文化云基层智能服务端"典型案例之金寨县文化馆［Z/OL］．（2022－07－25）．https：//mp．weixin．qq．com/s/R－23WQK＿oqt8L4kHrhDCqA．

产·大别山（红歌）民歌系列展播 32 集、2021 年金寨县网络春晚暨戏曲展演——黄梅戏《挑女婿》4 集、金寨县非物质文化遗产宣传片系列展播 3 集、建党百年·革命历史动漫《星火燎原》系列展播 20 集等。

（二）"线上＋线下联动直播"丰富直录播资源

根据 2021 年"庆祝中国共产党成立一百周年"文化工作部署，为扩大金寨县红色文化旅游影响力，金寨县文化馆结合实际，开展了一批富有金寨特色的大型红色文化活动，并先后在安徽公共文化云、公共文化云基层智能服务端、金寨视窗、超星直播等平台直播，线上累计观看人数约 50 万人次。相关活动视频严格按照视频制作要求，经领导审核后由工作人员统一上传至基层智能服务端。

通过"线上＋线下联动直播"的方式，金寨县文化馆已在公共文化云基层智能服务端"看直播"板块推出"文化乐万家　新春走基层"2022 年六安市文化馆联盟文化志愿者新春文艺演出、2022 金寨县新春戏曲网络展演、"传承红基因　唱响大别山"大别山民歌、红歌展演暨颁奖晚会、"拥军优属　拥政爱民　庆国庆·迎中秋"军民共建文艺演出等。

（三）整合"县直＋乡镇图文音视频资源"，合力打造基层智能服务端

因每县（区）只有 1 个公共文化云基层智能服务端账号，且端口只延伸到县级馆，乡镇文化站无法自主开展活动资讯的上传。为此，金寨县文化馆于 2022 年 1 月 7 日召开"公共文化云基层智能服务端技术培训"，鼓励乡镇文化站将高质量的民俗非遗类音视频及活动资料报送县文化馆工作人员，经馆内工作人员审核后发布至基层智能服务端。

通过整合"县直＋乡镇图文音视频资源"，金寨县文化馆已在公共文化云基层智能服务端"汇资讯"板块推出 2022 年"翰墨飘香迎新春　新春纳福送对联"活动、金寨县 2022 年公共文化云基层智能服务端技术培训、文化惠民乐万家，新春慰问乡村行、"我们的中国梦"文化进万家元宵节民俗表演等资讯内容。

三、取得成效

自 2021 年开通公共文化云基层智能服务端以来，共推出"大别山（红色）民歌""金寨县非物质文化遗产宣传片"等数字资源 100 余条；发布各类场馆信息、活动资讯信息 135 条；通过线上线下相结合的方式，开展大型群众活动直录播 5 场，惠民 50 万余人次。

根据"安徽省 2022 年度脱贫县全民艺术普及高质量发展项目建设指南"

工作安排，金寨县文化馆将按照建设要求，按时按质按量完成建设任务，聚焦金寨特色文化，深入挖掘本土资源，并新增设一批 VR 文旅体验机器、国画教学仪等互动体验设备，提供更具特色的数字资源、产品与服务。

第二节　网络信息互通拓宽乡村文化传播渠道

近年来，伴随着乡村振兴战略、数字乡村战略的实施，乡村地区的数字化基础设施建设全面铺开，网络宽带信号已实现在大多数行政村的普及，网络设备为乡村地区的信息获取提供便利，也改变着乡村文化的传播模式。通过使用智能手机，农民能够实时接触外部文化资源，自由选择文字、图片、音频等形式的文化产品。目前，使用手机和其他数字化设备上网的农民数量与日俱增。据统计，截至 2020 年 6 月，农村地区互联网普及率为 52.3%，我国农村网民规模达 2.85 亿，占网民整体的 30.4%[①]。数字化基础设施建设保障了乡村文化的网络传播，网络信息的流通加快了城乡文化之间的相互理解、交融，为了解乡村真实面貌、厘清乡村文化发展理路、增强乡村文化的影响力、增强乡村文化的自豪感提供现实桥梁。

数字技术在乡村的发展不仅给村民带来了全新的文化体验，并且在这种文化体验中，村民的文化涵养进一步增强。乡村文化发展网络化是以网络技术振兴乡村文化、高质量建设乡村文化的应有之义，有利于进一步改善广大乡村地区的精神风貌，提升乡村人口的精神生活品质，弥合城乡在文化资源领域的"数字鸿沟"。

一、乡村网络文化阵地增强意识形态建设

互联网技术促进和加速了世界的网络化进程，人们通过网络进行信息的获取、传播、反馈，网络也成为思想碰撞的场域，更是意识形态的主战场。乡村文化建设的数字化与网络建设密不可分，为更大程度发挥网络在意识形态建设中的媒介作用，应通过主流思想网上传播、县级融媒体中心建设、农村基层文化服务机构信息化、乡村特色文化宣传等巩固农村思想

[①] 数据来源于中国互联网信息中心第 46 次《中国互联网络发展状况统计报告》。

文化阵地。

第一，加强主流思想在乡村网络的有效传播。网络世界的信息呈现体量巨大、内容复杂等特点，还存在内容价值传导多元化的样态。为积极引导乡村文化的意识形态向度，弘扬好社会主义核心价值观的主旋律，巩固马克思主义的有效传播，必须把握数字化赋能意识形态建设的重要作用。

一是建设好官方数字化平台，积极把握微博、微信等用户群体广泛的移动端平台，抢抓意识形态阵地的先机，扩大官方作为主流媒体的影响力和主动权，结合乡村文化中的典型案例，呈现乡村文化鲜活元素，对社会主义主流思想进行常态化宣传、解读。

二是抢抓官方媒体在广播、新闻、微信、微博等媒体平台的建构先机，扩大自身影响力。结合典型案例、鲜活数据，对社会主义主流思想进行常态化宣传、解读。尤其重视在网络领域的宣传中，宣传好马克思主义理论、巩固社会主义意识形态、普及好党的最新理论，提升官方媒体对非官方媒体的领导力。

三是主流媒体要重视乡村网络空间的正面宣传引导，注重传播有利于乡村文化正向发展的网络内容，以接地气的内容和贴近、迎合群众的观赏习惯的形式，宣传好乡村文化建设中人民群众火热生动的实践方式，以积极的网络内容提高乡村居民对于正向乡村文化的认同感、获得感、自豪感。

四是利用大数据技术分析、引导农民关心的舆情问题，如青储、耕地补偿、土地流转、资本下乡等颇受农民关注的问题，通过大数据系统能够及时了解舆情的声量情况、主要话题等，对于负面内容进行及时的引导，对于正面内容加强报道。

五是提高网上舆论引导能力。要善于利用大数据技术对舆情信息进行统计，及时了解和归纳舆情中的群众意见反馈，妥善回应、化解舆情信息中的争论热点问题，引导网络舆情的正向发展。培养一批具有影响力、公信力、拥护社会主义核心价值观的乡村意见领袖，发挥乡村地区二级传播的重要作用，培养乡村居民正确认识、处理舆情的能力。

第二，加强县级融媒中心建设。构建县级融媒体中心是促进乡村文化发展的重要一步，更是把握主流媒体、主流思想在乡村文化传播中的重要抓手。县级融媒体中心在乡村文化的传播中具有本土化特征，在叙事风格和内容等方面更贴近本地居民的所思所想，在地位上更具有主导性。抢抓数字化先机，推进县级融媒体建设势在必行、志在必得，从而更好地发挥县级融媒体在乡村文化传播的基础性作用。

一是要促进县级融媒体中心内部机构之间的合力。近年来，各县级地区都创立了融媒体中心，着眼于"两微一端"等移动客户端的新媒体建设，并于其中创立账号发布内容。但是，部分地区出现融媒体的各个机构之间难以形成合力的局面，融合的水平不高、机制不健全，需要建立一套协调联动、合力作用的体制。在乡村文化的内容谋划上，应精准定位本地乡村中的文化特点，以新颖的视角、话语诠释好乡村文化的意义，各个媒体机构间以共同话题为契机，协同配合、连续登载相关信息，丰富传播形式、扩大传播受众、增强传播效果。

二是要加强县级融媒体中心与外部各层级、各类型媒体之间的融合传播。首先，强化在内容报道中县级媒体与中央、省、市之间的联系，拓展不同层级媒体之间的信息互通、资源共享。当然，这需要依托国家通过宏观层面深化改革所构建的中央—省—市—县互联互通的全媒体融合传播体系，主要抓手是推进省级统一技术平台的构建。其次，推动与市场化的平台型媒体的合作，用引进来、走出去的办法，加大融合性传播的力度[①]。整合县级广播电视、报刊、新媒体等媒体资源，建设涵盖媒体服务、党建服务、政务服务、公共服务、增值服务等业务的融合媒体平台。

第三，加强农村基层文化服务机构信息化。对乡镇综合文化站、村（社区）综合性文化服务中心等现有站点进行信息化升级改造，通过网站、App、社交平台、新媒体平台等，为农村居民提供公共文化服务。基于省公共文化服务平台，推进全省"二馆一站"（公共图书馆、文化馆以及乡镇综合文化站）文化资源上云入库与共享开放。以网站、App、小程序等形式建设掌上文化服务平台。组织基层文化服务机构网络基础设施建设与数字访问终端部署，在农村居民中推广使用掌上文化服务平台。

第四，加强乡村特色文化网络宣传。互联网不仅具有报纸、广播、电视等传播媒体的一般特性，而且具有数字化、多媒体、适时性和交互式传递的独特优势。利用互联网对乡村特色文化进行宣传推广，有利于增强乡村吸引力，带动乡村旅游的发展。依托地方特色文化专题资源库（省宣传、网信、农业农村、文化和旅游、乡村振兴等部门牵头组建），基于各级政府网站、公共文化资源服务平台、新媒体等平台开设移风易俗、优秀农耕文化、重要农业文化遗产宣传专栏。

---

① 丁和根，陈袁博．数字新媒介助推乡村文化振兴：传播渠道拓展与效能提升［J］．中国编辑 2021（11）：4-10.

二、"三农"网络文化创作输送乡村精神食粮

"三农"网络文化创作是指以"三农"为主题,支持内容创作者开展文艺创作,推出一批具有浓郁乡村特色、充满正能量、深受农民欢迎的网络文学和网络视听节目。

一是积极举办与乡村网络文化相关的活动、节目,借助互联网平台扩大宣传,引导乡村居民参加多样性的文化活动。注重结合地区文化特征,更好呈现乡村元素,讲好乡村文化新故事,展现现代化新农人的形象。

二是完善农民创作奖励激励机制。对传承和保护乡村优秀文化的个人和组织设置奖励评价标准,对一些收入有限的文化产品创造者提供财政补助、政策支持,保护"三农"文化发展中农民参与的积极性、主动性,带动更多人参与到乡村文化的网络建构中来。

> **案例**
>
> ### 湖北省宜都市:数字书屋助力乡村文化振兴①
>
> **一、背景介绍**
>
> 宜都位于长江中游南岸、湖北省西南部,长江、清江在此交汇,素有"楚蜀咽喉""鄂西门户""三峡门城""两江明珠"之称。近年来,随着电脑、智能手机的普及,农民群众对图书的种类、数量及更新速度等也有了新要求。湖北省宜都市围绕新时代文明实践中心试点建设的要求,瞄准新时代新农民的现实需要,深入推进数字乡村建设,大力推动农家书屋深化改革创新、提升服务效能。
>
> **二、主要做法**
>
> **(一)数字赋能,云端书屋成新宠**
>
> 数字农家书屋随时随地在线借阅、操作简单、轻松便捷,有效解决传统农家书屋报刊图书更新慢、借阅不便、运输不便等问题。一是建智能网络矩阵。以市图书馆为总馆,以乡镇(社区)图书馆为分馆,以村农家书屋为服务点,实施城乡一体公共图书馆集群数字化建设。建立农家书屋自动化管理系统,将全市农家书屋藏书编入全市图书借阅管理系统,为乡镇配备大屏数字阅读机,实现县域范围内纸质资源的通借通还和数字资源的

---

① 中共中央网络安全和信息化委员会办公室. 湖北省宜都市:数字书屋助力乡村文化振兴[EB/OL]. (2021-12-16). http://www.cac.gov.cn/2021-12/16/c_1641254195526296.htm.

共建共享。二是建数字阅读平台。深入推进"万村数字农家书屋建设",创新采用"云＋端＋大数据"模式的阅读服务,将大数据技术与融合大数据和监控系统,形成一套有据可查、实时更新的农家书屋文化服务管理平台。宜都市为每个农家书屋配备数字Wi-Fi阅读设备,农民群众仅需用手机连接农家书屋的云端Wi-Fi,便可随时随地登录平台,免费读、听、看云端阅读资源。

（二）指尖阅读,数字书屋进"口袋"

数字农家书屋建设将书屋装进"口袋",帮助农民群众摆脱场地限制,实现跨时间跨空间跨区域的知识交流和传授。一是丰富数字资源。宜都数字农家书屋建设广泛征求农民群众的意见建议,在数字阅读设备内设置"新时代　新经典""四史教育""一带一路"等6大板块,上线电子图书7万余册,电子期刊1 000余种,听书资源超1万分钟,涵盖农业技术、健康生活、文学艺术、幼儿教育等多个方面,满足群众多样化需求。二是优化云上点单。依托"宜都市新时代文明实践信息系统平台",不断完善"群众点单、政府买单"服务。文明实践中心可根据群众在"云上宜都—文明实践"平台上的留言,或者志愿者服务电话,及时了解群众阅读需求,并反馈至市图书馆,由图书馆及时为群众补充或采购图书,基本实现群众足不出户就可享受阅读点单服务。2021年市图书馆线上接收读者荐购书目信息2 744条,分批采购图书4 867册。三是创新智慧助农。坚持把数字农家书屋与农村实用技术相结合,依托数字农家书屋海量的农村实用技术资源,采取村民线上自学、线下集中办班等形式,提升农民发展特色产业的水平。建立农业专家库,定期在书屋上进行集中视频连线,面对面为村民们释疑解惑。

（三）精准融入,以文化人润乡风

建立"数字农家书屋＋新时代文明实践＋图书馆"立体网络,将农家书屋建设与新时代文明实践、乡风文明融合,提升农村群众文化素养。一是传播先进思想。宜都将数字农家书屋建设与新时代文明实践站所建设充分融合,开展"阅读红色经典·激励奋进力量"党史学习教育等系列主题活动,组织志愿者深入乡村开展全民阅读、亲子阅读、线上阅读等阅读体验活动,聚集人气、激发村民读书热情。二是推进以文化人。将线上线下活动相结合,打造"农民读书节"阅读品牌,自2007年以来已经连续举办了15届,累计举办读书演讲、知识竞赛、读书讲座等各类活动700多场次，表彰农民阅读之星 300 余人、命名"书香农家"100 余户，参与读书活动的农民群众近 50 万人次。三是传承文化文明。系统梳理传统文化资源和地方文献资料，依托全国文化信息资源共享工程支中心建设，建立地方历史文献数字资源库，收集整理完成数字化加工处理储藏，目前共计存储数字资源 4.27Tb，其中地方文献数字资源 0.27Tb，数字化地方文献、古籍图书共计 2 400 余册。通过推进"数字＋文化"，弘扬优秀传统文化，推动文化产业发展创新。

三、取得成效

宜都市自 2019 年启动数字农家书屋建设以来，有效提升广大人民群众的文化获得感和幸福感，切实打通农家书屋服务群众的"最后一公里"，变"村村有书屋"为"人人有书屋"，为推动乡村振兴提供有力的文化支撑。截至目前，已建成 127 个数字农家书屋村点，实现行政村数字农家书屋全覆盖，注册用户达到 5 万人次，电子书在线阅读量达到 8.7 万册次，在线阅读人数达 12 万人次。

第三节　乡村民众数字素养提升
促进城乡文化联动

乡村民众数字素养是指农民借助智能设备和数字技术获取和甄别数字信息的能力（如通过使用数字设备谋求就业岗位、寻求增收机会）以及建立数字安全意识的能力等。数字素养的高低直接关系村民在"触网"之后对于数字资源持续使用的意愿和能力，也在一定程度上影响数字技术赋能乡村振兴的成效。在乡村文化振兴的过程中，乡村民众数字素养的提升有利于其更好地开展形式多样的文化活动，孕育农村社会新风尚，丰富精神文化生活。

近年来，数字化技术推动乡村文化取得一些成效，从中央到地方呈现出上下联动的文化传播图景。例如，农业农村部在全国范围内设置益农信息社，在返乡下乡人员和愿意从事信息服务工作的乡村青年群体中聘任工作员，对他们进行信息化、数字化技术知识的培训，不断提升其数字素养和水平，使其更好运用乡村数字平台。数字技术在乡村的应用也进一步提高了村民文化素养。村民在数字平台上不仅是单纯的信息文化接收者，也能够按照自身文化需求，通过数字化设备对文化产品的类别、内容进行选择，以满足精神文化需要。在这个过程中，村民在数字化平台上对文化产品进行浏览、评论，他们的文化需求同文化产品供给之间形成了双向互通的渠道，更能促进其对文化的吸收，自觉提升文化素质。

但是，乡村居民的数字素养仍然有很大的提升空间。2021年3月中国社科院信息中心发布的《乡村振兴战略背景下中国乡村数字素养调查分析报告》指出："城乡居民数字素养差距达37.5%，农民群体的数字素养得分仅为18.6分，明显低于其他职业类型群体，比全体人群平均值（43.6分）低57%。"[①] 在中国城市化进程的推进中，由于劳动力从乡村地区迅速转移到城市地区，乡村地区的居民以劳动能力不强的老年人和儿童为主，难免陷入老龄化、幼龄化的困境。与之同时，城乡之间的数字基础设施建设也存在差距，乡村地区的数字基础设施建设并不完善。在乡村数字化建设时期，老龄化、幼龄化为主的乡村地区存在乡村居民数字素养不高的情况，他们没有数字化设备或者不能熟练使用数字化设备，无法从数字化设备上及时接受乡村优秀文化的熏陶。在具体使用过程中，数字化设备更多体现为人和人之间的交流媒介，或者是购物平台，还可能是休闲娱乐的工具，乡村文化被排除在村民对数字化平台功能运用的选择之外，因此乡村文化在一定程度上成为网络信息传播的"飞地"。另外，部分乡村地区受地理环境、经济发展水平、民俗习惯等原因制约，无法扩展本地的数字化人才队伍。部分乡村对于数字化人才的忽视、轻视，可能会致使一些具有数字化技术知识的人才没有用武之地，天赋和才华被埋没，导致本地数字文化传播的缺位。所以，要加强乡村地区的数字化平台建设，吸引高素质人才，拓宽乡村文化的传播路径。

第一，营造清朗网络空间。习近平总书记在党的十九大报告中强调："加强互联网内容建设，建立网络综合治理体系，营造清朗的网络空间。"[②] 当前，网络文化内容的主要目标受众是城镇用户，未能满足农村居民获取优质网络文化内容这一日益增长的精神文化需求，且违法和不良信息仍层出不穷，严重影响了网络文化的健康发展，对培育和弘扬社会主义核心价值观产生不良影响。因此，营造清朗网络空间势在必行。

一是加强网络视听节目管理和国家宗教政策宣传普及工作。在部分乡村地区，邪教信息借助互联网侵蚀乡村居民的精神空间，要从互联网空间肃清非法宗教和组织在乡村地区的传播行径，大力整治封建迷信、暴力、赌博等

---

① 李晨赫．乡村振兴亟待弥补"数字素养鸿沟"［N］．中国青年报，2021－03－16（04）．

② 习近平．决胜全面建成小康社会　夺取新时代中国特色社会主义伟大胜利——在中国共产党第十九次全国代表大会上的讲话［M］．北京：人民出版社，2017：42．

负面网络内容，健全乡村数字化监管体制、机制，筑牢乡村人口的数字安全意识。

二是积极开展网络普法教育。借助微信群组、H5 等形象生动、人民群众喜闻乐见的方式，加强农村居民对网络立法的了解掌握，知道网络不是法外之地，推动依法上网成为农村居民的基本共识。

三要加强对数字平台的监管。各类低级趣味、"标题党"、"怪力乱神"等不良信息充斥着农村居民的网络空间，各类谣言通过微信群组、"朋友圈"在乡村间传播，以培训名义搞传销、以高利诱惑搞"投资"、以虚假疗效卖保健品等不法侵害时有所闻。为整顿数字平台的传播乱象，要以法律规范、道德规劝加强对数字化平台的内容进行全面监管，让乡村文化在数字平台的助力下，向社会主义核心价值观的正向度发展。

第二，加强村民数字教育培训。乡村居民是乡村文化振兴的主体，为发挥主体力量的最大效能，应积极培养数字化、专业化的乡村人才队伍。通过人才队伍的主体性作用，引领乡村文化的数字化建设内生式发展。

一是加强乡村基层组织工作人员的数字化培训。鼓励相关组织、部门与专业院校合作，推广数字化网课教育，进行集中有效的数字化应用能力的培训，使工作人员的思想观念更专业、更前沿[1]。工作人员在学习专业化、前沿化知识的同时扎根乡村，更了解乡村文化的传播、发展需求，更能利用网络上贴近村民使用习惯的图片、文字、音频等传播文化信息。

二是培养高素质农民。完善数字化农民的培育机制，通过完整的、配套农民发展需求的培训系统，加强农民对数字化技术、知识、产业的学习，让数字化赋能乡村文化产业发展。在产业发展中，提高农民的参与性，在参与中获得文化资源的涵养，同时也在文化的熏陶中受益，更能实现文化的自治之维。

三是重视高端人才引进。一方面要搭建好引进、聘任高端人才的传播平台，让更多有志为乡村文化建设的广大人才真正了解乡村，扎根乡村，为乡村地区文化发展作出贡献。另一方面，政府要加大对乡村地区网络建设的投入力度，引导更多社会资源参与乡村振兴建设，从产业、待遇等方面满足高端人才的生活需要、发展需求。

---

① 张岩. 数字乡村背景下农村网络文化传播策略研究 [J]. 农家参谋，2020（19）：79 - 80.

浙江慈溪乡风文明数字化志愿服务联盟①

一、背景介绍

慈溪是国家数字乡村试点县（市、区）之一。去年以来，该市桥头镇全面深化改革，搭建以个人信用为基础的乡村数字自治平台"桥头分"，打造贴近村民的数字化应用场景。"通过'点一点、扫一扫、说一说、拍一拍'的形式，村民登录平台参与民主评议、志愿服务、在线学习等活动获得积分。"桥头镇党委主要负责人表示，"桥头分"以党建为引领，推动政府导治、村民自治、平台数治"三治联动"，为乡村振兴注入新动能。

二、主要做法

（一）志愿服务组团激发群众见贤思齐

桥头镇的大街小巷、田间地头，活跃着1万余名志愿者。2021年4月，该镇20支志愿服务队以"桥头分"为依托，成立慈溪首个乡风文明数字化志愿服务联盟，组团开展公益活动，延伸志愿服务触角。

面向参与志愿服务的党员干部和群众，"桥头分"设立党员干部先锋榜、本地村民积分榜、流动人口村友榜，营造"比拼赶超"良好氛围。"'桥头分'志愿服务联盟成立后，各志愿服务队积极参与'五水共治'、文化传承等公益活动。"志愿者陈央飞说，"有了'桥头分'这个'网络红娘'，我们从'单兵作战'变为'组团服务'，志愿服务效率进一步提升。"

在"桥头分"的牵线搭桥下，五姓村村民孙景芬成为村里的"公益明星"。近日，她在"桥头分"平台发布五姓村清爽行动招募信息，不到半小时，这则"英雄帖"吸引了150多名村民关注并报名。"有了'桥头分'，大家参与志愿服务的热情更高了。"孙景芬说，以前组织志愿活动要挨家挨户动员，现在动动手指便能完成信息发布。

"桥头分"上线以来，桥头居民既是志愿服务活动的发起人，也是参与者。该镇许多新老市民加入志愿服务大军，通过线上线下联动，传递向上向善正能量。"通过'桥头分'，我们不仅了解了相关方针政策，还能咨询办理相关手续。"来自湖北的新市民芦小莉说，参与"桥头分"组织的公益活动，新市民能更好地融入第二故乡，提升归属感、获得感和幸福感。

---

① 宁波日报微互动. 慈溪"桥头分"数字赋能激活乡村振兴 [Z/OL]. (2021-11-24). https://mp.weixin.qq.com/s/J-0WccFv12XIfmlIOsNGzg.

为激发群众见贤思齐，桥头镇将"桥头分"纳入乡村信用体系建设。该镇居民参与志愿服务可获"桥头分"的积分奖励，并可用积分在110多家商户兑换生活用品。上周日中午，五姓村村民周俭花惊喜地发现，她"桥头分"的个人积分多了20分，总积分达4 863分。"上午，我用淘米水浇花，拍图晒朋友圈后上传'桥头分'，不仅涨了积分，还获得大家点赞。"她说，比起赚积分换东西，大家更看重这个平台传播的正能量。

（二）线上线下联动激活乡村治理"神经末梢"

"环境卫生打扫临时小工支出300元，办公采购A4打印纸100元……"近日，"桥头分"发布新一期五姓村财务报表，吸引不少村民关注。"以前，这类信息只在村务公开栏发布，传播效果有限。现在，村民在网上监督、评论，督促村务运行更加公开、规范、透明。"五姓村党委书记毛佳文说，"桥头分"投用后，村干部与村民加强了信息沟通，让村里大小事"看得见、管得着"。

如何引导村民参与乡村治理，这是桥头镇干部一直思考的问题。"桥头分"的出现，为"解题"指明了方向。在毛三斛村，村民登录该平台，点击活动板块，就能参与公益活动。"通过'桥头分'，我们可以报名参加镇村组织的大活动，还可以参与村民自主发起的小活动。"村民余燕平说，每周一至周五交通早晚高峰，20多名经平台组团的村民会在桥头镇实验学校附近路口"上岗"，协助交警引导车辆有序通行，为学生出行撑起安全伞。

在"桥头分"引导下，桥头居民践行"光盘行动"，餐饮商户争当"文明标兵"。每逢节假日，该镇志愿者走村入户，号召大家争当勤俭节约的"模范生"。笔者在桥头镇金刚饭店看到，入口处贴着醒目的扫"甬行码"提示单，每张餐桌上有数套公筷公勺。"创建全国文明典范城市，我们也要出一份力。"老板娘何利冲说，她和店员根据客流量采购原料，避免食材浪费，"如果客人打来电话订餐，我们会提醒其适量点餐。餐后，会提醒客人打包剩菜剩饭。"

盘活闲散地，改变脏乱差面貌，是推进农村环境卫生整治常态化的一道难题。2021年3月以来，桥头镇发起闲散地环境卫生整治行动，形成村干部带头整治、志愿者积极响应、社团组织支持、村民认领闲散地、"桥头分"积分奖励的闭环治理模式。"通过前期排摸梳理、意见汇总，我们村将7块闲散地作为首批改造样板。"毛三斛村村民史玉梅说，经过大家共同努力，这些闲散地如今已变成村庄景观节点。现在，每块闲散地已建立长效管理机制，有专属管理员。2021 年，"桥头分"还通过区块链技术和特定算法，生成"村民信用分"，并与"天一分"打通，用于社会评价和金融惠农服务，形成"共治＋共富"的基层治理格局。"现在，村民可以在'桥头分'线上积分商城兑换商品，还能将信用分用于招工、小微工程承包、贷款授信等。"桥头镇干部陈静告诉笔者，"我有话说"板块升级后，增加了信息交流、服务互动等功能，日均活跃用户超过 6 000 人。

三、取得成效

通过试点推广"桥头分"，桥头镇以数字技术创新作为乡村振兴的核心驱动力，努力实现乡村生产数据化、治理数据化和生活数据化，不断提高传统产业数字化、智能化水平，为其他地区数字乡村建设提供经验。

第六章

数字赋能为乡村治理有效提供新效能

乡村治理是国家治理的基石，没有乡村的有效治理，就没有乡村的全面振兴。近年来，农村的经济结构、社会结构等发生了全面性、深层次的调整与变革，乡村治理的范畴趋于多向度、复杂化。外部环境的冲击和内部结构的调整要求乡村治理方式不断创新，治理水平不断提升。党的十八大以来，随着各项政策的出台和机制的完善以及全国各地乡村治理的实践探索，乡村治理效能得到明显提升。但是，乡村治理仍然面临诸多的问题和不足。数字技术的发展为乡村治理难题的有效破解提供了新思路。

随着人类社会进入数字时代，以移动互联网、大数据、人工智能和区块链为代表的数字技术快速更新迭代。数字技术为乡村治理效能的提高提供契机，为化解乡村治理中的困境、难题提供了有效渠道：一是通过赋能多方治理主体，助力提升治理能力，实现乡村治理的双向触达及超时空预判，助力乡村治理提质增效；二是促进乡村治理朝着更加全面系统、交流畅通的方向努力，有效激发多元治理主体的积极性，形成协同治理新格局，推动乡村治理不断走向善治。

第一节　基层政务服务在线
化解群众急难愁盼

基层政务服务在线化又名"互联网＋"政务服务，指通过互联网技术，搭建集及时响应意见、实时发布信息、方便群众办事等多种功能于一体的在线平台，通过智能化政务产品供给打造智慧政府，建设线上线下互动、群众办事有效畅通的政务服务新模式。

党的十八大以来，党中央高度重视以信息化推进国家治理体系和治理能力现代化，国务院将"互联网＋政务服务"作为深化"放管服"改革的关键环节。基层政务服务在线可以着力解决乡村治理效率不够高的问题。作为政务服务的最前沿，基层政府面对广大人民群众，政务服务内容繁重，任务艰巨。数字技术作用于基层政务服务，可以发挥互联网交互性和共享性优势，变"群众跑路"为"信息跑路"，大幅提升行政审批效率，减少信息传递的资金、人力、时间成本；可以为优化职能结构、优化服务流程等提供技术支持，使政府各职能部门实现信息互通，推动政府组织结构朝着扁平化组织结构转型，有效提升政务服务效能。依托数字化手段，推广"最多跑一次""不见面审批"等模式，推动政务服务网上办、马上办、少跑快办，简化基层政府办事流程和手续，为农民提供家门口的一站式服务。数字技术在与基层政府服务相结合的过程中更加注重凸显"以人民为中心"的服务导向，真正实现数字便民、数字惠民。

一、涉农服务"一网通办"助力服务简约高效

涉农政务服务"一网通办"是我国政务服务改革创新应用的重要组成部分，主要依托全国一体化在线政务服务平台，将农村相关产业包括农林牧渔生产管理，以及涉及农村居民切身利益的社保、公积金、优抚、创业就业、医疗保障、法律服务等乡村重点服务事项优先纳入各级政府"一网通办"服务事项目录，提高乡村政务服务网上办理及全流程在线办理的比例。

乡村政务服务"一网通办"是政务服务改革"最多跑一次"的创新应用，切实改变了村民办事困难的局面，实现了"三个转变"：一是从"人找服务"向"服务找人"转变；二是从"群众跑路"向"数据跑路"转变；三是从"单打独斗"向"协同作战"转变，切实增强人民群众获得感、幸福感。

一是从"人找服务"向"服务找人"转变。依托全国一体化在线政务服务平台，将农林牧渔生产管理、农村居民社保、公积金、优抚、就业创业、医疗保障、法律服务、帮困服务、农产品质量监管等乡村重点服务事项优先纳入各级政府"一网通办"服务事项目录，线上线下统一标准，运用大数据和人工智能技术，研判群众潜在需求，主动推送专属个性化服务，从原来做填空题变成现在做选择题。采取微信群、张贴公告、电话通知、上门宣传服务等多种形式，广泛宣传"一网通办"App注册使用，提升知晓率、推动使用率。

二是从"群众跑路"向"数据跑路"转变。依托"一网通办"打造数字政务服务，聚焦企业、群众办事难度大、办理频率高的现状，加强公共数据资源汇聚，打破部门间"数据壁垒"，提升数据的时效性、准确度和覆盖面。发挥大数据中心、信息中心技术统筹和支撑作用，提升技术支撑团队能力和水平，以部门应用需求为导向，推动政务数据实时共享，深入挖掘部门间数

据共享需求，完善人口、法人、公共信用和电子证照等基础数据库建设，推动部门间数据共享、交换对接，全量实时汇聚政务数据，真正实现"数据多跑路，群众少跑腿"。

三是从"单打独斗"向"协同作战"转变。依托全国一体化在线政务服务平台，统筹部门、企业等服务群众事项，实行无差别"一窗受理"政务服务模式，对审批环节、办理标准、服务要求等进行规范，加强部门业务系统与"一网通办"平台有效对接融合，实现政务服务事项全流程、多渠道、一体化运行以及业务跨区域、跨部门、跨层级办理，部门协同联动作战，持续优化网上办事流程，提高全程网办比例。聚焦基层政务服务"一网通办"突出问题，加强部门、企业引导指导，完善奖惩激励机制，提高基层政务服务工作的质效。

案例

政务下沉　数据上云
——榆垡镇全力升级"15分钟政务服务圈"①

为了让企业群众享受更方便有序、优质高效的政务服务，榆垡镇便民服务中心整合资源配置、拓宽业务下沉，通过搭建村级政务服务站、设立移动政务小分队、打造政务晓屋，实现"固定＋流动"双向服务模式，不断推进"全时段、全方位、全覆盖"的政务服务体系建设，切实打通政务服务最后一公里。

一、村民不出村，一站全办齐

完成13个村级政务服务站标准化建设，采用"一窗受理、一站代办、一网通办"的模式，通过直接办理和帮代办方式为村民办理涵盖社会保险、求职登记等35项业务和水电气暖等与百姓息息相关的民生事项，真正实现"一门式"办理、"一站式"服务，成为"为民办实事"最直接、最有效、最前沿的阵地。

二、政务移动化，贴心零距离

由政务服务中心业务精干人员组建移动政务小分队，定期开展"政务服务进村居"活动。针对小区居民特别是老、弱、病、残等不方便到大厅

---

① 北京市大兴区榆垡镇宣传文体中心. 政务下沉　数据上云——榆垡镇全力升级"15分钟政务服务圈"[Z/OL]. (2022-02-19). https://baijiahao.baidu.com/s?id=1738673949297586568&wfr=spider&for=pc.

办理业务的特殊群体提供零距离贴心服务。秉承"为群众办好事，让群众好办事"的原则，全面推进政务服务事项"移动化"，实现政务服务无处不在、随时随地可办。截至目前，移动政务小分队累计开展活动6次，发放宣传材料3 000余份，提供咨询服务300余人次，现场受理变更定点医疗机构、城乡医保参保等业务80余件。

三、智慧云服务，安全全程办

随着首个"政务晓屋"在榆垡镇新城嘉园南里社区服务站"安家"，居民们即可不出社区就能享受54项高频服务事项"一屋通晓、一屋通办"的新便利。通过该平台，各部门可进行同步实时连线互动，实现不同事项的"远程联办"、形成"可视化咨询、可视化辅导、可视化业务办理"。在疫情防控常态化下，利用科技赋能打破时间、空间限制，形成全流程非接触式途径政务服务模式，满足群众对自身防护安全方面需求的同时，以方便群众办事为切口推进"15分钟政务服务圈"改革，切实增强群众的获得感、幸福感。

二 便民服务"最后一公里"助力办事便捷容易

为进一步推动政务服务便利化，打通群众办事"最后一公里"，通过部署乡村基层政务服务中心、站点等方式，打造"一站式"服务功能，推动政务服务向乡村延伸，让群众在家门口把事办好，真正实现小事不出门，办事便捷又容易。便民服务"最后一公里"的建设，关系着群众对于政务服务的满意度，不仅要求建设到位，更重要的是要建设好，实实在在为助力群众办事便捷高效发挥作用。因此，对于便民服务"最后一公里"建设，要加强线上与线下协同，深化"放管服"改革，强化政企联系，便利群众生活。

一是加强协同治理，实现线上虚拟服务平台和线下政务大厅的无缝衔接，双管齐下，搭建统一标准的基层服务平台体系，促进线上虚拟平台和线下实体平台的同步发展，为民众网上办理事务提供基本渠道，为基层服务提供优良的运行环境，缩小因发展差异而导致的协同治理障碍[①]。

二是深化"放管服"改革，着力提升政务服务的智能化、便捷化水平，创新"共建共享""刷脸办事"等自助服务新模式，解决传统政务服务模式中存在的实体政务窗口路途远、政务自助终端功能单一、网上办事实名认证难、

---

① 陈书平.《互联网＋"推动基层服务"瘦身减负"〔J〕.人民论坛，2020（20）：70－71.

全流程办事难等问题，让"互联网＋政务"走到了群众的身边，走进了群众的心里。

三是强化政企联系，整合好政府和企业资源，发挥总体资源的最大效能，以满足群众具体性、多样化的需求。基层组织应广泛汇集社会力量，以企业资源的投入扩大平台的建设规模，坚持政府在各项事务中的主导作用，发挥党的领导作用，保证服务人民目标的实现。

案例

临沂市费县推行村级
"三个一"智能服务开启村级便民"智治"新模式[①]

一、背景介绍

临沂市费县针对农村群众办事跑腿多、村级干部处理业务进门多、村级事务办理留痕少、村级民主监督途径少"两多两少"问题，把乡村治理体系和治理能力现代化的要求下沉到农村基层，搭建以农村党务、村务、财务、便民为基础的费县村情通"一网通办"监管服务平台，探索村级便民"群众便民用章'一次办好'，村务经济审批'一网通办'，村务村情监督'一码知晓'"乡村治理智治模式（简称"三个一"智治模式），实现"数据多跑腿、群众少跑腿、服务零距离，办事零接触"，在打通基层治理"最后一百米"上探索实践，有效推动了治理体系下沉、基层事务办理效率提升、群众自治主体地位落实，提升了我县乡村治理能力精细化、智能化水平，为加快全国乡村治理体系试点示范建设探索智治新路径。

二、主要做法

一是推行村级公章智能化管理，实现群众用章"一次办好"。县政府出台《费县村（居）民委员会"证明专用章"管理使用暂行办法》，明确用章管理、使用范围；明确专人管理，具体负责用章事务分类、审核和提报工作；完善镇村便民服务大厅（中心）建设，开设村级"智能公章"使用窗口，村"两委"干部和村级代办员轮值坐班值守。推行村级"证明专用章"公章线上办理，每个行政村配备一台智能公章机，群众将社会事务用章事项通过手机扫描上传至平台，系统自动推送给村级用章管理人（村支部书

---

① 临沂农业农村局. 费县推行村级"三个一"智能服务开启村级便民"智治"新模式［EB/OL］.（2022－02－11）. http：//nyj. linyi. gov. cn/info/1046/31013. htm.

记）进行线上审核，审批后系统自动盖章后留痕存档，实现群众实时用章"一次办好"，有效提升了村级事务科学化、规范化管理水平。目前共梳理出 17 类 68 项可办事项，实施村级智能公章以来，全县各村居为群众"一次办好"累计用章 5.3 万件，咨询协办 1.5 万件，直接为群众节约交通、误工等费用约 1 060 万元。

二是推行村级重大事项在线审批，实现村务审批"一网通办"。县级统一出台《费县农村集体资金资产资源管理办法》《费县农村集体"三资"管理责任追究办法》《关于加强村级集体工程建设项目管理的指导意见》，将村级重大事项、村级经济事务、公共资源交易、招投标等事项纳入平台审批管理，依托费县村情通一网通办监管服务平台，打破原有村级到乡镇逐部门审核、相关领导逐级审批模式，全面推行村级经济事务"一网通办"，采取分级授权、逐级审批的形式，通过线上平台将审批事项按照权限推送到相应部门和分管领导，按照线上流程审核批准。审核资料线上自动归集、村级业务实时办理、部门联动审批、过程全程留痕，实现村务审批"一网通办"，提升了村级自治能力和智治水平。2021 年 8 月份以来办理村级经济审批事项 7.6 万件次，村级非生产性开支降低 20.65%，全面提升村级事务审批效率。

三是推行村级事务"码上公开"，实现村务村情"一码知晓"。在充分利用村务公开栏、村情发布会等传统信息公开形式的基础上，依托费县村情通一网通办监管服务平台，应用互联网技术，探索"码上公开"形式，每个村居生成一个"村情通"二维码，群众通过手机扫描即可实时查看村级"三务"公开和"小微权力"清单内容。为进一步规范村级权力运行，为提升乡村治理水平、打造乡村振兴齐鲁样板提供制度保障，县委办公室出台《关于全面推行小微权力清单制度的实施办法》引导农村基层基层干部规范履职，明细权责；县委组织部、县民政局、县农业农村局联合下发《关于进一步做好村级"三务"公开的通知》，明确公开范围，公开内容和公开程序，使村级"三务"公开工作制度化、规范化。目前，已在全县263 个村居探索推行村级事务"码上公开"，通过"线上线下"同步公开，充分拓展群众参与路径，对村级事务进行实时监督，形成"人人知晓流程、个个监督权力"的局面。

三、取得成效

一是提升了基层组织服务能力。通过村级便民"三个一"智治模式建立，充分调动了政府、社会组织、基层群众等各方资源推动乡村治理从单一行政力量向多元力量转变，使村级班子运转更加顺畅，基层党组织核心作用更加明显，有效促进了村庄融合发展。从根本上解决了群众办事跑腿多、进门多、留痕少、监督少"两多两少"等问题。截至目前，费县12个乡镇全部建立农村便民服务中心，村级配备智能公章机，村情通"码上公开"二维码和村级经济事务线上审批已实现村级全覆盖。

二是规范了农村集体经济事务管理。通过村级便民"三个一"智治模式建立，提升了基层现代化治理能力，降低了村级非生产性开支，拓宽了村级事务群众参与监督渠道，促进了农村集体经济组织规范运行。2021年以来，共组织专项检查11次，抽查183个村的"三务"公开，发现问题128个，提出整改意见35条，已全部反馈至各乡镇并督促整改。

三是促进了农村社会和谐稳定。通过村级便民"三个一"智治模式建立，村集体各项村级重大事项、经济活动以及重大决策都严格履行民主程序，实行民主管理，各项财务收支一目了然，给群众一个明白，还干部一个清白。过去村民因村级监督渠道不畅等因素引起的上访现象极大减少，畅通了基层政府与农民群众之间的"连心桥"，维护了农村社会和谐稳定，打通了联系服务群众的"最后一公里"。

第二节　智慧党建引领农村基层党建"四力"建设

农村基层党组织作为农村工作的领导核心，担负着推进乡村全面振兴的历史重任。农村工作千头万绪，抓好基层党组织建设是关键。在我国乡村振兴战略全面推进和数字乡村建设加速推进的双重背景下，探索"智慧党建"提质增效路径成为当前农村党建工作亟须研究的新课题。"智慧党建"可以开启乡村治理新格局，提升基层党建科学化水平，打造基层党群新平台，增强基层党组织"四力"建设，切实将基层党建优势转化成乡村治理能力。

智慧党建是现代社会党建工作的一种新理念，它是运用互联网、大数据等新一代信息技术，实现党务、学习、活动、监督、宣传、民生等工作的全面整合。农村基层党组织是全面推进乡村振兴的"主心骨"，是加强和改进乡村治理的领导核心。当前，我国部分村党组织带头人素质能力不适应乡村治理的新要求，群众组织力不强，缺少有效吸引凝聚群众的措施，造成乡村治理的现实困境。随着数字乡村建设的不断推进，数字赋能乡村基层党建展现出强大优越性，为解决基层党建存在的难题提供了新途径，如利用数字化手段加强对基层党组织带头人的教育培训、创新党员联系群众的方式等，有效提升了农村基层党建工作的实效性，促进基层党组织更好地发挥战斗堡垒作用。习近平总书记强调指出，"各级党委要高度重视信息化发展对党的建设的影响，做到网络发展到哪里党的工作就覆盖到哪里，充分运用信息技术改进党员教育管理、提高群众工作水平，加强网络舆论的正面引导。"① 乡村智慧党建平台建设主要包括党务管理信息化、党员教育网络化、党建工作可视化以及新媒体党建宣传，助力农村基层党组织的政治领导力、思想引领力、群众组织力和社会号召力建设。

一、乡村党务管理信息化提升政治领导力

乡村党务管理信息化就是农村党务工作线上线下协同开展，推进基层党组织建设管理、党员管理、民主评议、党代表联络服务、党内生活、党内表彰与激励关怀、组织员队伍建设等业务融合，线上开展"三会一课"、主题党日等活动，将互联网与党务工作深度融合，重点解决农村党组织分散、党员流动性大的问题，实现农村党务管理应用场景智慧化，实现党务工作信息化、数据化、高效化管理。

首先，突破传统乡村党建工作限制。信息技术和信息资源的充分利用和整合，将基层党组织的各项工作整合到数字化平台，不仅能够实现对党务工作各个环节流程的信息化管理，而且能够实现对党的各项建设工作的全流程管理②。突破了传统党建工作模式在时间上和空间上的限制，把分散的党建工作统合起来，将其中的各项壁垒尤其是信息壁垒彻底打通，为高质量党建信息的收集和处理提供有利条件③。

其次，推动农村基层党建更加规范化。习近平总书记在党的十九大报告中指出："党的基层组织是确保党的路线方针政策和决策部署贯彻落实的基础。"基层党建工作规范化建设是确保基层党组织与党中央保持一致的关键。然而在具体的传达和执行中，还存在对部分文件、意见、精神等因种种原因出现理解性偏差，产生实际结果和预期目标相异的情况，还可能出现工作纰漏。智慧党建平台为规范基层党建工作机制、统一不同层级间文件和会议精

---

① 中共中央文献研究室. 十七大以来重要文献选编（下）[M]. 北京：中央文献出版社，2013.
② 李楠. 新时代推进基层党建智慧化的路径探究 [J]. 岭南学刊，2021（6）：72-78.
③ 王占良. 推动党建工作从信息化向智慧化转型 [J]. 人民论坛，2018（25）：106-107.

神提供了可靠保障，并将各项党建工作的流程严格地管理起来，全面、系统、准确的引导党建工作规范化、体系化进行。在这个过程中，提升了基层党员干部和党员群众政治素养，增强党员群众对党的认同感，提升凝聚力，增强基层党组织的政治领导力。

最后，强化乡村网络意识形态建设。智慧党建平台化解了传统传播形式下，党的思想不能及时、全面传递到人民群众之中的困境，采用线上线下交互作用的模式，采用人民群众喜闻乐见的话语方式，传递党的先进理论，促进群众对马克思主义意识形态的认同，筑牢网络意识形态阵地的根基。智慧党建高效地将党员、群众组织起来，通过党员带头的先锋作用，不断开展党的线上理论课，在网络平台上不断宣传党的理论，不断传递马克思主义科学思想。

二、党员教育网络化提升思想引领力

实现中国特色社会主义现代化建设的各项目标任务，关键在党，关键在人。关键在党，就要确保党在发展中国特色社会主义历史进程中始终成为坚强领导核心；关键在人，就要建立一支庞大的高素质干部队伍。开展干部教育培训，要重视加强基层党建，在培训方式方法上，强调充分运用现代信息技术，开展网络培训，提升党员教育工作水平，进一步降低培训成本，提高工作效率，扩大覆盖面，增强党员教育的实用性、针对性和互动性。借助数字技术，党员教育学习实现零距离，更加多样的学习教育方式使党员干部不断加强自身思想建设，夯实马克思主义信仰。

一是党员学习实现零距离，思想建设成日常。党员教育网络化充分发挥了网络教育覆盖面广的优势，构建党建资源学习平台，全面整合远程教育站点，对接学习强国等官方学习平台，通过平台整合理论学习资料、党建资讯等数据资源，方便党员随时线上学习、接受教育。同时，党员教育网络化提升了党建工作实效。基层党组织统一安排党员线上学习，按时开展组织生活，形式更丰富，内容更全面，并实时更新。党建工作比以往更全面更深入，强化了党员教育效果。

二是党员教育模式创新，教育成效不断提升。党员教育网络化让党员教育活动和工作的开展向智慧化转变，党员、党务工作者通过智慧党建 App、公众号等可以随时随地处理党建工作，学习理论知识。广大党员可以突破时空限制，随时随地接受党的理论教育，上级会议精神通过网络能够及时传达给下级党组织，下级党组织通过平台及时反馈具体情况、问题。另外，网上党员教育课程的开设不仅节省了线下会议的场地成本，而且党员可以随时随地与党组织保持联系，强化了党员的归属感和党组织的凝聚力，有效解决了长期存在于农村基层党组织的组织弱化问题。

三、党建工作可视化提升群众组织力

基层党组织是联系服务群众的行动者，是宣传教育群众的实施者，是组织凝聚群众的实践者。作为引领和服务群众的第一线组织，基层党组织要不断加强自身建设，加强与群众的联系，真正将服务群众的功能落到实处。新时代带来新变化，数字技术为基层党组织高效响应群众诉求和精准服务群众需求提供了一个新平台，成为新时代基层党群工作开展的新阵地。

智慧党建平台的建设，使基层党建工作具有可视化、公开化的特点。农村基层党组织在开展工作时，通过文字和视频双重方式记录，一方面党员通过移动端或者 PC 端可以在线参加党组织生活，另一方面也使得基层党组织各项工作有据可查，上级党组织也可对基层党组织的工作进行线上监督。

一是为高效响应群众诉求提供了新平台。对于群众诉求的回应极大影响着人民群众对党的工作的满意度。各地基层党组织高度重视数字化发展背景下解决群众诉求的重大机遇，开辟"网上联系群众"的新路线，基层党组织和群众的双向沟通变得更加方便快捷。高效沟通拉近了党群关系，做到了人民群众有事必应，满意度大大提升，党组织的群众组织力得到强化。

二是为实现精准服务提供了更大的可能性。基层工作直接面对广大人民群众，如何在多元的群众利益中寻求最大公约数，真正为广大人民群众服务一直是基层党建工作的重点和难点，需要基层干部多方走访调研，投入极高的人力财力成本。智慧党建的出现为该难题的解决提供了新思路，线上信息传播打破了传统的信息传播方式，人民群众可以实时地将自己的建议和问题上传到平台，工作人员可以对这些建议、问题进行及时回应，实现民意反馈的不走偏。对于基层党组织而言，他们不仅可以做民意反馈的接收者，也可以主动做群众相关议题的建议者，通过平台把握群众动态，为决策提供依据。大数据、云计算等智能算法的加持，让基层党建工作为群众提供精准服务成为可能，着力解决群众生活的痛点难点，增强群众获得感、幸福感、安全感。

三是促使基层党组织强化自身建设，更好发挥党员先锋模范作用。一方面，党建工作可视化倒逼农村基层党组织高质量、规范化开展党建活动，群众在智慧党建平台上对基层党组织进行监督，使基层党组织有压力、有提升，加强党的作风建设，强化全面从严治党。另一方面，以可视的方式展示党的最新理论政策、党建最新资讯、基层党组织的工作目标，有利于党员干部坚定政治信仰、明确自身的责任与义务。党员身份可视化有利于促进广大党员争做服务人民的排头兵，更大程度激发党员服务人民群众的热情，更好发挥基层党组织的桥头堡作用，使党组织更具凝聚力、感召力，不断为党的建设汲取最广泛最可靠的力量源泉。

四、党建宣传多样化提升社会号召力

党的十九大报告指出，要将基层党组织建设成为宣传党的主张、贯彻党的决定、领导基层治理、团结动员群众、推动改革发展的坚强战斗堡垒。基层党组织作为直接联系人民群众的最小单元，具有打通服务人民群众"最后一公里"的重要作用。基层党组织常面临事务繁多、治理主体不明的难题，智慧党建可以有效推动党的路线方针政策贯彻落实，加强新阵地意识形态建设，大大增强了基层党组织的组织力。

首先，智慧党建平台利用互联网的即时共享性，有效打破传统党建宣传工作的时空限制，扩大了传播的范围，提升了政策理论传播的效率。可以在PC端设立党建网站，内含党员学习理论资源、最新党建资讯、相关文件下载等内容，同时链接到省市级党建网站学习更多内容；在移动端开发党建App，开设微信公众号，建立QQ群、钉钉群等，以图片文字相结合、视频讲解相结合等形式传播最新时政要闻，提高党员群众的学习兴趣。

其次，智慧党建平台以多样化的、人民群众喜闻乐见的方式进行宣传，使得人民群众更容易且更乐于理解和接受，从而推动党的路线方针政策深入人心。农村基层党组织依托智慧党建平台，根据不同的宣传内容及时调整宣传方式，对具有不同政治经验、不同文化教育水平的群众进行针对性的宣传，增强了党建宣传的效果，使党的政策理论更加深入人心。

最后，智慧党建平台在进行党的理论宣传和教育过程中，可以实现与人民群众的实时互动。智慧党建平台通过线上互动模式极大解决了信息不对称的问题，不仅及时回答了人民群众的思想困惑，也极大程度地集中了群众的意见、问题，让党建之"矢"更为精准地射向困惑之"的"。智慧党建平台在不断解决矛盾、问题的过程中，可以争取群众对各项决策部署的认可和支持，加强基层党组织和人民群众的血肉联系。

安徽省铜陵市：聚焦党员教育管理服务
打造"先锋在线"智慧党建平台①

一、背景介绍

近年来，安徽省铜陵市围绕党员教育管理服务全过程管理，自主研发建成"先锋在线"智慧党建平台，努力让党员教育更有"深度"、管理更有"精度"、服务更有"温度"。

二、主要做法

（一）立足党媒基因和融媒定位"建"

注重立足基础、纲举目张，让新技术"牵手"党的建设，把数据驱动的智慧党建平台搭起来。依据全国党员管理信息化工程技术设计标准规范，建成由"1＋2＋1"架构组成的"先锋在线"智慧党建平台，即一个门户网站、两个移动端和一个大数据管理平台。把户头建到全市各级党组织和所有党员，党员实名激活即可使用，平台下载订阅数超全市党员总数，实现全员覆盖。突出功能实用性、操作简便性、平台可扩展性、系统安全性，打造教育、管理、服务3条业务线和30多个功能点，具备多端口、跨屏幕、移动化等特性，支持随时随地开展党建工作。

（二）突出精准评价和精细研判"管"

围绕党员教育管理服务全生命周期，多次修订完善"立体量化"积分评价体系，以月、季度、半年、全年为周期设置"三会一课"等计划任务，及时提醒党组织和党员"何时做""做什么"。强化过程管控，实时公开积分状态和排名情况，党员在支部内排名，党组织和同级"兄弟"党组织排名，促进"同台竞技"，形成有效激励。通过大数据智能汇总和分析研判，实现活动开展情况走势图、党组织对比图、党组织和党员排名表等一键可查。线上发布"预警通知"、线下发布指导意见书，实现靶向监督、精准指导。对平台使用过程中产生的动态工作数据予以认可，减少不必要的检查、考核和纸质台账，真正为基层减负。

（三）围绕组织要求和党员需求"学"

注重内强外拓、有机融合，让平台真正成为广大党员补钙铸魂的精神

---

① 共产党员网. 安徽省铜陵市：聚焦党员教育管理服务　打造"先锋在线"智慧党建平台 [Z/OL]. (2022－02－12). https：//www. 12371. cn/2022/02/12/ARTI1644661614709268. shtml.

家园。智能化抓取，构建"中央厨房"式党员教育资源供给体系，聚合全国党报党刊党网和网络运营商等优质教育资源，智能抓取、一点发送、多端发布。对需要党员知晓的重点资讯优先推送、置顶显示，较好解决党员教育资源有效供给不足、吸引力不强等问题。激发党员教育"源头活水"，依托"先锋创作号"强大的自媒体创作功能，引导党员全员创作、主动发声，打造全市党员的朋友圈。同步出台激励办法，对参学标兵、优秀信息员定期进行通报。

（四）注重创新思维和系统思维"用"

突出综合施策、精准发力，更好满足基层党组织和党员多样化、个性化的服务需求。聚焦学习宣传贯彻习近平新时代中国特色社会主义思想，策划推出系列主题活动 80 余场次，有效吸引超百万人次参与。用好用活新形式新途径，创新上线"红色书城"线上红色图书馆，建成全景式党员教育红色地图"初心图谱"。及时优化完善线上学习交流、组织生活、组织关系转接、志愿服务等功能模块和业务流程，扩大应用场景，提高平台友好度和操作性。坚持守土有责、守土尽责，建立信息发布前置"预警"系统，开展应急处置演练，完成系统网络安全三级等级保护认证，坚决守好网络安全底线。

三、取得成效

2018 年全市共有 382 名党员通过平台网上转接组织关系，在线受理党务咨询 172 次，真正实现"党员少跑腿、信息多跑路"。形式活起来，用好用活新形式新途径。聚焦学习宣传贯彻党的十九大精神等重点工作，开展系列有声有色、喜闻乐见的教育宣传。策划推出"十九大精神百题万人答"、点亮"先锋在线"等系列活动，有效吸引 13.6 万余人次参与，超过全市党员总数。保障强起来。将平台的管理使用作为今年党建工作的一项重要任务，建立常态化督察机制，作为基层党建督查、调度、考核的重要内容，着力营造齐抓共管的工作格局。抓好各层级宣传培训应用工作，建立党员教育管理正向激励长效机制。对平台使用过程中产生的动态工作数据予以认可，减少不必要的检查、考核和纸质台账，真正减轻基层负担。

第三节 "三治"管理数字化
赋能乡村融合发展

党的十九大报告中提纲挈领地指出了乡村治理的具体方略，即构建"自治、法治、德治"有机统一的乡村治理体系。此后，乡村治理开启了现代化建设的新局面。2021 年，《中共中央 国务院关于加强基层治理体系和治理能力现代化建设的意见》进一步明确，基层治理是国家治理的基石，要用 5 年左右的时间，建立起党组织统一领导、政府依法履责、各类组织积极协同、群众广泛参与，自治、法治、德治相结合的基层治理体系。

自治、法治、德治作为农村基层治理体系建构的重要遵循，共同作用于农村治理场域，在很大程度上影响着农村治理的效能[①]。实现"三治"的共同作用，必须把握"三治"的合力，以"三治"的融合促进基层治理水平的提高，以数字化为契机促进"三治"的融合发展。借助大数据、物联网等数字化技术，搭建乡村治理的网上平台，构建线上线下的互动机制，完善"三治"融合的有效路径，推动乡村治理现代化。

一、网上自治管理保障村民共建共享

村民自治制度是我国基层群众自治制度的主要内容。通过民主选举、民主决策、民主管理和民主监督可以发挥村民推动经济社会全面发展的积极性，从而促进农村各项事业的发展。但是，近年来随着经济社会的不断发展，乡村再也不是一成不变的乡村，而是在"不断急速提升的城市化（城镇化）大潮冲击下的'变动不居的乡村'。"[②]

由于乡村原有的社会结构被瓦解，村民自治制度面临新的形势和挑战。主要表现在农村人口频繁流出，选举组织工作面临新挑战；村民委员会偏离了群众性自治组织的属性，行政化趋势明显；村民公共意识淡薄，参与公共事务冷漠；村委干部能力弱化，腐败现象滋生。如何探索新形势下村民自治的有效形式，激发农村社会的内生动力是当前破解乡村发展难题，全面推进乡村振兴的重要问题，数字技术为其提供了新思路。村民是乡村治理的主体，只有有效激发村民作为乡村治理"主人翁"的意识，乡村治理才能行得稳、走得远。通过各种信息化平台，进一步畅通群众利益诉求表达渠道，拓宽村务、财务、福利等公开信息知情渠道，打破信息阻隔和壁垒，为村民参与乡村治理提供便捷有效的平台。

一是村务财务网上公开透明有利于规范村"两委"工作作风。随着国家对农业农村发展的重视和惠农政策的落实，大量国家财政资金和社会资金注

① 李小红，段雪辉．农村自治、法治、德治"三治融合"路径探析［J］．理论探讨，2022 (1)：70-76.

② 周少来．乡村治理：制度性纠结何在？［J］．人民论坛，2019 (3)：51-53.

入乡村，村干部权力呈现出"含金量"增加的趋势。但是由于个体素质水平、社会结构转型等因素，加之村集体财务信息缺少监管，导致村干部贪污腐败现象屡见不鲜，由此造成国家财政资金、社会资金落实不到位，损害村民利益，还在一定程度上抹黑了政府形象、打消了社会力量支持农村建设的意愿和信心。因而，推动"互联网＋村务管理"数字化平台的建设，让村财务、惠民补贴、社情民意等"敏感"信息得到彻底、及时和全面的公开，加强村民对于村"两委"的监督，倒逼村"两委"抓好抓实村务管理的主体责任，不断推进党风政风廉政建设，凝聚农村基层治理的强大合力。村务财务网上公开一方面便于通过管理平台数据监督村干部在村集体财务管理、村级事务处理等方面是否合法、合理，不用奔赴现场调查取证。另一方面，网络平台具有的储存功能，可以保留一段时间内的行为痕迹，便于后续对相关行为进行追责。

二是"互联网＋村民自治"有助于缓解村民自治主体缺位现象。近年来，在城镇化进程加快和农业效益相对较低的双重影响下，大量农村人口常年外出务工、经商，我国农村人口特别是青壮年大量流出，农村呈现出治理主体缺位和治理人才不足的问题。如何保障流出村民的治理权利一直是难点。以信息技术为基础建立的超越地域限制的村民自治平台为缓解村民自治主体缺位现象、保障农村流动人口治理权发挥了重要作用。一方面，处于流动中的村民在自治平台表达自身观点，利用空闲时间参与各类乡村公共事务，实现跨国界、跨地区互动，可避免因信息不对称出现权利被无情剥夺的现象，维护村民主人翁地位。另一方面，直接通过自治平台有效地获得与乡村治理相关的信息，避免信息因二次传递受到诸多因素影响后失真，继而影响村民参与质量。

> **案例**
>
> ### 湖南省娄底市涟源市：
> ### 互联网＋村级小微权力监督　提升乡村治理能力和水平①
>
> #### 一、背景介绍
>
> 涟源市，隶属于湖南省娄底市，总面积 1 830 平方公里，总人口 114万人，辖 17 个乡（镇）、3 个街道和 1 个高新区。针对村务管理乱象丛生、

---

① 中华人民共和国农业农村部. 农业农村部　国家乡村振兴局关于在乡村治理中推广运用清单制有关工作的通知［Z/OL］. (2021 - 11 - 16). http：//www. moa. gov. cn/govpublic/NCJJTZ/202111/t20211116 _ 6382236. htm.

村级腐败易发多发、信访举报居高不下等突出问题，涟源市于2017年3月在3个乡镇11个村启动"互联网＋村级小微权力监督"工作试点，于7月在全市推开，于11月在娄底市全域实施。实施"互联网＋村级小微权力监督"以后，村干部规矩意识明显增强，农村信访矛盾明显减少，群众满意度明显提高，乡村治理水平得到显著提升。

二、主要做法

（一）一张清单，厘清权力边界

对村级权力事项进行全面梳理、归纳、审核，将与群众生产生活密切相关、有法律法规和政策制度支撑的28项内容分类建立权力清单。其中包括村级工程项目建设、集体资产资源处置、物资和服务采购等重大决策类10项，村务、财务公开以及村级组织印章管理等日常管理类3项，贫困户建档立卡、易地扶贫搬迁、危房改造、户口办理等便民服务类15项。在此基础上，本着依法依规、于事简便、便民利民的原则，绘制权力运行流程图32幅，对每一项权力都明确政策依据、执行和监督主体、程序步骤等内容，做到有据可依、有图可循。权力清单和流程图根据实际情况适时动态调整，同时各乡（镇、街道）也可因地制宜增设"特色清单"。

（二）两套机制，扎紧权力笼子

建立村级小微权力风险防控机制，构建了一套制度化、规范化、透明化、系统化的村级权力运行体系。一是围绕权力清单，建立健全权力运行的制约机制。建立健全"四议两公开"、村级工程建设项目管理、村级集体资产资源处置、村财民理乡镇监管、村民议事会管理等配套制度，保证每一项权力始终在制度的框架下运行。比如，建立了村级工程项目由乡镇纪委、农经、财政、规划4部门和工程项目行业主管部门"4＋X"联合监管制度，村级工程项目造价和集体资产资源底价评审制度，以及村级重大事项由村民（代）会议年度决议或授权村民议事会议年中决议的议事制度，有效解决了村级工程项目建设监管不严、造价不合理和村级议事效率低、成本高等问题。二是围绕工作落实，建立健全推动工作的保障机制。建立平台运行管理、数据信息采集上传、工作日常考核、责任追究等制度，对各级各部门的工作职责、工作要求做出明确具体的规定。建立县乡纪检监察一体化工作机制，通过实地察访、抽查检查等方式，聚焦村级工程建设项目、大额资金支出、资产资源处置等群众关心事项开展精准监督，推动工作落地落实。

（三）三个平台，推动权力公开

打造"一网一微一栏"线上线下相结合的公开平台。"一网"即"互联网＋监督"平台。在省"互联网＋监督"平台建设"小微权力"子平台，设立"权力清单""工程项目""办事结果""资产资源"4个版块。对公开内容做到"应公开尽公开、能公开尽公开"。在权力清单版块，公开清单事项和流程图、法律依据、政策文件；在工程项目和资产资源版块，实行全过程全要素公开；在办事结果版块，公开与群众密切相关的7类事项。目前累计公开工程项目4 520个、资产资源2 948条、办事结果110万余条。农民群众只需在电脑、手机或终端查询机上轻轻一点，就能随时随地查询和监督村级每一笔财务收支、每一项权力运行、每一个工程项目、每一个办事结果。"一微"即村务监督微信群。按照"一村至少一群、一户至少一人"的原则，在全市建立监督服务微信群，33.52万人入群。建立"市负总责、乡镇负主责、村抓落实"的上下联动工作机制，对微信群进行统一管理，及时收集群众反映的问题并分流、督办。截至目前，通过微信群发布"三资"信息1 735件次，收集群众诉求3 806件，回复处理3 801件，办结率99%。"一栏"即村务公开栏。全市504个村（社区）按"标准统一、样式统一、内容统一、要求统一"的要求，建设规范化公开栏，严格按照村务公开目录按时公开，内容与线上平台相互印证、无缝对接。

（四）四项保障，确保长效运行

一是组织领导到位。按照"党委统一领导、政府统筹协调、纪委监督推动、部门分工负责、镇村具体落实"的工作机制，市级成立由市委副书记为组长的领导小组，领导小组办公室设在市纪委监委。各乡镇成立由党委（党工委）书记任组长的领导小组。各相关市直部门明确一名班子成员具体分管。二是力量保障到位。市纪委设立小微权力和监督服务微信群办公室，各乡（镇、街道）和相关市直部门成立专门机构、明确人员负责。三是经费支持到位。将工作专项经费纳入财政预算，市财政每年增加财政预算900余万元，用于解决村级公务"零接待"制度实施后乡（镇）财政增加的开支；对504个村（社区）按每年平均1万元的标准增加村级运转经费，用于弥补村级"四议两公开"产生的费用和村务监督委员会成员报酬等。四是责任压实到位。将该项工作纳入市纪委监委日常监督重要内容，建立"四个一"工作机制，对线上监测、现场暗访、审核发现的问题及时交办督办，并根据考核办法严格考评计分，对履职不到位、工作效果差的单位和个人严肃追责。

三、取得成效

自"互联网＋村级小微权力监督"工作推行以来，通过依法确权、有效晒权、规范用权、严格督权，促进村级小微权力在阳光下运行，推进乡村治理能力和治理水平不断提升。一是村干部用权由"任性"变"规矩"，农村基层政治生态得到净化。2020年村"两委"换届期间共收到反映村干部问题的信访举报51件，相比2017年村"两委"换届时的198件，减少了74.24%。二是村务决策由"独角戏"变"大合唱"，村民自治能力得到增强。群众通过"四议两公开"充分参与村级议事、决策、管理、监督，村民在乡村治理中的主体地位得到真正体现。三是村级事务由"无序"变"有序"，乡村治理法治化水平得到提升。通过建立权力清单和一系列配套制度，每一项权力行使都有法可依、有章可循，依法治村运行体系不断完善。四是村级集体资产由"闲置"变"活水"，夯实了乡村振兴的经济基础。通过加强对村级集体资产资源的管理和公开公示，使集体资产资源处置的程序更加规范、透明。

二 数字法治乡村化解社会矛盾纠纷

法治是乡村治理与乡村振兴的保障。《中共中央　国务院关于实施乡村振兴战略的意见》和《乡村振兴战略规划（2018—2022年)》明确提出建设法治乡村的重大任务。中共中央办公厅、国务院办公厅发布的《关于加强和改进乡村治理的指导意见》对法治乡村建设提出了明确要求。中央全面依法治国委员会发布的《关于加强法治乡村建设的意见》提出要走出一条符合中国国情、体现新时代特征的中国特色社会主义法治乡村之路。"提升乡村治理的法治水平、推进乡村法治建设是构建稳定和谐乡村社会秩序的重要基础，是健全乡村治理体系的主要内容，是乡村社会走向良法善治的关键。"[1]

随着社会发展变迁，特别是市场经济改革在农村社会的不断深入和完善，农村的生活方式、生产方式、经济利益分配方式、利益需求都发生了广泛的变化。新的社会关系逐渐取代传统封闭的社会关系，人民群众的需求呈现出

---

[1] 高其才，张华. 乡村法治建设的两元进路及其融合 [J]. 清华法学，2022，16（6）：42-63.

多层次、多样化特征，由此也带来"新旧管理体制之间的碰撞、现代文化对传统社会风俗习惯的冲击、发展不平衡不充分等使得利益摩擦较之传统农村社会更为频繁，农村各类矛盾纠纷日益呈现出多样化和复杂化的特征。"① 目前，乡村地区的社会矛盾纠纷治理体制和机制尚不健全，各方面事宜的规定、处置还不成熟，法治思维和法治方式尚未完全融入，以致当前乡村治理体系的效力还不能充分发挥。

一是在线法律服务助力群众法律服务便捷高效。利用大数据、云计算等现代信息技术，可以整合律师、公证、司法鉴定、法律援助、仲裁、人民调解等法律服务资源，设立公共法律服务平台。通过"定时＋预约"的形式，借助律师便民联系卡、法律顾问服务群、移动终端等手段，实现法治宣传、法律服务、法律事务办理"掌上学""掌上问""掌上办"，为农村居民提供更加便捷、专业、全面法律援助、司法仲裁、调解等法律服务，有效弥补农村法律资源欠缺等"法治短板"，满足人民群众全区域全天候的法律服务咨询需求。

二是网络普法宣传教育使法治理念深入人心。建设中国特色社会主义法治社会，形成全民知法、守法、用法的社会氛围，需要加强普法宣传教育，特别是针对法治观念相对滞后的乡村。要统筹农村网络普法宣传教育工作，发挥媒体平台的流量和数据优势，开展农村普法宣传员队伍建设、民主法治示范村（社区）建设和普法宣传等活动。此外，依托县级融媒体中心征集和制作贴近农民生产生活实践的本地网络普法宣传节目以及法律知识有奖问答等线上线下互动栏目，在农村居民常用的网络渠道投放和推广，使法律知识入万家，法治理念入人心。

三是治安综合治理信息化推进乡村平安和谐。社会治安综合治理信息化建设是在新形势下不断推进国家治理体系和治理能力现代化的必然要求，是整合社会治理资源，创新社会治理方式，提升动态化、信息化条件下驾驭社会治安局势能力和平安建设现代水平的基础工程。社会治安综合治理信息化是综合运用数据挖掘、人像比对、智能预警、地理信息系统等新一代信息技术建设综治信息化管理平台，面向治安综合治理重点人群和重点事件，开展打击、防范、教育、管理、建设、改造等工作。包括整合基础地理信息数据以及综治信息资源，将人口、房屋、社区、企事业单位等业务信息与地图相关联，形成综治信息资源"一张图"。乡村应该根据自身业务需求，按需开发专用业务应

---

① 陈荣卓，刘亚楠. 新时代农村社区矛盾纠纷有效治理机制建设研究［J］. 理论月刊，2019（11）：135－141.

用，依托乡村现有平台开展综合治理工作，与网格化乡村治理系统协同管理，提高村庄治安综治水平，筑牢乡村"平安网"，推进乡村和谐稳定。

案例

【蝶变·共富·曙色】奏响数字赋能三部曲，竞跑法治乡村新征程①

全面推进依法治国，基础在基层，工作重点也在基层。近年来，我们坚持以习近平新时代中国特色社会主义思想为指导，沿着习近平总书记开创的法治浙江建设道路砥砺前行，坚持把"民主法治村（社区）"建设作为法治浙江建设的重要载体，不断健全党建统领自治、法治、德治、智治"四治"融合的城乡基层治理体系，大力提升基层社会治理法治化水平，一幅以法治底色描绘的乡村振兴秀美画卷正徐徐展开。

在《宁波市法治乡村建设促进条例》实施一周年之际，海曙区普法办将持续推出"法治乡村巡礼"系列，与读者一同回顾海曙法治乡村建设的丰硕成果。

近年来，海曙区洞桥镇持续推进数字化赋能乡村治理，通过线上合法性审查、云调解、云普法等建设法治乡村，有效提高乡村治理能力现代化水平。

一、线上合法性审查　弹好源头治理"前奏曲"

洞桥镇于 2020 年创新启用线上合法性审查，依托钉钉 App，开设"合法性审查钉钉线上模块"，将合法性审查全过程、全方位搬上网，实现"业务科室申请—党政办备案—顾问律师初审—司法所终审"全套流程指尖办理。

（一）繁简分流，提升审查效率

以繁易程度与风险等级为划分标准，对占比 90% 审查量的行政合同实施两套审查流程，其中重大、疑难复杂涉法事项仍沿用"律师初审、司法所终审"程序，常用合同、低风险合同则由司法所独立审查，进一步提升审批效率。同时，司法所统一制作各类常用合同模板，上传添加至审查目录，提升合同规范性。

---

① 宁波市海曙区人民政府网. 蝶变·共富·曙色——奏响数字赋能三部曲，竞跑法治乡村新征程 [Z/OL]. (2022 - 04 - 29). http://www. haishu. gov. cn/art/2022/4/29/art _ 1229116290 _ 5896 1964. html.

（二）末端设卡，实现应审尽审

为规避"有件不报审"情况，增加"用印审批"模块，凡签订合同、签发文件、作出决定等行政行为，必须通过合法性审查后方可加盖政府公章，从而确保用章规范、合同无一漏审。

（三）闭环管控，保障审查效力

根据发起人、备案人、审查人不同身份角色，赋予不同权限、区分操作界面，系统自动流转实现审查各环节分配到人，免去线下跑办，有效缩短审查时长；嵌入电子签章板块，各流程操作人均须加盖电子签章，保证审查效力；借力数据分析，实现"网上交办、线上审查、在线反馈、全程留痕、全面精进"闭环管控。

2020年以来开展合法性审查958起，有效助推"双下降"工作。该项工作在全市合法性审查工作推进会上作为先进典型作交流发言，经验总结报告《直面问题探索合法性审查"洞桥解法"》刊登于《人民调解》，并作为数字化改革的地方经验在"浙里改"微信公众号《竞跑者》栏目收录推广。

二、助农云普法　弹好民主法治"协奏曲"

洞桥镇创新普法宣传形式，致力营造浓郁法治氛围。依托抖音、B站等拥有庞大受众群体的直播平台，发布"乡音普法""一分钟普法""以案释法""普法小剧场"等趣味普法视频。

（一）线上学法

组织"法治带头人""法律明白人"线上学法，着力打造农村群众身边基层法治人才队伍，运用法治思维、法治方法解决基层问题，让法治融入群众生活日常，通过说事拉理化解矛盾纠纷，改变群众信访不信法的观念，提升为民服务、为民普法的能力，为建设法治乡村、法治洞桥奠定坚实的基础。

（二）送法入企

创建"在商言法"普法品牌，通过法律讲座、法治体检、圆桌沙龙等形式扎实开展"法雨春风"系列活动，不断满足企业多元化法律需求，打造优良法治营商环境。

（三）普法入校

开创"童言法语"系列栏目，以校园法治嘉年华为主线，创作保温杯、书包等一批印有洞桥普法吉祥物"小獬豸"的法治文创作品，为中小学生群体量身定制普法活动，帮助青少年树立尊法、守法、学法、用法观念。

至今已创作并上传"8岁女童打赏主播8万元陈杰云调解室巧化解""宁波雪人保安""童言说防疫"等接地气、群众喜闻乐见的普法短视频39则，播放量已达15万。

三、云调解　弹好矛盾化解"终结曲"

2019年以来，全方位支持司法所成立陈杰·云调解品牌工作室，探索"线上线下同化解、行业属地相衔接、组织机构齐服务"的云调解模式。

（一）建强云调解队伍

由专职人民调解员陈杰牵头，联合"法治带头人"，"新乡贤"草根讲师团等力量，组成7人核心团队，并聘请专兼职人民调解员21人，律师和基层法律服务工作者10人，整合村（居）法律顾问力量，打造一支素质过硬的调解队伍。

（二）完善云调解流程

依托"云调解室"微信号、"浙里调"小程序、ODR平台、移动微法院形成"预约—咨询—调解—司法确认"一条龙服务，以语音、视频通话等非接触方式，提供"指尖上""一站式"的纠纷受理和法律咨询，并进行线上视频互动、证据展示、资料共享，整个过程全程录音录像，同时在线签署调解协议书，真正实现矛盾纠纷调解"跑零次"。

（三）提升云调解效力

采取分类处理方式，即简单案件"线上申请＋线上处理"、疑难复杂案件"线上申请＋线下处理"，调解协议签订当日即可申请法院司法确认，确认后可作为强制执行的依据，做到简案处理快、繁案解决清。建立与派出所、基层法庭、信访中心等部门的警调、诉调、访调对接机制，通过微信工作群实现信息实时共享，确保矛盾纠纷"早发现、早报告、早控制、早解决"。

截至目前，工作室矛盾纠纷调处成功率达到100%，共调解案件429起，累计调解金额1 000余万元，共有730余位当事人在线寻求帮助，基本实现矛盾纠纷"跑零次"。

三、乡村德治数字化助力文明新风尚

在乡村治理体系中，德治发挥着举足轻重的"补位"作用，成为自治的重要依托和法治的重要补充。"作为治国理政的重要手段，德治仰赖柔性的民间道德观念的规范塑造民众的高尚品格、约束民众的行为活动，通过提升村民道德素养，培育乡村文明风尚，维护乡村稳定秩序，形成了对自治和法治的有益补充，因而也在多元共治的乡村治理体系中占据着极其重要的地位。"①

乡村是中国传统道德文化的重要载体。但在现代化进程中，一方面乡村文化的流失使得优秀传统道德的约束作用日渐式微，另一方面，社会主义核心价值观的宣教远远滞后于新时代乡村的建设发展，因此造成乡村道德教化作用衰落的困境。此时，创新转化乡村德治内容，加强乡村道德文化建设，重构乡村的道德体系成为当前德治建设的重中之重。

数字技术的应用为乡村道德体系的重构提供了新途径。乡村是个熟人社会，治理乡村中存在的问题不能光靠政策引导和立法支持，更重要的是发挥社会公德、人性良知、宗族族训等社会文化的力量。地方政府和村"两委"可以利用数字技术对村规民约进行有效传播，利用数字化的方式使宗祠族训、优良传统、社会主义核心价值观等潜移默化地影响全体乡民，帮助乡村建立良好的乡村文明风貌，助力乡村和谐发展，建设美丽乡村。

---

① 燕连福，杨心怡. 新时代乡村治理体系中的德治建设［J］. 中国领导科学，2022（5）：56－64.

第七章

数字赋能为乡村生活富裕构筑新图景

乡村振兴，生活富裕是根本出发点和落脚点。农民在生活富裕方面的现状和期待反映了他们当前的生活水平和基本需要，也在一定程度上影响他们参与环境改造、文化传承、乡村治理等方面的态度和行为。因此，要着力解决农民群众最为关心、最为迫切的现实利益问题，不断满足其日益增长的美好生活需要，不断增强农民的获得感、安全感、幸福感。但是，乡村地区受教育资源有限、医疗资源短缺、养老资源贫乏等现实瓶颈的制约，实现生活富裕的内生力量和外在保障仍显不足。

第一节 "互联网＋"促进 乡村教育效能提升

改革开放以来，我国大力推动教育事业的发展，取得了历史性的成就，总体达到世界领先水平。2019 年，中共中央、国务院共同发布了《中国教育现代化 2035》，其中明确提出推进我国教育事业现代化的总体目标，即"到 2035 年，总体实现教育现代化，迈入教育强国行列，推动我国成为学习大国、人力资源强国和人才强国，为到本世纪中叶建成富强民主文明和谐美丽的社会主义现代化强国奠定坚实基础。"现代化建设最艰巨繁重的任务依旧在农村，实现教育现代化要格外关注乡村教育现代化。

教育是打破乡村代际性贫困的主要途径，乡村教育的现代化要充分利用数字技术的积极作用。党和国家也高度重视数字技术在助力乡村教育中的作用，一方面强调课程教学的"互联网＋"，《乡村振兴战略规划（2018—2022年）》明确指出，新时代乡村教育要积极适应"互联网＋"模式，利用先进的教育技术丰富课堂教育以及课后业余教育，补足乡村教育的短板，发展乡村教育新模式；另一方面强调教师数字素养的提升，在《乡村教师支持计划（2015—2020）》中提出要重视乡村教师队伍建设，为乡村教育现代化提供师资保障。

数字赋能乡村教育是利用大数据、互联网等数字技术即时传输、信息共享等特点和优势，推进宽带网络覆盖乡村学校，实施教育网络提速扩容工程，推动多媒体教学平台、移动学习终端等交互式教学设备的使用，提升乡村中小学网络教育硬件水平和数字教育资源质量。并且，以"互联网＋"的教学方式提升乡村教师的信息化技能，不断促进乡村教师专业素质的补齐和教学水平的提高。在数字技术的助力下，乡村教育的教学形式、课程设置、教师素质可以得到全面提高，育人水平和育人能力能够得到长足发展，从而有力提升实现乡村生活富裕的内生力量。

近年来，数字赋能乡村教育呈现出多平台、多媒介、多合作的多维延展性的特点。乡村教育不再仅仅局限于当堂面对面讲授教材，各种丰富多样的教育资源平台为学生提供了更多的学习资源，学校结合老师传统讲课内容和学生的需要可以进行不同选择。另外，诸如乡村青年教师社会支持公益计划（简称"青椒计划"）类型的平台为乡村教师提供了丰富的优质学习资源。为缩小城乡教育的差距，网课、录课、直播课等都走进了乡村教育的视野，政府支持、校企合作、多方帮扶等教育模式也一直在尝试进行中。

一是推动乡村学校数字化转型。加快实施学校互联网攻坚行动计划，推进实施教育宽带网络提速扩容工程，提升乡村中小学"宽带网络校校通"水平和质量，实现乡村小规模学校和乡镇寄宿制学校宽带网络全覆盖，实现学校接入宽带不低于 100Mbps。推进智慧校园建设，实现优质数字教育资源"班班通"，推动多媒体教学平台、移动学习终端等交互式多媒体教学设备和优质数字教育资源进班级。推动城乡义务教育优质均衡发展，实现"互联网＋义务教育"城乡学校结对帮扶全覆盖，推行新时代城乡教育共同体。

二是健全线上课堂的联动机制。"互联网＋"乡村教育的开展和教学平台的开发改变了传统课堂面对面授课、实体教材讲授的教学形式，通过线上课堂和线下课堂的有机结合，丰富了课程讲授形式。数字技术的发展为学校、教育培训机构、相关企业、公益组织共同建设城乡共享课堂提供条件支撑，通过互联网将城市优质教育教学课程资源以"双师教学"、视频点播、网络直播等多种方式与乡村对接，实现城乡学校教育课程的同步共享和动态互动。此外，根据乡村学生实际情况、个性化发展需求等，开发具有兴趣性、科普性和实用性的特色教育课程，丰富课程内容。教育部门应着力建设农村学校"三个课堂"基础环境，依托上级"三个课堂"管理平台，建立县级管理平台并对"三个课堂"应用效果开展动态监测，组织开展优质资源专递专送，指导农村学校根据实际情况选择多种开课方式，推进"三个课堂"深入应用。

三是数字化培训乡村教师队伍。"互联网＋"乡村教育不但会潜移默化地转变乡村老师传统的教学思维，而且给教师提供更多的学习机会，强化了教师的信息素养。乡村教师通过观摩线上教师的教学过程、学习教学方法，自身的教育理念、信息素养和教学方法等可得到较大幅度的提升。因此，应建立教师教育在线培训平台，扎实开展教师学历提升和培训工作，推动城市优秀教师与乡村教师通过网络研修、集体备课、研课交流定向帮扶提升，也可引导乡村教师主动利用网络学习空间、教师工作坊、研修社区等线上资源提高信息技术应用能力。教育部门对乡村学校教师信息技术应用能力提升工作进行过程督导和质量评估，并将评估结果纳入学校综合考评。科学调配教育资源，科学推进中小学教师"县管校聘"管理改革工作，大力引进急需紧缺学科人才，达到科学调配、对症下药。

案例

"农村娃"也能玩转人工智能：
农村小学人工智能教育的"青小路径"①

一、背景介绍

青云小学是坐落于江苏省最南端的农村小学，在班级只有三轨、硬件条件简陋的情况下，却一直坚持在做人工智能教育。青云小学进行了系统的人工智能教育实践，取得了良好的教育效果。人工智能教育已然成了促进青云小学课程变革的核心力量，推动学校整体教学改革向纵深发展，形成了具有特色的农村小学人工智能教育"青小路径"。

二、主要做法

（一）构建"1＋2＋N"课程体系，践行关注学生个性成长培养模式

学校采用"1＋2＋N"的课程模式来推进学校的人工智能教育。"1"是指信息技术学科课程，指在常规课堂开展的人工智能必修课程；"2"是指第二课堂的思维课程与实践课程，主要面向选修课程的学生，是以培养学生编程思维、计算思维为目的的课程，包括图形化编程、PYTHON 与C＋＋课程入门；实践课程是指以注重智能硬软件相结合，动手实践创作智能作品的课程。"N"是指将人工智能教育融入学校现有所有学科。必修

---

① 互联网教育国家工程实验室."农村娃"也能玩转人工智能：农村小学人工智能教育的"青小路径"［Z/OL］.（2022—12—15）. https：//mp. weixin. qq. com/s/Co6hFAmyWtyWFEQ－SPbEpQ.

课程和拓展课程互相联系、互相补充，形成了既注重学生的共同发展又关注学生的个性发展的课程体系。为助力"双减"，学校还利用课后延时服务和双休日义务开展丰富多彩的人工智能社团活动，让活动走入更多孩子心中，让人工智能丰富并美丽孩子的童年。

（二）因地制宜开发与利用人工智能实验教学资源

1.把握教材资源，借助平台，以微项目方式构建人工智能学习活动

为更好地实践人工智能中涉及的体验、验证与实现、应用部署等不同任务的实验教学，尝试从设计微项目入手，利用人工智能开放平台资源，破解人工智能实验教学的困境。基于人工智能编程软件和开放平台，如"HAPPyCoding"、"慧编程"、"Mind＋"、腾讯 AI、百度 AI 人工智能开放平台等，教师可以以情境为依托，利用项目教学法构建学生感兴趣的微项目。

2.把握学生资源，于主动建构中设计人工智能实验

（1）抓住学生兴趣点。在选择和设计人工智能实验的时候，紧紧抓住学生的兴趣点，引发学生的创作动机。如疫情防控期间利用智能技术设计一种"用于安全距离排队的人工智能装置"，通过讨论、规划、设计，孩子们给出采用人脸识别和舵机栏杆相结合的方式实现智能"物理一米线"。通过多轮模拟实验和测试，测试此人工智能装置应用在正常生活中排队通行的效率。这样的教学，为学生创造了一个有趣、健康、互动的情境，激发了学生人工智能学习的兴趣，提升了学生创作和动手能力。

（2）结合生活需求。联系学生的日常生活使人工智能实验教学活动更好落地。如家长和学生对"戴头盔"的安全意识还比较薄弱，以解决这一实际生活安全问题为导向，将来源于实际生活需求的创意引入，借助学生已有的生活经验，设计和制作智能头盔，利用编程实现组建无线局域网，通过广播实现智能应用。在这一过程中，形成"源于生活—融合创作—用于生活"的课堂生态。

（三）建构了农村小学人工智能教育"项目驱动"学习模式

利用人工智能开放平台资源开展"项目驱动"学习活动新模式，有效破解人工智能学习活动开展的困境。"项目驱动"人工智能学习活动新模式主要让学生围绕着真实项目开展活动，包括了项目分析、设计解决方案、实现解决方案和项目反思等四大阶段。在具体的项目教学实施过程中，努力让学生沉浸在理解、设计和建造一个新系统的创造性过程中，驱动农村儿童的内在动力，让他们感受到成就感，如让学生们设计和开发脱离电脑

和网络运行的"一种用于帮助老年人科学服药的人工智能装置"。项目驱动的人工智能学习和实践，不仅培养了孩子们的计算思维，发展了核心素养，最重要的是让孩子们亲历设计与实现简单智能系统的基本过程与方法。

（四）设计跨学科项目，夯实核心素养

人工智能是一门综合类课程，有着非常强的吸纳能力，教师要善于从其他学科的课程中发现与人工智能教学有暗合因子的因素，进行跨学科的整合，使项目式教学资源最大化，最优化。如《声控机器人》这一课的教学，将人工智能实验与语文、数学、艺术学科做了有机融合，以学生喜爱的古诗词为切入点，将互动古诗词这一创意引入课堂，借助学生已有的古诗词和图形化编程的经验，以项目的方式开展多学科的整合教学，利用 AI 编程实现语音识别和智能应用。

三、取得成效

人工智能教育的全面开展为学校实现了凸显创新实践特色的农村小学人工智能教育新形态，为农村儿童带来了"后发优势"，在创新实践中将农村生活经验与新兴科技创新相融合，有效驱动了学生的认知内驱力，激发了各学科在实际应用中的知识需求，形成了强烈的学习动机，促进了高阶思维能力、核心素养和创新能力的有效提升和发展。

第二节　智慧医疗助力打通
城乡医疗资源壁垒

看病就医是人民群众的基本需求，提供医疗服务是医疗机构的基本职责。但是农村医疗服务水平远低于城市医疗服务水平，农村群众看病难、看病贵的问题普遍存在[1]。数字技术的发展为解决这一难题提供了新的途径。

随着互联网技术的不断成熟和数字技术的广泛应用，数字乡村建设不断深入并取得良好进展，为数字赋能乡村医疗健康提供了条件，国家"智慧医疗"建设逐步向农村地区转移。"互联网＋医疗健康"通过创建互通互联的医疗信息共享系统和医联体，为农村输送医疗资源，让农民群众享受更高质量、更加便捷的医疗卫生服务，缩小城乡之间的医疗资源差距。2017 年 8 月，江

---

[1]　陈敏. "互联网＋医疗健康"：打造智慧医疗服务新模式［J］. 中国党政干部论坛，2018（10）：30－33.

西省抚州市启动"智慧百乡千村"健康扶贫工程，在全国第一个建成村—乡—县—市四级医疗机构之间的三网合一、数字共享、远程就医和分级诊疗的智慧化医疗服务体系①。为当地居民提供慢病筛查、健康监护、远程医疗、健康档案、营养咨询等综合保障服务。安徽省旌德县于 2017 年率先引进全科医生助理机器人，实施智能分级诊疗，提高村医服务能力，解决乡村医生缺乏的难题②。2019 年，云南省首创的中钰雕龙县域智慧医疗医共体平台落地，通过"互联网＋医疗"模式，打通县—乡—村三级医疗资源信息壁垒，主要解决"看病难，看病贵"、健康数据统计等诸多问题，为贫困人口提供健康教育、疾病预防、慢病管理、分级诊疗、康复指导等全方位、全周期的医疗服务。除了上述智慧医疗服务之外，还有更多城市优质医疗资源向农村地区延伸，缩短城乡医疗资源差距，为乡村智慧医疗的系统设计、整合、发展积累了丰富的经验。

数字赋能乡村医疗健康是指利用互联网互通互联的优势，以数字技术为支撑，为农村医疗机构配备数字化设备、畅通农村医疗信息，实现农村医疗机构信息化，搭建全域健康信息平台，开展远程医疗，提高乡村医疗服务水平。

一是线上信息共享提升基层医疗机构服务能力。运用基础信息通信网络、信息化医疗设备等，打通省、县、村三级医疗机构的信息流通渠道，为实现远程医疗、分级诊疗等"互联网＋医疗健康"模式提供基础保障，有效地弥补乡村医疗条件的不足，打破传统医疗空间和时间的限制。

数字技术助力乡村医疗需要充分发挥乡镇卫生院的兜底功能，以信息化技术为支撑，为乡村居民提供优质有效的医疗服务。但当前我国大部分乡镇卫生院信息化建设相对落后的问题普遍存在。因此，要实施部分基层医疗卫生机构新建或改扩建工程，为具备条件的基层医疗机构配备主要的数字化诊疗设备，为村卫生室配备健康一体机，缩小城乡卫生资源配置差距，促进城乡基本公共卫生服务均等化；实施基层医疗卫生机构信息畅通工程，建立完善覆盖所有镇街卫生院和村卫生室的基层医疗卫生信息系统，支持乡镇和村级医疗机构提高信息化水平，推进乡村卫生院等机构的信息化建设，接入省级基层医疗卫生机构信息系统，实现与省医院和县医院的数据连通；以县级医院为龙头，鼓励联合辖区基层医疗机构建立"一体化"管理的县域医共体。

---

① 王红茹. 抚州市市长张鸿星：以智慧医疗破解"乡村看病难"［J］. 中国经济周刊，2018（14）：68 - 69.

② 杨良敏，孙超，马健瑞，张倪，张逸君. 人工智能赋能村医的"旌德模式"［J］. 中国发展观察，2018（Z2）：34 - 41.

二是县域健康信息平台全面覆盖乡村人口。深入推进村民电子健康档案、电子病历建设，将健康大数据平台与公共卫生信息平台进行整合，数据共享，实现线上疾病监测、传染病防控、慢病随访等，提供更精准的公共卫生服务。充分运用互联网优势，整合现有信息系统，建立线上线下信息一体化的智慧卫生院服务系统，构建涵盖医疗卫生、公共卫生、医院管理、卫生监督等在内的行业健康大数据库。

通过研发健康信息管理系统，扎实开展家庭医生签约服务，开发面向孤寡老人、留守老人、留守儿童、困境儿童、残障人群的定位服务和线上紧急服务应用，实现家庭医生签约服务动态化、可视化管理。普及健康生活方式，构建线上健康科普教育体系，手机端、PC端建立网络科普平台，提供健康知识科普、健康知识查询等便捷服务，提高村民自我健康管理意识和能力。

三是线上医疗促进乡村居民看病便捷化。借助数字技术的支撑，医院可以开发互联网智能终端服务，城市地区医疗机构可利用远程通信技术，为乡村居民提供远程专家会诊、辅助开药等医事服务，对基层医生提供远程指导与教学等服务，促进医疗便捷程度的进一步提升，改进和优化医疗服务流程，农村患者的就医体验和满意度显著提高。

依托县级医疗卫生单位开展远程医学教育培训、远程会诊中心、分级诊疗等服务，拓展人工智能医生助手和远程医疗服务在村卫生站应用范围。引导医疗机构发展远程医疗平台和互联网医院，向农村地区提供远程医疗、远程教学、远程培训等服务，加快实现农村居民基本医疗保险异地结算、社会保险关系网上转移接续。做好线上转诊，利用信息系统进行分流，引导患者就近就医、有序就医，节约患者就医时间，减少就诊环节，降低就医成本。

案例

郏县医疗健康服务业发展案例
——"互联网＋医疗健康"增进惠民济民①

一、背景介绍

近年来，加快发展健康产业正成为全面推进"健康中国"建设的重要内容。尤其是《"健康中国2030"规划纲要》把医疗健康提升到了国家战略层面，并提出"健康中国2020"和"健康中国2030"战略规划，专门出

---

① 河南省乡村振兴网. 郏县医疗健康服务业发展案例——"互联网＋医疗健康"增进惠民济民 [Z/OL].（2022－01－20）. https：//mp. weixin. qq. com/s/XBjDT0bkd12K1－UggdE5TA.

台文件鼓励"互联网+医疗健康"的发展模式。河南省郏县紧抓国家政策的良好机遇，以深化医药卫生体制改革为契机，紧紧围绕"以人民健康为中心"的理念，大力实施城乡卫生健康信息化工程，实现了"村头接诊、'云端'看病"，打通了看病就医"痛点"，打造出了模式更易复制、服务更真实、标准更明确的"互联网+医疗健康"郏县新模式，有效提升了居民生活品质。目前，郏县已构建上联省、市，覆盖乡、村的智能分级诊疗保障平台，形成以县级医院为龙头、乡镇卫生院为枢纽、村卫生室为基础的"互联网+医疗健康"发展模式，通过搭建智能平台、打造六大中心、串通公卫服务，下沉优质医疗资源，融合医卫防治结合，为人民群众构筑起一道牢固的健康防线。

二、主要做法

（一）搭建医疗健康信息互联互通平台

郏县通过"健康信息采集网"对县、乡、村三级医疗机构信息管理系统、电子病历系统、检验影像和病案管理系统升级改造，实现了县、乡、村三级医疗信息互联互通。在推广"居民健康卡"应用中，实现了居民身份识别，基础健康信息、诊疗信息等存储及调阅，跨地区和跨机构就医与结算。以贯通市、县、乡、村四级医疗机构的智能分级诊疗为平台，向上可连接全国3 200多家医院和130多万名医生，向下与乡镇卫生院和村卫生室相连，形成上下贯通的互联网医联体，将农村患者与县市医院的专家通过互联网连在一起，实现了基层医生与上级医疗机构专家共同诊疗，为群众提供体质辨识、中医健康指导等服务，打通了群众就医、问诊不便的"最后一公里"。同时，全县为各乡镇卫生院配置了集检查、化验、服务、宣传于一体的"健康云巡诊车"，配备全自动生化分析仪、B超、心电图机、健康一体机等基本医疗设备，定期入村为群众提供在线健康咨询管理服务。

（二）完善医疗健康服务配套

郏县在全县所有乡镇卫生院和村卫生室免费投放远程心电图机，建设远程心电诊断中心，诊断医师24小时值班，保证3分钟内将诊断结果反馈到乡镇，提高了诊断的准确率。一是通过构建区域影像中心，建立远程影像协作机制，帮助乡镇卫生院提升影像诊断能力，为患者救治争取时间，确保患者生命安全。在县级三家公立医院，郏县建立了远程视频会诊中心，为所有乡镇卫生院和村卫生室免费投放电脑、一体机、话筒、摄像头等设备，开展远程问诊、会诊、转诊，初步形成了上下联动、分级诊疗的协作模式。二是建立标准化实验室，实现县域内临床检验的集中供应，通过网络回传检验结果，提升乡镇卫生院检验诊断服务水平。三是建立消毒供应中心和后勤保障集约化服务平台，与县域内医疗机构签署消毒供应服务协议，既保证消毒质量，又降低了乡镇卫生院的运营成本。四是积极探索建立院前急救系统，以120急救指挥中心为核心，接到电话后进入救援状态，真正实现了一分钟内完成就近网络医院派车指令，医生护士司机立即出诊，实行现场抢救、远程视频指导、移动监护全面融合等院前急救工作，维护病人的生命安全，减少院前病人伤残率和死亡率。

（三）创新医疗健康服务模式

为扎实推进家庭医生签约服务，最大限度惠及人民群众，郏县开发出了家庭医生签约服务数据管控平台。平台详细记录医生为群众实施医疗卫生服务清单，群众和服务医师可通过手机 App 查询各自的服务项目和情况，实现了服务的公开透明，解决了签而不约、约而不实的问题，保证了签约服务效率和质量，提升了群众的满意度和签约积极性。2019 年，郏县选派 91 名县级医院专家融入家庭医生团队，人工与智能相匹配，做实签约服务，力求为贫困群众治好"病根"、拔除"穷根"。同时，全县利用"健康云巡诊车"服务，做到 7 大项 49 小项健康检测，各乡镇卫生院根据年初公共卫生服务计划安排，定期把车开到村头田间，让群众足不出村就能享受到一流的医疗卫生保健服务。对于行动不便的老年人、残疾人、贫困家庭等，家庭医生可带上健康一体机上门签约、上门服务。当天的居民健康体检信息、辅助检查、化验结果通过云端可适时上传至省基本公共卫生服务平台，实现居民健康档案信息与移动 App 客户端互动和行政管理一键同步。郏县通过创新"互联网＋医疗健康"全科智能辅助诊疗系统，输入超过 500 万份文献、1 000 万份病历的医疗卫生健康档案，档案覆盖 2 000 多个病种、5 000 多个症状，基层医生只要在这个系统中输入患者的基本症状、病史等，就能得到患者的初步诊断和治疗方法，提醒基层医生及时把疑似危重病人识别出来，为挽救病人生命争得宝贵时间。

三、取得成效

（一）推动分级诊疗有效落地

郏县"互联网＋医疗健康"模式的推行，夯实了"基层首诊、双向转诊、上下联动、急慢分治"的指导方针，打通了上转下接的医疗资源"通道"，实现了基层群众小病不出村、大病不出县，有效推动分级诊疗的落地。通过结合家庭医生签约服务，借助智能云巡诊车，定期为老年人、儿童、孕产妇等重点人群提供健康体检服务，大大提升了全县 65 岁以上老年人患者管理率。

（二）提升惠民济民和健康扶贫水平

"互联网＋医疗健康"模式的推行让郏县更多的农村群众通过视频就能与县级专家"面对面"就诊，在方便看病的同时还节省了交通、住宿、饮食等额外支出，切实减轻了经济负担。郏县还在健康扶贫中推出贫困户家庭医生"一对一"、公共卫生全覆盖等措施，把健康体检车开到了群众家门口，为贫困群众进行免费体检，有效遏制了因病致贫、因病返贫现象的发生。全县通过建立贫困群众看病就医"兜底救助六道保障线"，实现建档立卡贫困人口县内住院合规费用"零花费"、慢病门诊"全报销"、家庭医生一对一、公共卫生全覆盖。通过"互联网＋健康扶贫"，达到了精准目标识别、精准措施到位、精准跟踪服务、精准责任到人、精准成效评估、精准资金使用"六大精准"扶贫成效。

（三）促进医疗健康服务现代化

郏县通过建立临床检验中心、消毒供应中心等平台，避免了医疗卫生基础设施重复建设问题，实现了医疗资源经济效益和社会效益的最大化发挥。通过实施"基层检查、上级诊断"的医疗服务新模式，实现了区域资源共享、信息互联互通，减少了患者急诊等待时间，提升了现代医疗卫生服务水平。全县围绕分级诊疗制度建设，以县域医共体为抓手，依托互联网医院，建立上下联通的"健康枢纽"，推动优质资源向基层下沉。县域内就诊率达到 90%，基层医疗卫生机构诊疗人数占域内总诊疗人次的66.7%，门诊量、住院量较 2018 年同期增长了 5.3% 和 52%。

（四）增强基层医疗健康服务能力

郏县通过县级以上公立医院医务工作者对乡村基层医生的临床带教、业务指导，让基层医务工作者学到了先进的诊断技术和经验。同时，也使县级以上公立医院优质医疗资源得到充分发挥和应用，有效提升了基层医疗机构的服务水平，提升了基层服务能力。此外，通过"基层检查、上级诊断"的模式，大大提升了基层医疗卫生机构和医生的服务能力。2019 年全县已累计实现远程问诊 6 万余人次、远程会诊 1.7 万余人次，真正实现"让信息多跑路，让群众少跑腿"。

第三节　智慧养老提高乡村
老人生活质量

目前，我国已成为世界上老年人口最多的国家。据第七次人口普查数据显示，我国 60 岁及以上人口达 26 402 万人，65 岁及以上人口达 19 064 万人。60 岁及以上人口的比重上升 5.44 个百分点，65 岁及以上人口的比重上升 4.63 个百分点。随着人口老龄化加剧，我国政府高度重视医疗医保、民政养老信息化建设的发展，国务院及相关政府部门先后颁布了一系列鼓励、支持养老行业发展的政策，支持综合性养老服务机构建设，加强对养老服务机构的食品安全教育和日常管理，提高老年人的数字技能，让广大老年人更快更好地适应并融入智慧社会，增强老年人的获得感、幸福感、安全感，同时促进智慧养老行业的发展。

近年来，信息技术有力地推动了智慧养老服务发展。物联网、互联网、移动互联网技术、智能呼叫、云技术、GPS 定位技术等信息技术的发展推动了我国智慧养老服务模式的形成。以"系统＋服务＋老人＋终端"为基本模式，一方面实现养老机构管理效率的提升，另一方面形成了机构养老、居家养老、社区日间照料等多种养老形式，让老人在家就可以享受到专业、智能的服务。并且随着信息技术与智慧养老服务的不断融合发展，未来智慧养老平台将为老人提供更优质的养老服务，全方位满足老人在生活、健康、安全、娱乐等各方面的需求，助推智慧养老服务发展。

在广大的农村地区，空巢、独居、留守老人现象突出，养老服务水平、养老基础设施、养老制度保障等相较于城镇而言较为落后。利用智能穿戴设备、家居设备和呼叫设备等，可以为农村老人提供远程医疗、健康管理、随身监护、关爱视频等服务，将农村养老推向智能化，逐渐减轻传统养老模式负担，加快弥补农村养老短板。

一是完善农村智慧养老的政策保障。首先，要加强 5G 网络的推广、普及和应用，建立健全实现智慧养老服务的基本条件。其次，要根据地区发展水平和乡村发展特色制定相应的养老保障政策，扶持养老机构的发展，推动乡村养老事业的快速发展。同时，广泛吸引社会力量参与农村智慧养老服务体系建设，加强对养老机构的有效监管。最后，要用百姓听得懂的语言解读普惠政策，提升农村老年人对智慧养老的接纳度。

二是建立全面覆盖的养老服务信息数据库。构建集老年人照顾需求等级评估、老年人信息管理、居家养老信息管理、家庭养老床位管理、养老服务机构管理、呼叫中心管理、养老智能设备管理、养老从业人员培训管理等功能为一体的智慧养老服务综合信息平台，实现平台数据与政务、公安、医疗卫生、社保、金融、殡葬、救助等系统数据的互联互通，整合社会资源、政府资源、信息资源等各类养老服务资源，实现养老服务信息共建共享。

三是因地制宜探索智慧养老服务新模式。坚持"县级指导、镇街主导、村级主办，政府支持、社会参与、因地制宜"和"农村互助、邻里自助、社会共助"的原则，依托镇街养老服务中心、村级养老互助站等养老服务设施建成"村（居）委会＋居家养老服务＋医养结合服务＋社会志愿服务"的运行方式，探索开展"积分兑换"制度。加快智慧养老大数据云平台联网应用，积极发挥互联网在老人急救医疗服务、居家养老上门护理服务、康复辅具租赁等养老服务方面的重要作用。

> **案例**
>
>
>
> **裕安区"智慧养老"开启"老有所养"新模式**[①]
>
>
>
> **一、背景介绍**
>
> 养老保障，关系民生，情牵百姓。随着老龄化的不断加剧，如何更好地保障老年人的晚年生活，实现更高质量的"老有所养"，成为社会发展中群众普遍关注的民生热点问题。为此，裕安区于2020年初正式启动智慧养老服务指导中心试点建设，投入资金400万元，历时大半年时间完成了智慧养老综合平台的软硬件建设任务，开通"96366"热线，借助大数据打通"老有所养"最后"一公里"，让智慧养老走进群众的生活。该项目5月初顺利通过专家评估验收，试运行阶段效果良好，目前智慧养老综合平台已实现养老基础数据管理的信息化、养老业务处理的网络化、养老服务的便民化、老龄工作统计分析和决策的科学化、养老服务监管的智能化，极大促进裕安区智慧养老服务、智慧居家服务的新业态发展。
>
> **二、主要做法**
>
> **（一）聚焦养老需求，定位平台模块**
>
> 在学习借鉴其他省市智慧养老先进经验、广泛听取多方意见的基础上，

---

① 六安市裕安区人民政府. 裕安区"智慧养老"开启"老有所养"新模式［Z/OL］.（2021-08-18）. https：//m. thepaper. cn/baijiahao_ 14993076.

该区于 2020 年初开始构思智慧养老综合平台搭建工作，确定建设以"养老需求为导向、政府监管为中心、智慧服务为根本"为指导思想，集养老服务、视频监控、消防联网、综合监管、热线服务、数据分析等为一体化的大数据中枢平台。智慧养老综合平台软件部分由合肥盛东信息科技有限公司为主，硬件部分由区民政局为主，围绕软件系统设计和模拟调试、中心机房建设、养老机构视频监控、消防、人脸识别联网等合力推进。智慧养老综合平台拥有智慧养老大数据可视化系统、养老机构民政监管系统、养老机构信息管理系统、居家养老服务管理系统、居家养老服务呼叫中心系统、社区康养中心管理系统、养老公共服务平台、养老服务机构视频监控管理系统、养老服务机构火灾自动报警系统九大模块，另配套设置特殊关爱服务、低保及临时救助、农村特困供养人员、高龄老人、孤儿和留守儿童、残疾人两项补贴、低收入养老服务补贴等七个民政数据专题库管理子系统模块。

（二）聚焦养老服务，突出智慧功能

裕安区智慧养老综合平台采用云架构，突出"智慧养老"功能，可以跟踪养老机构的老人、床位、护理、后勤、安全、设施等环节，为养老服务提供完整的数据统计和分析功能。通过互联网、移动互联网、物联网"新三网"融合技术，将政府、社会、老人、子女、养老企业、服务商等连接起来，形成一体化智慧服务体系。电子地图可全面展示养老机构位置、机构概况、服务内容、收费标准、老人区域等信息，打通为老年人服务的"食、住、行、护、安、康、医、乐、购"9个要素环节，实现区域养老资源有机整合，做到业务管理流程化、养老服务专业化。同时，开通"96336"养老服务热线，就近就便为居家老人提供助餐、助浴、助洁、助医、助购、助行等服务。老人或子女通过手机端可以一键呼叫，连接中心实现数据派单，服务人员的手机端接单后，实施上门服务，服务过程需上传现场录音与服务图片，并对服务进行跟踪回访和评价，从下单、接单、上门、回访、评价等实现闭环服务。

（三）聚焦养老管理，凸显监管职能

突出智慧化监管，依托智慧养老大数据中心，将居家养老、社区养老、机构养老等养老服务全部纳入平台，实现一个平台全管理、一组数据全掌控、一张地图全展示、一个系统全监控，建立民政部门主导、运营机构执行、智慧养老平台支撑与制约的全区养老服务及监管体系。通过将养老机构视频监控与区智慧养老综合平台联网，实现对养老机构全区域监控，方便工作人员及时了解和掌握养老机构实时动态，及时发现问题，及时给予纠正。如：养老机构的火灾报警系统控制器数据会通过 GPRS 网络传输到平台，实时采集联网养老机构内前端感知设备（如：烟雾探测器）的报警信息和运行状态信息，实现对联网养老机构消防安全状况的多方位感知和监控，可提前发现各种安全隐患，降低各类风险。新冠疫情防控期间，平台通过对养老机构的监控管理，适时掌握养老机构封闭管理运行情况，提高了监管效果，减少了人力和时间成本。

三、取得成效

目前，裕安区 61 个养老服务机构（即 46 所农村特困供养服务机构、8 所社会办养老机构、7 所社区康养中心）安装高清摄像头 977 个，养老机构全部接入区智慧养老服务综合管理平台，实现了 24 小时监控全覆盖，并成功创建省级医养结合示范机构 1 个、省级智慧养老示范单位 1 个。自智慧养老综合平台运行以来，累计导入各项民政数据 312 358 条，每月动态更新，累计更新 2 972 条，累计上传养老服务相关图片 54 039 张；提供关爱服务 27 291 单（仅 2021 年 3 月份提供服务就达 6 728 单）；通过视频监控发现老人、消防安全、疫情防控期间封闭管理等安全隐患 28 起，每一起都得到了妥善处理，有效发挥平台的监控监管作用。

智慧养老综合平台的建成使用标志着裕安区养老产业进入了"智慧＋"时代，养老服务大布局、大产业、大服务、大发展的格局已逐步形成。以"智慧养老"综合平台作为建设"数字民政"的起点，促进现代信息技术与民政工作深度融合，激发民政事业创新发展新动能。

第四节　数字化社会保障体系助力
维护乡村人口基本权益

当前，我国社会主要矛盾表现为人民日益增长的美好生活需要和不平衡不充分发展之间的矛盾，城乡社会保障制度的差距悬殊是不争的事实，不平衡不充分是亟待解决的问题[①]。做好乡村社会保障，是缩小城乡差距、处理

---

① 李建荣. 我国农村社会保障发展现状与思考——以汉中市为例［J］. 西部财会，2022（5）：60－64.

好公平与效率关系的必然要求。我国乡村社会保障事业总体相对滞后，发展速度缓慢，存在很多问题，要充分利用数字技术为乡村社会保障体系建设提速增效。数字赋能乡村社会保障体现在对乡村养老、医疗、教育、社会救助等信息与服务的全面数字化、信息化。数字赋能乡村社会保障指的是利用现代信息技术，通过流程优化设计，对人社部门的传统管理与服务方法进行改革，以更好满足公众的需求为指导，实现政务服务流程"服务驱动"的转变。

第一，完善民生保障信息服务。推进全面覆盖乡村的社会保障、社会救助系统建设，拓展社保卡在公共服务领域应用，推动各项涉农惠农补贴进社保卡，对接全国统一的社保公共服务平台，推广以社保卡为载体的"一卡通"服务管理模式。依托乡镇基层服务平台，加快村居社保卡助农服务点建设，将服务延伸至基层。

第二，建设困难群众救助系统。持续推进社会救助信息系统迭代升级，着力推进困难群众救助、特殊群体救助、公用事业民生补贴等事项一站式线上集成办理。建立救助多元保障网，统筹协调并招募社会组织、社会机构、志愿者、爱心人士等力量入驻县社会救助综合管理服务平台，打造供需精准匹配网，实现个性化、差异化服务对接。依托市级平台，实现服务响应、GPS位移、过程记录、结果反馈和服务评价的全流程闭环式跟踪管理。构建县级助残平台，以残疾人全周期服务"一件事"为牵引，实现农村残疾人证办理、残疾人康复、教育、就业培训、社会保障、托养、家庭无障碍改造等相关业务一站式网上办理、个性化精准帮扶，同时实现残疾人人口信息的精准管理，确保部门数据共享的完整性和准确性。

第三，打造线上公共就业服务。通过政府官方网站定期发布就业招聘信息、公示职业技能鉴定补贴人员名单和更新人才市场或劳动力市场动态，将政府网站延伸到公共就业服务的领域。一是开设线上人才市场或劳动力市场，提供求职数据库信息、劳动力供求双方的需求；二是在公共就业与人才服务部门所在地或其他公共场所设置网站入口，为没有网络条件、不方便上网的办事群众提供接入互联网求职的机会；三是为求职者提供线上就业培训与专家指导，对接相关职业培训网站，让村民能通过手机端和电脑端两种形式参加就业招聘、职业培训等。

"宝您满意"智慧民生系列应用平台让智慧生活触手可及①

一、背景介绍

为了打造干净、安全、有序、活力的现代城市，实实在在提高老百姓在互联网时代的获得感、幸福感、安全感，宝塔区委、区政府抢抓数字化转型机遇，携手国内知名互联网公司，集中打造了涵盖智慧乡村、掌上社区、数字宝塔、全民城管、智能商圈、阳光政府、信用街区、一键办税、指尖e家、一码通行十个应用场景的"宝您满意"智慧民生系列应用平台。该平台通过融合运用云计算、大数据、物联网、人工智能、区块链等信息化技术，构建出指尖小应用撬动民生大服务、全民大数据绣出社会精细化管理的宝塔社会发展、治理新模式。目前，该平台已覆盖宝塔区320个行政村、50个城乡社区，让智慧生活触手可及。

二、主要做法

智慧乡村是"互联网+乡村"模式下诞生的一个创新乡村治理微信开放平台，它以村庄广播"大喇叭"、智慧广电"大电视"和智能手机"小屏幕"的"两大一小"为依托，将党务、村务、商务、服务、事务"五务"合一，涵盖70多项功能。智能手机平台上可以进行党务公开、村务公开、财务公开，可以进行活动报名、村民投票、意见反馈、展销土特产品等，使村内、村外、村组在平台相聚，促进信息共享与信任深化。

全民城管，包括全民城管小程序、公共视频资源平台和网上群众工作平台二级平台三个部分，实现了城市众管、城市智管和城市细管。全民城管小程序鼓励、动员广大市民关注城市管理，做到城管问题随手拍、大家管，目前关注用户23万人，自上线以来已上报案件3 000余件。公共视频资源平台整合全市视频监控资源，实现线上实时实管、实时调度、实时处置。网上群众工作平台，通过12345一号受理，解决群众需多头反映、各部门交叉重复办理、诉求办理不专业等问题。

智能商圈是宝塔区与阿里蚂蚁金服合作，以移动支付为数字化基础设施，利用物联网、大数据、云计算、信用体系、人工智能等新技术，打通了线上线下融合发展的数字商圈模式。通过建立"互联网+"消费生态，创新消费模式、激发消费潜力、实现商业数字化，助力延安拉动消费，践行"流

---

① 延安市宝塔区委网信办."宝您满意"智慧民生系列应用平台让智慧生活触手可及[Z/OL]. (2021-11-17). https://m.thepaper.cn/baijiahao_15428719.

动经济",将二道街核心商圈打造成为具有全国影响力的数字流量商圈。

阳光政府融合运用云计算、大数据、物联网、人工智能、区块链等信息化技术,构建指尖小应用撬动民生大服务,打造了服务"公开、法治、亲商、监督、市民云"六型阳光政府平台,汇聚城市综合服务能力,沉淀基于用户行为的移动化大数据。实现让市民用一个入口畅享城市综合服务,助力政府从"管理型"走向"服务型""智慧型"。

信用街区是宝塔区政府打造的一个信用"宝塔分"评价体系应用平台。平台建立了商家诚信二维码体系和信易批、信易管、信易惠、信易游、信易贷、信易医、信易租、信易行等场景应用。现有万达、延百、治平凤凰城、二道街吃游购综合体等多个信用街区示范点。

指尖 e 家共有街道介绍、智联社区、我的服务 3 个模块,涵盖了智慧党建、智联服务、智慧乐享、智能应用等多项服务,体现在激发党建工作活力、降低行政运行成本、提高为民办事效率、搭建志愿服务平台、畅通社情民意渠道、满足群众多元需求六个方面。同时,打造宝塔城市驿站,作为"指尖 e 家"的线下补充,助力构建城市服务线上线下同心圆。

三、取得成效

"宝您满意"智慧民生系列应用平台在公共服务、城市生活、社会治理、经济发展等领域取得了一定的成效,深受到广大人民群众的热烈好评,逐步走出数字治理"宝塔"模式。一是转向"服务型""智慧型"政府。阳光政府、指尖 e 家、一键办税等应用汇聚了城市综合服务功能,有效提升政府响应能力和民生服务水平,从而赢得了公众对政府更高的信任度和赞誉。二是实现各类信息资源共享。智能商圈、信用街区等应用依托新技术实现各类信息资源共享,从而使广大群众快速获取要关注的信息和在线服务,畅享信息便民服务。三是构建基层治理生命共同体。智慧乡村、全民城管、掌上社区等应用实现了社会治理全民参与,创新乡村治理、打造智慧社区、实现城市精细化管理,逐步构建社会治理新模式。

下一步,延安市宝塔区将认真践行习近平总书记提出的"要推动城市管理手段、管理模式、管理理念创新,让城市运转更聪明、更智慧"的要求,坚持全周期管理、平战结合、坚持便民惠企、安全高效,继续深化数据协同、业务协同和政企协同,持续拓展"宝您满意"智慧民生系列应用平台版块,不断提升对城市整体状态的即时感知、全局分析和智能处置能力,努力构建和走出"基层治理生命共同体"的延安模式、宝塔探索。

第五节 数字化乡村社会服务体系 保障乡村数字发展

数字技术正对农业、农村、农民产生重要影响，已成为农业农村现代化的新引擎①。与此同时，数字赋能乡村服务也得到发展。例如，北京市平谷区西樊各庄构建"微网格"社会治理体系，充分利用钉钉平台和微信群为村民服务，更直接更方便解决村民的诉求和困难，提升了服务群众的能力。但是乡村信息化建设进程相比于城市较慢，数字资源不足不全，且乡村人口综合素质较低，对信息化接收度较低，因而要利用好数字技术，提升乡村服务体系，让农民跟得上信息化的发展趋势，享受到数字发展时代的福利。

一是建设县级乡村信息化服务体系。县政府推进本地数字乡村人才资源开发、整合、培训、服务，推进数字乡村人才体系建设工作健康开展。结合不同乡镇的数字乡村发展规划和农民对信息服务的不同需求，设立各式各样的数字乡村服务栏目，提供农民需要的信息化服务。结合数字乡村专家库等系统的技术资源和网络市场信息，通过各级服务站、示范点的联动与农业管理部门、科研推广单位参与，在县级农村公共信息平台开辟数字乡村信息服务系统，组织专家定期在线上或线下指导农民进行农作物种植、病虫害防治、科学养殖、农产品加工以及创业、电商销售等。

二是建设乡（镇）级及村级信息服务体系。选择有条件的乡（镇）及相关农技部门、示范户终端和涉农企业，由示范乡（镇）牵头组建并管理，推动县级农业科技信息服务人员建立村级服务反馈点，组织各类实用人才开展服务活动，并及时反映各类人才的意见，解决农业信息服务中的"最后一公里"问题。具体包括：乡村科技服务体系，指推广"专家＋农业技术人员＋科技示范户＋辐射带动户"服务指导模式，派遣科技特派员，加强农业生产技术服务指导，支持各类社会力量广泛参与农业科技推广。创业指导服务体系，指推进实施农村经纪人免费培训工程，大力培育具有农副产品流通、农业技术推广、农业信息传播、农村人力资源转移、农村土地流转等功能的农村经纪人，促进高质量创业。农村电商网络服务体系，指优化县级电商公共服务中心，积极开展农民手机应用技能培训、电商业务培训等。完善乡、村

---

① 李杰义，胡静澜，马子涵. 数字乡村建设赋能乡村振兴：理论机制、实践路径与政策启示 [J]. 西部金融，2022（11）：84-95.

级物流体系，加强农村电商人才培训。

三是建设信息化人才服务队伍。发挥人才在数字乡村中的支撑作用，建立数字乡村建设人才引育平台，围绕数字乡村人才库建设、数字乡村人才教育提升和外部人才引育等工作重点，对接各类人才简历库，构建人才需求地图，让本土人才活起来，让外部人才留下来。依托数字乡村人才引育平台，实施数字乡村专业化人才队伍培育工程，打造一支熟练掌握数字农业信息管理、数字农业数字化装备操作、电子商务运作等技能的数字乡村人才队伍。加强与高校合作，搭建企业—高校—政府之间数字人才流动的桥梁，吸引更多数字化专业人才参与建设，同时也定期输送人员接受技能提升教育，建立数字化人才产学研一体培养机制。只有不断把各种专业人才充实到这支队伍中来，形成一支结构合理、素质良好的为农村提供信息化服务的队伍，才能促进农业各方面资源的合理配置和众多农业生产要素的有机结合。

案例

北京市刘家店镇：数字赋能刘家店智慧发展①

一、背景介绍

刘家店镇地处北京市平谷区西北部，镇域面积 35.76 平方千米，户籍人口 8 000 余人，以经济作物种植和畜牧业为主导产业，是平谷区典型的农业大镇。近年来，为切实贯彻落实中央数字乡村建设工作部署，推进信息技术与农业农村各领域快速融合，实现乡村振兴目标，刘家店镇坚持以政策为指导、以问题为导向，基于村级"民情反馈"渠道，依托"三资管理平台""政务服务平台""电商销售平台"，推进村镇基层治理和产业经济发展，将村民生产、生活中的各类需求"移步"线上，实现乡村"网络"社区。

二、主要做法

（一）说事议事服务，深化基层民主自治

一是开通"民情反馈"，确保信息互通互动。利用线上渠道的"民情反馈"，自上而下进行"三务公开"、村情动态发布等，确保村民能实时了解身边事，同时畅通自下而上的反馈渠道，确保问题的快速反应和解决。二是组建"会商小组"，集中解决潜在诉求。为确保村民诉求得到专业、权威、

---

① 中华人民共和国农业农村部. 北京市刘家店镇：数字赋能刘家店智慧发展 [Z/OL]. (2022 - 09 - 21). http://www.scs.moa.gov.cn/xxhtj/202209/t20220921_6409965.htm.

满意解决，由镇党委牵头，村党支部、村委会及镇政府各相关工作科室全力配合，党员、乡贤等全民参与，共同组建"会商小组"。参照接诉即办流程，推进解决村镇群众潜在诉求，赋予群众更多的话语权和参与度，促使村民由原来的被动接受管理服务转变为主动参与乡村建设。

（二）多维便民服务，政务服务云上开展

一是"互联网＋政务"，提升基层服务质效。推进"放管服"改革，推进基层迫切需要的政务服务事项线上办理，助力"互联网＋政务"服务深入乡村。通过"云上政务"服务，村民足不出户即可在线办理社保、就业、生育服务等服务事项，提高村镇各部门的办事效率和服务成效。二是"互联网＋管理"，强化农村透明管理。推进试点村落建设使用"三资"信息平台，实现农村"三资"的透明管理。在区级层面建立农村管理信息化平台，实现管理、决策、审批等功能，全面摸清试点村"人""地""物""事"等各种信息并纳入资源库管理，全面实现"以地找人""以人找事"等关联功能，实现农用地、宅基地、建设用地"三块地"的统筹管理，基于有效的地块数据，探索合同、资金等重大事项网上审批试点。三是"互联网＋便民"，强化多元便民服务。深入推进"云上服务"建设，吸引社会力量参与，开展市场化合作，构建"政、养、病、康、文、乐、保"为一体的线上综合服务中心，兼顾便民代办、教育培训、助老助残等功能，打造一站式便民服务平台，满足基层群众多元化需求。

（三）产业发展服务，拓宽农民致富渠道

一是大力实施"互联网＋大桃"工程。全面推行"平谷国桃"标准，优化品种结构，健全服务体系。围绕"一核、二产、三线、四品、多平台"（一核：振兴大桃产业促进老百姓增收致富；二产：农业与休闲文化产业互融互动互促互补；三线：大桃全年不离线、大桃全链不断线、大桃全员不掉线；四品：立品行、优品种、提品质、树品牌；多平台："互联网＋大桃"、龙头企业带动平台、合作社经营平台、品牌营销平台、农民培训平台、土地管理平台、农业社会化服务平台、育苗育种技术发展示范平台）。提升大桃产业发展水平，促进果农增收，走上"好路子"、鼓起"钱袋子"、过上"好日子"。二是建立多元果品营销体系。发展"电商＋大桃"，通过与物流企业进行销售对接，与线上电商渠道、生鲜平台合作，积极配合相关部门建立物流揽收点，提高大桃物流效率。加强对果农线上培训的力度，邀请新农人讲师团到田间地头讲课，充分发挥诚信果农、"国桃"示范户、好桃户的带动作用。着力做强"丫髻果品汇"电商平台，打造全产业链闭环可溯源生产体系，坚持"四品"战略，开展"一生一世百里桃花"活动，举办大桃认购，助力村镇大桃销售。发展"直播＋大桃"。开启"直播带货"新模式，举办第五届丫髻山"蟠桃会"、第二届丫髻山太极文化节等文化活动，将大桃销售搭载文化活动，镇村领导、国桃种植户、诚信之星、新农人在各类媒体活动中直播销售大桃，并对刘家店大桃品牌进行广泛宣传、全面推广，打造地方大桃品牌。

三、取得成效

（一）问题导向，以自治解民忧

融合德治、法治、自治、智治等"四治"手段，探索民主自治和主动治理路径。通过建立自下而上的群众反馈渠道，完善党员干部大走访、下基层等自上而下的问题发现渠道，广泛收集民困民忧，充分发挥党员、乡贤等基层组织力量300余人，制定村规民约、诉求下交机制、积分模式和群策群议流程，激励村民参与基层治理，实现民主决策、民主监督，提升村民自治水平。

（二）平台聚合，以科技促治理

通过整合村镇资源，盘查基层治理核心工作，借助信息化技术，搭建涵盖政务服务、村级管理和便民服务等功能的专业化服务平台，满足群众多元化的日常生活、生产需求，解决好服务群众的"最后一公里"问题，让群众"只跑一次"甚至是"足不出户"的办理好日常公服、了解村务活动、实现便民诉求，实现掌上"点餐"。

（三）网络营销，以产业助增收

以农民增收致富为产业和村镇发展目标，借助于互联网广传播、低成本优势，基于电商、媒体等网络平台驱动大桃产业发展，将地方农业品牌与互联网、旅游、文化有机结合，拓展多元化新媒体网络营销渠道，建立多元化农产品营销体系，畅通农产品营销线上渠道，带动村民脱贫致富。据不完全统计，通过网络营销活动，共计5 549人参与诚信果园微信扫码及线上平台大桃认购，认购大桃5.6万斤，收入约48万元，企业认购大桃362万斤，收入1 500余万元；央视新闻、北京时间等21家直播平台进行直播，单日销售量3 000多盒。

第三篇

数字赋能乡村振兴的
保障与展望

第八章

乡村新型基础设施建设蓬勃发展

新型基础设施建设，即新基建，是指以新发展理念为引领，以技术创新为驱动，以信息网络为基础，面向高质量发展需要，提供数字转型、智能升级、融合创新等服务的基础设施体系。而乡村新型基础设施是指以互联网、大数据、云计算、物联网、人工智能等信息技术创新为驱动，服务于"三农"的农业农村新型基础设施，其主要包括：乡村数字基础设施、乡村融合基础设施、乡村服务基础设施等。乡村新型基础设施建设是数字乡村的基础，为乡村新旧动能转换提供强大支撑。要大力推动乡村新型基础设施建设，着力发挥乡村新型基础设施在促进乡村振兴中的战略性、基础性支撑作用，缩小城乡"数字鸿沟"，建设先进、绿色、适用、有效、智慧的现代化乡村基础设施。

第一节　乡村新基建与传统基建的区别

传统的乡村基础设施主要包括农村水利、交通、电力、气象、通信、农机装备、冷链物流等设施。乡村新基建并不是要取代传统基建，而是在传统基建基础上的创新与赋能，二者协同作用助力乡村各产业升级转型。乡村新基建与传统基建的区别主要体现在以下 4 个方面（表 8 - 1）。

一是在发展内涵方面。乡村传统基础设施建设主要通过空间连接创造价值，刺激经济增长，技术较为成熟，数字技术比例较低[①]。而乡村新型基础设施建设主要瞄准新兴领域，以网络化、数字化技术为基础，数字化基础设施为核心，如农村 5G 网络、农业物联网、农业机器人、农业农村大数据中心、乡村数字电视网等，为农业农村数字经济赋能。

---

① 李灯华，许世卫. 农业农村新型基础设施建设现状研究及展望 [J]. 中国科技论坛，2022 (2)：170 - 177.

二是在服务对象方面。乡村传统基础设施建设主要涉及农村水利、交通、电力、气象、冷链物流等传统产业，针对的是人流和物流，为人员流动和货物贸易提供便利。而乡村新型基础设施建设通过新一代信息技术对传统产业进行数字化改造，推动农业生产、经营、管理、服务等全产业链智能化转型升级，更多针对的是信息流和资金流，不仅为人们提供点对点即时信息服务，还通过基于互联网、物联网的金融支付工具便利资金流动，为农业农村生产生活带来革命性变化，促进产业升级，为产业赋能。

三是在投资主体方面。一般来说，乡村传统基础设施建设主要由政府投资，而乡村新型基础设施建设一般以政府引导、科研机构参与、企业主导的模式进行建设。

四是在经济效益方面。乡村传统基础设施建设投资规模大、效益回收慢。而乡村新型基础设施建设投资规模大小不一，但总体而言，回报期相对较短。并且乡村新型基础设施建设会带动其他一系列产业的发展，比如乡村旅游、乡村康养等，有很强的外部性。

表 8 - 1　乡村新旧基建对比

分类	传统基建	新基建
发展内涵	通过空间连接创造价值，刺激经济增长	与网络化、数字化技术深入融合，赋能科技，引领农业高质量发展
服务对象	人流、物流	信息流、资金流
投资主体	政府投资建设为主	政府引导、科研机构参与、企业主导
经济效益	投资大、回收慢	投资规模大小不一，回报期相对较短

第二节　牢抓乡村数字基础设施建设

当前，在政府、社会和企业的共同参与推动下，我国乡村数字基础设施建设正在全面强化①。截至 2022 年 6 月，我国已累计建成开通 5G 基站 185.4 万个，实现"县县通 5G、村村通宽带"，我国农村地区互联网普及率为58.8%，农村网民规模为 2.93 亿，占网民整体的 27.9%②。农村地区信息基

---

① 陈中. 数字经济助力乡村振兴：核心机理与靶向对策 [J]. 新经济，2022（11）：106-112.

② 数据来源于中国互联网络信息中心（CNNIC）发布的第 50 次《中国互联网络发展状况统计报告》。

础设施建设全面覆盖，网民规模持续提升。随着监测基础设施不断完善，我国农业农村监测水平也在不断提高。在天基卫星遥感监测方面，2018年，我国首颗农业高分观测卫星成功发射，中国农业有了专属的"中国天眼"，打破了高分辨率数据长期依赖国外卫星的局面，对地农业监测能力大幅提高。在地面物联网传感器方面，一批低成本、实用化的农业传感器不断推广应用，品类覆盖土壤传感器、气象传感器、作物生命信息传感器、水体传感器、动物行为识别传感器等，在农业信息监测和数据获取方面发挥了重要作用。同时，国家农业农村大数据采集体系也不断完善，充分利用物联网、智能设备、移动互联网等信息化技术采集农业农村数据，提高数据采集质量和效率，农业农村数据获取能力不断提升。总之，乡村数字基础设施建设的全面推进为农业农村发展打下良好的基础。

乡村数字基础设施是乡村新基建的核心内容，是为农业生产和农村社会提供信息化服务的基本硬件、应用终端与基础装备，主要包括数字感知基础设施、数据存储与计算基础设施、数字化农机装备基础设施、农村网络基础设施、数字应用终端基础设施等。

一、数字感知基础设施

数字感知基础设施是以互联网、电子信息、物联网等信息技术为支撑，实时或定时感知周边环境信息或市场信息，服务于乡村数字生产、治理、环保等各个领域的基础设施。它是智慧农业产品溯源、智能决策的基础性设施，可以实时或定时采集农业生产过程中的作物/牲畜生长环境、作物/牲畜生长状态数据，再通过网络传到数据服务中台中存储，最后作为智慧农业系统做出智能生产决策、生成溯源记录的基础性数据。此外，还有一种特殊的数字感知基础设施，它以软件的形式呈现，主要用于动态抓取农产品市场信息，作为指导生产决策的基础。

在种植业/种业方面，目前成熟的数字感知基础设施体系主要为空天地一体化监测网络，对生产环境进行全立体、全周期监测，实现各类数据的采集、实时传输和存储加工，将数据以统一数据规范格式存储在数据服务中台[①]。

在水产养殖业方面，目前主要通过水质在线监测传感器实时采集各种水体环境数据，包括使用数字温度传感器对水体温度进行实时监测，使用超声

---

① 兰玉彬，赵德楠，张彦斐，朱俊科. 生态无人农场模式探索及发展展望 [J]. 农业工程学报，2021，37 (9)：312-327.

波传感器和雨量传感器对水位高度和降水量进行测量，使用浑浊度传感器对水体的浑浊度进行监测，使用溶解氧传感器连续监测水体含氧量，使用 pH 值传感器监测水体酸碱度[①]。在畜牧业方面，通过使用各类传感器来获取圈舍内的环境信息和牲畜信息，主要包括空气的温湿度、粉尘、各类气体浓度、光照强度、视频监控数据等。

此外，数字感知传感器在数字乡村的治理和环保等领域也有作用。例如，气象站可以预测天气、监测空气质量，烟雾传感器可以监测森林中的火情等。数字感知传感器以其灵活性强、性价比高、易安装部署等特点为广袤的乡村大地赋能，因此也需要深入探索各类新型数字感知设备用法。

二、数据存储与计算基础设施

数据存储与计算基础设施是数字乡村经济、文化、治理、环境、民生等各个应用场景所产生的海量数据的载体，及对其进行处理、计算、交互的物理设备。数据存储与计算基础设施是数字经济时代的"地基"，渐渐成为大数据、云计算、人工智能的基础"粮仓"。随着云计算、AI、5G、区块链等技术在农业领域的场景化应用和发展，必然带来大量农业数据的分布式存储、管理、计算需求，这些均离不开数据存储与计算基础设施做支撑。数字乡村的数据存储与计算基础设施可以在县级层面或更高层面进行统一部署，结合云计算资源和本地 IDC 机房，为数字乡村的各个应用提供高性能、泛在化的协同计算能力，实现数据实时处理，满足高性能、大容量、复杂计算需求，用户可以按需调用各种资源，从而推进涉农数据互联互通、资源共建共享，支撑政府、农业经营主体、村民的多元化智慧应用[②]。

在建设 IDC 机房时，要对现有农业信息化各类系统的服务器、存储器、交换机等硬件设施进行全方面整合，根据需要进行相应的优化和扩容，在备份区域建设一定规模的异地备份容灾设施，部署虚拟化软件系统，实施云计算改造，形成云计算设施资源池，构建统一的云计算管理平台，实现所有计算资源、存储资源、网络资源的统一调度管理。基于统一的云计算基础构架平台，为数字乡村各领域业务平台的建设提供计算、存储服务，以及平台开发环境和能力调用等服务。

---

① 冼锂东，龙祖连. 基于物联网技术智慧水产养殖系统的研究设计［J］. 物联网技术，2022，12（2）：65-68.

② 中国网信网. 数字乡村建设指南 1.0 ［EB/OL］.（2021-09-03）. http：//www.cac.gov.cn/2021-09/03/c_1632256398120331.ht.

我国农业农村数据存储能力不断提升，数据开放共享程度继续深化。目前，国家农业数据中心加快升级改造，初步建成了国家农业数据平台，包括生猪等8种重要农产品大数据试点工作在21个省（自治区、直辖市）开展，为农业信息服务提供坚实的基础数据支撑。全国各地相继建成省级农业农村大数据中心，农业大数据平台成为新的重要农业信息基础设施。例如，贵州利用"云上贵州"提供的IT基础设施服务，布局"农业云"，打造农业大数据统一管理平台；广西打造"广西农业云"，积极推进大数据、云计算、人工智能等在农业全产业链的应用；陕西推进省市县三级共建、共享、共用的农业农村大数据中心建设，并与地理信息平台实现双向数据交换共享；等等。

三、智能控制基础设施

智能控制基础设施以互联网、电子信息、大数据、云计算、人工智能、物联网等信息技术为支撑，云端智能决策系统接收到数字感知基础设施发送的实时环境信息并做出决策后，将控制信息传回给智能控制基础设施，使其进行合理化、精准化、无人化的农事作业，达成"数字感知—智能决策—智能控制"的控制链，可以广泛应用在种植业、种业、水产养殖业等各农业领域中。

现代化温室农业是传统温室农业随着现代科技的发展而建立的更高效、更节能、更精准调控的温室农业，是农业生产的高级形态，需要大量建设智能控制基础设施来实现生产的工业化、标准化和智能化。大田农业因面积大、空间利用率低等因素，适用的智能控制基础设施是现代化温室农业智能控制基础设施的子集，主要包括水肥一体化智能控制基础设施等[1]。温室中主要控制要素为环境因子与生物因子。环境因子主要包括空气或土壤温湿度、二氧化碳浓度、风速风向、光强、土壤营养成分等；生物因子主要包括叶温、光合作用、植物含水量、蒸腾作用、气孔阻抗等；生态环境因素需要自动控制的主要包括升降温、保温、去湿、加湿、采阳、补光、遮阳、二氧化碳浓度的变化、通风性、适宜的土壤养分等。

在水产养殖业方面，数字技术的运用可以有效提高水产养殖的成活率和产出率。一是自动投饲增氧一体化智能控制可以根据鱼类摄食状况，控制投饲速度和时间，实现按需适时投饲，将饲料投喂和水体增氧结合。二是排水/

---

① 皇甫姗姗，朱节中，杨再强，马玉翡. 中国温室环境控制研究进展［J］. 中国农学通报，2021，37（27）：125-131.

换水智能控制可以根据浑浊度传感器监测的水体浑浊度数据，一旦水体浑浊度超过了预设的正常值，控制器便会启动排水/换水功能，以保持水环境的良好状态[①]。

四、农村网络基础设施

农村网络基础设施包括电信网络和广播电视网络等，农村网络基础设施需要延伸到行政村，具备为农村居民提供网络接入的能力，为乡村智能感知系统部署提供网络连接基础。

近年来，我国农村网络覆盖面积逐渐扩大，互联网普及率稳步提升，农村网络通信逐步完善，城乡差异显著缩小，农村和城市"同网同速"时代正在到来。随着北斗、5G、物联网、农业专用传感器、智能装备加速在农村布局，推动智慧农业加速发展，5G发展进入全面深入落实阶段，各地要重视5G在农业领域的融合创新与应用发展，创新基于5G的智慧农业示范园建设运营模式。截至2021年底，我国累计建成并开通5G基站数达142.5万个，实现地级市室外连续覆盖、县城及乡镇有重点覆盖、重点场景室内覆盖。中国农村地区互联网普及率达到57.6%（图8-1），较2015年底提升26.2个

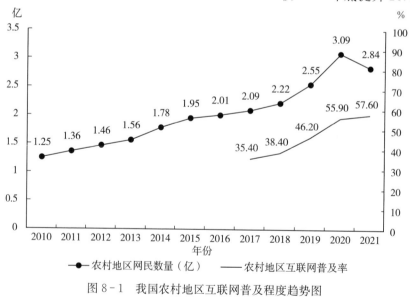

图8-1 我国农村地区互联网普及程度趋势图

---

① 左渠，田云臣，马国强. 水产养殖智能投饲系统研究进展和存在问题［J］. 天津农学院学报，2020，27（4）：73-77.

百分点，城乡差距进一步缩小（城镇为 79.5%），城乡互联网普及率差距由 10 年前的 33.9 个百分点降至 21.9 个百分点。全国行政村通宽带和通 4G 比例均超过 99%，中国农村网民规模已达 2.84 亿人，农村网络覆盖全球领先。"村村通""电信普遍服务试点"工程深入实施，电信服务供给质量稳步提升，乡村广播电视网络基本全覆盖。全国有线电视网络整合和广电 5G 一体化发展正在推进。农村电商基础设施建设投入加大，农村快递物流、冷链冷库的覆盖率明显提升。

在乡村光纤网络建设中，要不断优化提升承载能力，实现行政村的宽带接入全覆盖，对于有条件的行政村提供千兆光纤接入，推动基于 IPv6 的下一代互联网规模部署和应用。在乡村移动宽带网络建设中，应加大投资建设力度，优化现有网络性能，提升网络质量和覆盖深度，推动农村宽带网络进村入户。实施"5G＋"农业农村应用示范工程，适时推进 5G 网络及商用部署在乡村的建设，结合垂直行业做好农业园区、工业园区、医疗、交通等场景的应用覆盖，从而推动 5G 网络在乡村覆盖。在农村广播电视网络建设中，广电企业应充分利用已有资源和广电 5G 网络、卫星直播、无线微波等技术，提高农村广播电视覆盖率，丰富广播电视节目提供渠道，实现广播电视的全面覆盖。

五、数字应用终端基础设施

农业信息应用终端是指用于农业领域的通信设备，包括手机、电视、电脑和各类智能终端等，用于信道两端收发信号。

在农业生产方面，数字应用终端主要包括农情探测设备、卫星定位设备、边缘计算设备、各类摄像头，以及可以访问、展示农业生产、销售、物联网、物流等管理系统或对其进行操作的手机、电脑、平板等设备。在农村服务方面，数字应用终端主要作用于乡村教育、乡村医疗、乡村养老、乡村数字素养培训等。在农村政务方面，政务人员可用数字应用终端访问或操作智慧党建系统、"互联网＋政务"系统、网上村务管理系统、基层综合治理系统、应急管理系统等。

随着大数据、物联网等在农业领域的探索尝试，农村地区信息技术应用比例逐渐提升，信息应用终端逐渐丰富，智能化程度显著提升，信息进村入户工程建设加快，进一步惠及广大农民，推动农业生产信息化、智能化水平大幅提升。

第三节　推进乡村融合基础设施建设

乡村融合基础设施是指应用新一代信息技术赋能传统乡村基础设施，使其数字化、智能化，扩大农村的能量与容量。包括乡村智慧水利基础设施、智慧交通基础设施、智慧电网基础设施、智能农机装备基础设施、智慧气象基础设施、智慧冷链物流基础设施等。当前我国乡村融合基础设施建设进程加快，改善了乡村基础设施和基本公共服务条件，传统基础设施正逐步实现数字化转型。

一　乡村智慧水利基础设施

乡村智慧水利是指在智慧型社会建设中产生的相关理念和高新技术在农村水利行业的创新应用，是云计算、大数据、物联网、人工智能等技术的综合运用。乡村智慧水利基础设施主要包括水资源管理设施、农村饮水安全设施、水库大坝安全设施、闸门远控和灌溉管理等。

对于农村灌区用水管理，智慧水利设施可以实现灌溉管理、渠道计量、田间计量等，可以对全县主要粮食及经济作物的种类、灌溉面积、轮灌周期、土壤渗透量、田间降水量、作物的缺水敏感系数等进行实时计算，在保证全区水量平衡的情况下，以农作物的生长周期划分不同阶段，制定节水灌溉配水计划，并通过对灌溉用水量、实际用水量的有效统计和仿真计算及时预测，实时调整配水方案，做到用水量合理化、精准化。

对于农村饮水安全管理，智慧水利设施可以通过多项水质参数综合评价的方法对饮用水水质进行在线分析。采用多次监测的平均值获得水质参数，对溶解氧、氨氮含量、重金属离子含量等指标进行测定和统计，各阶段拟预测的水质参数应根据具体工程分析和环境现状、评价等级及当地的环保要求筛选和确定①。

对于水库大坝安全管理，智慧水利设施可以对大坝安全渗压渗流数据、水库水位及出库流量数据进行实时监测并记录，并对其中超过阈值的监测项在线预警，并通过手机 App 进行预警推送，让大坝安全相关责任人能在第一时间掌控险情，做出应对措施。对于闸门远程控制管理，可以对灌区的多座

---

① 林雨萌，陈炳才，等. 新疆智慧水利综合管理平台 [J]. 计算机系统应用，2021，30（10）：86-94.

一体化闸门进行集中控制，实时显示闸门过闸流量，闸门开度，并以动画的形式显示渠道的过水情况。

近年来，我国智慧水利基础设施不断升级，2019年，全国水利一张图发布，推动信息技术与水利业务深度融合。目前，全国省级以上水利部门在用的各类信息采集点达43.57万处，各类视频监视点13.5万处，大大提高了乡村水利设施的智能化水平。

二、乡村智慧交通基础设施

乡村智慧交通是指在乡村交通运输领域充分利用物联网、空间感知、云计算、移动互联网等新一代信息技术，通过建设实时的动态信息服务体系，深度挖掘交通运输相关数据，提升乡村交通资源的配置优化能力、公共决策能力、行业管理能力、公众服务能力，推动乡村交通运输更安全、更高效、更便捷、更经济、更环保、更舒适的运行和发展。

推动乡村智慧交通基础设施建设首先要不断完善公路运输体系建设，要统筹规划、合理布局、有条不紊地开展农村道路修建和农村公路生命防护，进一步把农村公路建好、管好、护好、运营好，逐步消除制约农村发展的交通瓶颈。再构建从城市到农村、从市场到田头畅通快捷的交通网络体系，建立高效绿色安全的城乡交通客运体系，提高城乡居民出行水平，根据实际情况开通农村客运班线、县际客运班线、市际客运班线、省际客运班线等，实现全县乡镇客运站点和行政村通客运100%的完成率。

其次，加强乡村交通的数字化程度。可以给公交车实时联网并安装智能限速、防疲劳防碰撞提醒、4G监控、智能调度、路况提醒等智能设备。通过多维智能摄像机与多传感器融合技术，全面掌握路面行人、机动车、非机动车和基础设施等的运行态势，形成道路"全时空、多维度、全要素"感知。通过宏观监测及问题诊断系统，对路口的车头车尾数据进行融合、挖掘、计算，得出路口、干线、区域多维度的诊断指标，如失衡、溢流、空放、承载力过度等问题，为交管部门提供客观准确的状态监测和诊断指标，从而快速发现乡村交通规律，做出决策。

最后，积极打造乡村智慧交通综合管控平台，基于视频分析技术，整合乡村公路网络数据资源，对海量道路交通数据进行全面分析处理和深入数据挖掘，为交通的管理规划提供及时有效信息与数据支持。充分发挥数据中心作用，实现行驶车辆24小时数据分析和多部门数据共享，为部门联合执法、非现场执法、关联处罚提供依据，全面提高公路路域环境治理能力。

此外，还要开发适应"三农"特点的信息终端、技术产品、应用程序，城乡居民可在终端上实时查询出行路线、公交车站点位置、公交车当前位置等，方便出行。

目前，我国农村公路数字化改造持续推进。截至 2021 年底，全国农村公路总里程达 438.2 万公里，基本实现具备条件的乡镇和建制村通硬化路，全国农村公路基础属性和电子地图数据库建立，累计数据量超过 800G，实现了对农村公路基础设施信息的动态更新。在此基础上，乡村智慧物流建设加快推进，农村末端服务网络建设成效显著，截至 2021 年底，全国乡镇快递网点覆盖率超过 98%，实现快递服务进村，农村电商带动群众增收致富效果明显。

三、乡村智慧电网基础设施

乡村智慧电网是指建立在集成的、高速双向通信网络的基础上，通过先进的传感和测量技术、先进的设备技术、先进的控制方法以及先进的决策支持系统技术的应用，实现乡村电网的可靠、安全、经济、高效、环境友好和使用安全的目标，其主要特征包括自愈、激励和保护用户、抵御攻击、提供满足用户需求的电能质量、容许各种不同发电形式的接入、启动电力市场以及资产的优化高效运行①。

推进乡村智慧电网建设首先要大力推进农村地区电网改造升级，推进多种可再生能源上网，提高供电能力、供电质量以及供电安全水平。继续完善配电网网架，合理划分变电站供电范围，构建高中低压配电网相互匹配、结构清晰的网络，实现电力灵活调配，保障农业生产、农产品加工、乡村旅游、农民消费升级的用电需求。

在此基础上，可以进一步提高乡村电网的数字化程度，比如将云计算、大数据、人工智能等技术全面应用于供电企业的输电运维、变电运维、配电运维和电缆巡检四个环节，让电网"主动思考""主动分析"，大幅提升供电可靠性。可以在变电站内部署多个物联网传感器、在线监测器、巡检机器人、红外测温等装置，布置好巡检点位，让机器全面代替人工进行例行巡检，大大缩短巡检时间和误检率。在县域高压输电网上装设大量微拍监控等在线监测设备，全面构建高压输电实时监控网络，并在图像终端配置 AI 人工智能芯片，通过深度学习识别微拍装置传回来的图片，快速精准定位和识别设备

---

① 吴伟. 国际智能电表行业市场容量预测及前景分析 [J]. 市场研究，2015 (1)：43 - 45.

情况，辅助运维人员做出相关决策，进一步优化输电监控智能系统。

目前，我国农村电力保障水平明显提高。2020年实现了全国县县通大电网、大电网覆盖范围内村村通动力电，农村供电能力和供电可靠性不断提升。同时，乡村电网智能化水平也在不断提高，保障电力可靠、稳定、低成本供应。近年来，我国电力系统正加快向适应大规模、高比例新能源方向转变。未来，将进一步发展分布式智能电网，在关键技术、商业模式等多方面发力，促进源网荷储更加协调发展[①]。

四、乡村智慧气象基础设施

智慧气象是在云计算、物联网、移动互联、大数据、人工智能等信息技术的深入应用下，促进气象科学技术进步，使气象系统成为一个具备自我感知、判断、分析、选择、行动、创新和自适应能力的系统，从而实现气象业务、服务、管理活动全过程的智能化。

乡村许多产业对天气和气候变化的敏感度较高，也更加依赖气象预报，因此在数字乡村建设的大背景下，对气象工作的生产指导、灾害预警等功能提出了更高的要求。现代信息技术为气象部门整合气象数据、延伸服务领域和拓宽发布渠道提供了重要的技术支撑。融合各项气象资料的数据信息，并结合云计算、大数据等信息技术提供及时精确的气象信息，做好短时临近预报，增强气象信息的时效性，打造具备自我感知、判断、分析、选择、行动、创新和自适应能力的智慧气象系统。

同时，系统应结合不同的人群特征，采用多样化的信息发布渠道，让农民、农产品加工业从业者和游客及时获取其所需的气象信息。针对各类自然灾害建立预报模型，实时监控各个地区的气象情况，并通过手机短信、公众号等网络媒体及时传达给相关人员。

此外，可以积极推进气象服务部门与企业的合作，形成优势互补的共赢模式，提供专业化定制化的商业气象服务，对较大规模的特色农业基地开展针对性、智慧化、直通式的气象服务，大力推进开放共享共用的集约化特色农业气象平台应用，如建立特定作物气象大数据平台、气象知识宣传平台，服务于农业生产和农村居民生活。

五、乡村智能农机装备基础设施

智能农机装备是将现代互联网、卫星导航、物联网、电控和人工智能等

---

① 丁怡婷. 智能电网，提供强劲电力支撑［N］. 人民日报，2022－08－04（15）.

技术与传统农机装备结合，从而形成科技含量更高、更加智能、更便于操作的新型智能农机。近年来，农机装备数字化步伐加快，北斗终端已从拖拉机、联合收割机、植保无人机扩展到插秧机、大型自走式植保机、秸秆捡拾打捆机等装备。智能农机装备能够实现高效、标准、舒适、人机交互等的农机作业，能自动或半自动完成耕作、播种、移栽、施肥、施药、投饲、灌溉、采摘、收获等作业，还能采集土壤、水质、农作物和水产品等的信息，为实施精准农业、健康养殖、生态环保等提供技术支撑。智能农机装备可以使装备自身始终处于最佳技术状态下工作，能耗低，并采用精准作业方式，使化肥、农药、水产饲料的利用率得到提高，环境污染减少，节本增效。目前乡村智能农机装备设施主要包括智能农机动力机械、智能收获机械、智能植保机械、智能施肥机械、智能播种机械、智能灌溉机械、智能采摘机等。

第四节 完善乡村信息服务基础设施建设

乡村信息服务基础设施是指利用信息技术为乡村居民提供政务、生产、生活等领域信息服务的站点和设施，包括村级政务服务代办站（点）、农村电商服务站、益农信息社、农业产业科技创新中心等。目前，部分乡村信息服务基础设施存在功能重叠的情况，县级层面应统筹建设信息服务基础设施，遵循"多站合一""一站多用"原则，充分整合利用现有公共服务场所，或优先选择自身具备运营能力的便民超市、农资商店等，避免重复建设和资源浪费，同时可根据乡村居民需求不断拓展服务功能。

一、村级政务服务代办站（点）

村级政务服务代办站（点）是指利用信息技术为乡村居民提供快捷政务信息服务的站点。主要指利用互联网或移动互联平台为乡村居民提供涉农政策宣传、推送、查询等政策信息服务；村级党务信息采集、维护等党建信息服务；政策补贴查询和领取、政务服务事项互联网代办等其他政务信息服务。服务方式主要包括公众号直办、代办员帮办领办、服务站延时等办、线下直办、线上咨询等。

通过推进标准化的村级政务服务代办站（点）建设，可以实现县、乡、村三级业务系统互联互通，有效整合政务服务资源。同时，以解决群众办事的堵点、难点和痛点为导向，把群众办理的高频服务事项全部下放到村，在村级政务服务代办站（点）实现"一窗口受理、一站式代办、一网式通办"，让村民不出家门就能享受到便捷的服务。这极大地提高了办事效率，村民个人需求能及时得到响应和办理，真正实现了服务群众"零距离"。

二、农村电商服务站

农村电商服务站是各级政府或电商公司在农村建立的农村电商基层推广和服务平台，通过设在农村的服务站点，建立电商平台和村民的联系[①]。农村电商服务站主要为村民提供电子商务营销服务和生活服务，解决了村民提供网购商品入村的"最后一公里"配送问题，可以为村民提供生活缴费、话费充值、票务预订、金融服务等便民服务。农村电商服务站也为农产品销售提供渠道。例如，帮助村民代销产量较大的农产品，协助村民培育小型农产品网店，为其提供技术支持、培训孵化、产品对接、品牌建设等电商基础服务。

农村电商服务站作为县域电商公共服务中心的基础设施建设，在促进农产品标准化和规模化生产、拓展农产品销路等方面的重要作用日益凸显，可以有效突破信息瓶颈，方便农民生产生活，促进农民增收。

三、益农信息社

益农信息社属于农业部信息进村入户工程，通过开展农业公益服务、便民服务、电子商务服务、培训体验服务等，提高农民的现代信息技术应用水平，满足农民在信息化时代的技术需求和信息需求，为农民解决农业生产问题和日常健康生活等问题，实现普通农户不出村、新型农业经营主体不出户就可享受到便捷、高效的生活信息服务，进而统筹城乡均衡发展、缩小数字鸿沟，将农业信息资源服务延伸到乡村和农户。

益农信息社工作开展依托网络平台，以服务"三农"为宗旨，以便民、惠民、利民、富民为目标，采取市场化运作，通过接入的网络授权平台为农民免费提供网上农业专家咨询、技术培训、法律服务等；为周围农民代订、代购农业生产资料、日用生活用品，发布农产品供应信息、劳务信息等服务，引导农民利用信息化手段改变传统的生活方式，缩短城乡数字鸿沟，助推农村经济和城乡一体化发展。

益农信息社主要提供便捷服务、公益服务、惠民服务、育民服务等四大

---

① 苏瑞敏，徐俊杰. 乡村振兴背景下农村电商服务站的功能重塑与促进建议［J］. 农村经济与科技，2022，33（11）：252-254，264.

服务，具体来讲包括了买、卖、推、缴、代、取等六大业务，如图 8-2
所示。

图 8-2　益农信息社四大服务六大业务

四、农业产业科技创新中心

　　农业产业科技创新中心的建设需要省市级层面统筹规划、合理布局，集聚各类资源要素，推进科技与产业、企业、人才、金融等深度融合，形成区域性农业农村产业科技创新中心，集科研、成果转化、人才和科技体制机制创新于一体，成为贯穿产业链、创新链的协同创新综合体，支撑农业高质量发展，引领乡村振兴。

　　要立足不同区域资源优势，建好用好农业产业科技创新中心。促进创新要素集聚、关键技术集成、关联企业集中、优势产业集群，搭建政研商合作、创新要素与农业深度融合的平台；以当地农业农村需求为导向，聚焦特色领域开展工作，找准现代农业发展和乡村建设的关键技术难题，创新驱动区域农业农村跨越式发展；强化要素集聚，加快引进高水平的优势科研团队、高科技的优秀企业、高质量的优秀基金，大力促进产学研精准对接、深度融合；强化机制创新，坚持市场运作、企业主体，不断放活人才、激励创新，打造良好创新创业生态，支持引导企业、科研院所、高校、金融机构、新型经营主体等打造利益共同体。

第五节　构建乡村大数据集成应用平台

在实施乡村振兴战略、推动数字乡村建设的时代背景下，为了提高乡村数字化建设效率，可以运用物联网、系统协同、人工智能等手段获取村镇基础设施、自然环境、社会经济、生产技术、商贸物流、社会保障、基层治理等动静态数据，构建数字乡村大数据平台①。2022 年 10 月，农业农村部大数据发展中心牵头研发的农业农村大数据公共平台基座上线，并将加快在省市县落地。"平台基座"搭建的"应用超市"可为各类行政和企事业单位在"三农"领域研发推广业务应用提供载体和窗口，为省市县级农业农村部门提供丰富多样的定制化、特色化应用场景，为广大农民和社会公众提供高效便捷的一站式服务②。

一　平台实现数字乡村建设数据的汇聚

在数字经济时代，数据是新的生产要素，是基础性资源、战略性资源和重要生产力，而平台可以利用数字互联互通，实现数字乡村建设相关数据的全汇聚。

首先，平台构建数据共享交换体系。横向融通农业农村、民政、公安、市场监管、自然资源等相关部门数据，汇聚形成省、市、县、乡、村各级有关农村生产、生活和管理的数据集。同时，平台向上连通国家基础数据库，提供人口、法律、空间地理等基础数据。

其次，平台助力数字乡村相关数据治理。基于政务信息资源目录，对原始数据进行集成、清洗、脱敏和归集，保证一数一源，形成关于乡村数字经济、数字治理、网络文化等的一系列专题数据库。在使用过程中注意及时更新数据，不断提升数据质量。

最后，平台支撑数字乡村相关应用。利用专题数据库，对各级部门行政事项和服务场景进行全映射，支撑各类数字乡村应用。通过开放授权系统、数据空间、数据加工工具等方式向社会提供服务，为授权机构及个人利用开放数据进行应用创新提供便利，凝聚社会力量参与数字乡村建设。

---

① 孙想，吴华瑞，郭旺，等. 数字乡村大数据平台设计与应用 [J]. 江苏农业科学，2021，49（18）：181-188.

② 中华人民共和国农业农村部. 省市县级农业农村大数据公共平台基座上线 [EB/OL]. (2022-10-17). http://www.moa.gov.cn/gbzwfwqjd/xxdt/202210/t20221017_6413418.htm.

二、构建乡村公共数据平台

乡村公共数据平台对数字乡村的建设有着重要意义。可以根据政务数据资源目录编制数据标准体系，制定涉农数据资源目录体系和相关标准，将乡村各个部门产出的大数据集成到大数据中心的公共数据平台中进行开发利用，打通农业生产、加工、流通、消费各个环节，并且服务于乡村治理。

（一）加快产业大数据集成，推进农业产业链数字化体系建设

农业产业数字化是我国实现农业现代化、由农业大国迈向农业强国的必经之路。通过农业产业大数据集成，可以对农业实施全方位数字监控管理，推动农业产业链数字化体系建设。

一是集成农业种质资源大数据。运用物联网、大数据领域相关技术，实地采集区域内水、土、气、植物、动物、微生物等数据，并记录育种、流通等环节的数据，推进农作物、畜禽、水产等种质资源的大数据集成。

二是集成农业种植大数据。在有条件的种植园区安装物联网设备，实时采集园区内的环境数据，并记录农作物浇水、施肥、除草等农事操作数据，为农产品质量安全追溯体系建设奠定基础。

三是集成农业畜牧业大数据。实时采集养殖基地的环境数据，并记录动物每日体重和行为数据以及对动物的投喂、清扫圈舍等操作。集成农业水产养殖业大数据，实时采集水质数据和水下鱼群图像视频，并记录对鱼群的养殖操作。

（二）加快公共事业大数据集成，推进乡村治理体系和治理能力现代化

乡村公共数据除了农业产业数据以外，还包括公共事业数据，包括农业自然资源、集体资产、农户和新型农业经营主体、农产品价格等数据。集成公共事业大数据，有利于提升政府公共管理效率，提高政府公共服务水平，推进乡村治理体系和治理能力现代化。

一是集成农业自然资源大数据。利用农村土地承包经营权确权登记、永久基本农田划定、高标准农田上图入库、耕地质量调查监测、粮食生产功能区和重要农产品生产保护区划定、设施农用地备案等数据，建设耕地基本信息数据库，形成基本地块权属、面积、空间分布、质量、种植类型等大数据[1]。

---

[1] 农业农村部. 农业农村部 中央网络安全和信息化委员会办公室关于印发《数字农业农村发展规划（2019—2025 年）》的通知［EB/OL］.（2020 - 01 - 10）. http://www.moa.gov.cn/govpublic/FZJHS/202001/t20200120_6336316.htm.

二是集成农村集体资产大数据。包括采集农村集体资产清产核资、产权制度改革、集体经济组织登记赋码、集体资产财务管理等数据。

三是集成农户和新型农业经营主体大数据。以农村土地承包经营权确权登记数据库为基础，结合农业补贴发放、投入品监管、新型农业经营主体信息直报、家庭农场名录等数据，构建集经营主体身份、就业、生产管理、补贴发放、监管检查、投入品使用、培训营销等多种信息为一体的基础数据，实现农业经营主体全覆盖，生产经营信息动态监测。

四是集成农产品价格大数据。利用网络爬虫技术，自动采集全国各地市场上各个品种的农产品的价格数据。

三、构建应用支撑平台

应用支撑平台是指提供丰富的业务功能标准化模块和编程接口，支撑各级政府部门开发和提供各类兴农便民应用。平台可以以政务云平台形式构建，并提供各模块的目录和详细说明，便于各级部门和开发单位检索、查询。

平台应包含用户身份认证模块、工作流引擎模块、搜索引擎模块、行政区划模块、投诉建议模块、信用信息模块等基本功能模块，每个模块提供一类共性服务，为上层的业务系统提供统一、高效的开发和运行环境，既可以独立运行，又可以无缝协作。有条件的省份可提供自然语音处理、视频图像识别等应用模块。可以利用平台提供的编程接口和模块，直接定制需求，灵活、快速地开发、部署各类业务系统。建设内容主要包括应用集成服务、移动支撑服务、工具集服务、数据接口等[1]。

---

[1] 中国网信网. 数字乡村建设指南 1.0 [EB/OL]. (2021 - 09 - 03). http://www.cac.gov.cn/2021 - 09/03/c_1632256398120331.ht.

第九章

数字赋能乡村振兴要构建安全底座

　　安而不忘危，治而不忘乱。党的十九届五中全会首次把统筹发展和安全纳入"十四五"时期我国经济社会发展的指导思想。党的二十大再次强调要坚持"稳中求进工作总基调，统筹发展和安全"。习近平总书记强调要"坚持统筹发展和安全，坚持发展和安全并重，实现高质量发展和高水平安全的良性互动，既通过发展提升国家安全实力，又深入推进国家安全思路、体制、手段创新，营造有利于经济社会发展的安全环境，在发展中更多考虑安全因素，努力实现发展和安全的动态平衡，全面提高国家安全工作能力和水平"。①

　　在数字乡村建设中，发展和安全是一体之两翼、驱动之双轮，事关乡村社会安全和国家安全，必须高度重视，从数字乡村建设之初就着手构建。随着数字技术和数字经济在农村的延伸应用，正逐渐与乡村经济社会发展紧密结合，不仅带动了乡村的产业发展，提高了村民的收入水平，还促进了乡村治理能力和治理水平的现代化。但同时，随着各种数字平台的推广应用，大量数据在平台上汇聚，也伴随着极大的安全风险。目前，由于受到诸多因素的限制，乡村地区还没有建立起有效的网络信息安全管理机制，还经常会出现用户数据被泄露的现象，使得乡村的网络信息安全风险急剧上升。而网络信息的安全又与农户的切身利益密切相关，其存在的安全隐患、经济损失等问题会进一步阻碍乡村的数字化进程，甚至在农民中产生排斥数字乡村建设的抵触情绪，形成数字乡村战略推进的阻力。因此，加强乡村网络信息安全管理，有效规避乡村网络信息安全风险，对充分发挥乡村信息资源，促进乡村经济发展，进一步保障数字乡村运行安全平稳有重要意义。只有在发展与安全并重的基础上，通过多种保障措施来维护数字乡村的网络信息安全，才能为乡村居民营造安全的网络空间和数字化生产生活环境。

---

　　① 习近平．习近平谈治国理政（第四卷）［M］．北京：外文出版社，2022：390.

第一节　重塑乡村网络信息安全管理理念

正确的网络信息安全管理理念是网络信息安全管理的先导。确保乡村网络信息安全管理工作的稳步进行，首要的任务便是转变思想观念，重塑乡村网络信息安全管理理念，坚持以系统安全观理解数字乡村，将数字化发展与安全发展牢牢契合，为开展乡村网络信息安全管理工作提供正确的方向指引。

在乡村网络信息安全防护工作中，最突出的问题是网络信息安全管理意识不强。从总体上看，尽管绝大多数基层干部和基层管理人员都已经对网络信息安全问题给予了一定的重视，但仍然存在着网络信息安全管理意识不强的问题，特别是对数据信息安全保护、网络信息泄露风险防范等方面的认识不足。而管理理念上的落后直接影响到管理模式、管理方法的选择，进而影响到最终的管理效果。因此，做好大数据时代乡村网络信息安全管理，首要任务是提高思想认识，高度重视这项工作，进而加大相关资金、技术、人员的投入力度，充分发挥各方面的积极作用，打造具有创新性、系统性的网络信息安全管理机制。

一、树立数字乡村网络安全防护意识

在信息技术更新迭代的条件下，并不存在完全安全的网络体系，因而除了在技术上要不断地予以健全和完善外，还需要切实加强管理工作。这就要求相关部门及其负责人转变思想观念，深刻认识到网络信息安全管理的重要性。

首先，相关人员要具备较高的安全防护意识。只有信息管理人员充分意识到安全工作的重要性，不断提高和加强自己的防护意识，明确现阶段乡村网络信息安全面临的各方面威胁因素，才能将乡村网络信息安全管理纳入日常工作之中，主动对信息设备和系统的安全隐患进行排查、整改，查缺补漏，做好防范工作，促使乡村网络信息管理工作取得实际成效。

其次，相关部门要加强对管理人员网络信息安全意识、安全知识、安全技能的培训。除了组织开展日常培训活动外，还可以利用手册、海报、展板、录像等宣传工具，采用网上答题、安全知识竞赛等多种方式，激发其对网络信息安全知识的学习兴趣，提高信息安全防范意识。在培训过程中，不仅要教授网络信息安全防护相关的常识，使其掌握基本的防范技术与手段，还要不断完善培训内容，融入网络信息防护技术种类、责任意识、创新管理意识等，提升每一位管理人员的综合素质，以满足乡村网络信息安全防护的实践要求。

最后，要明确管理人员的工作职责，依法追究失责失范行为。设立管理人员责任清单，对于明知故犯或操作不当等行为依法依规追责，避免在网络安全工作中因侥幸心理或疏忽大意埋下隐患。此外，要做好宣传引导和培训工作，保障网络信息管理更为准确可靠，各项制度和规范得到落实[①]。

二、规范乡村网络信息安全管理

在具体工作中，相关部门及其管理人员要将风险防范意识与自身工作要求相结合，及时、准确识别各种类型的网络信息安全风险，采取相匹配的安全防护策略，规范落实网络信息安全管理工作，从而规避各类网络信息安全问题。

首先，凡是与群众利益有关的数据信息，要积极采取包括物理隔离、云存储、数据备份、软件防护等在内的各种有效方式来加以保护。通过这些手段，即便有人恶意攻击涉农信息系统，也能够最大限度地减少损失。尤其是对于重要的信息数据，要做好相应的备份工作，利用备份数据进行信息恢复，以免在遭受病毒攻击后造成重要信息的遗漏、丢失，从而最大限度地避免损失的发生。

其次，维护乡村网络信息安全的技术人员必须清晰地认识到，随着当前网络技术的快速发展，网络病毒的攻击形式越来越多样化。因此，要加强对网络系统及设备的维护，尽早发现设备出现的故障问题，做好保护系统升级[②]。同时，要对防火墙系统持续优化，不断修补漏洞，使之具有强大的防御能力，有效增强计算机系统的防护功能，从而保障乡村网络信息的安全。

最后，构建系统全面的乡村网络信息安全防范体系。在积极做好防范措施、保障数据安全的同时，划定乡村网络信息安全的监控重点和防范重点，并逐步向其他领域延伸，通过多领域覆盖、多主体联动形成一个系统全面的乡村网络信息安全防范体系。

---

① 薄文静，姜晓东，陈从刚．大数据时代网络信息安全防护探讨［J］．中国设备工程，2022（9）：29-31.

② 闭兴长．网络通信中的信息安全保障研究［J］．中国新通信，2022，24（7）：4-6.

三、明确安全责任，有效提升乡村网络信息安全主体责任意识

目前，由于一些涉农信息系统是在多个运营者共同维护下运行的，在涉及信息系统的网络安全责任时，常常权责不清、相互推诿，导致涉农信息系统安全管理混乱，从而出现问责时无人负责或多人负责而无法追究或追究困难的现象。还有部分农业信息系统的负责人对信息安全管理不到位，责任感缺失，往往"说起来重要，干起来次要，忙起来不要"，导致国家利益、公众利益或者农民的合法权益受到损害，造成严重不良影响。因此，对于农业信息系统的建设者、管理者以及广大用户，都应当层层落实网络信息安全责任制，坚持"谁主管，谁负责；谁使用，谁负责；谁运营，谁负责"的原则，将网络安全主体责任落实到位，避免信息安全责任不清的情况出现。

同时，要细化乡村网络信息安全的问责内容，明确界定网络信息安全的问责范围，在追究具体责任人的政治责任、伦理责任及职责责任的基础上，法律责任、刑事责任也不容懈怠，同时落实连带责任、领导责任、监管责任等内容。将问责内容扩展到一切有关公众网络信息安全利益的决策行为、执行行为和监督行为上，并将事后问责扩展到事中和事前问责，贯穿于网络信息安全日常活动的始终①。

四、提高农民意识，切实推进乡村网络信息安全管理工作

提高农民的网络信息安全意识能够为切实做好乡村网络信息安全管理工作打下坚实的基础。只有广大农民群体的网络安全意识提高了，才能最大限度地发挥出各种网络安全措施的作用。

由于农民长期以来较少接触互联网和信息技术，对数字技术认识不足，对于网络信息安全的了解只是皮毛，网络安全防范意识更是十分薄弱，在防范网络安全风险方面可能只是门外汉，从而容易点击病毒链接或者误入钓鱼网站，网络信息安全被侵犯的现象屡屡发生。例如，个人隐私泄露、网络身份盗取、网络欺诈、网络盗窃，等等。这不仅使他们自身利益受损，也为开展乡村网络信息管理工作带来很大的困难。

当前，我国正从传统农业社会转向现代农业社会，农业农村现代化和数字乡村建设对农民提出了更高的要求，这就需要基层部门必须为农民补上如

---

① 马晓飞，卢奕同，艾力彼热·艾力肯.国家治理现代化视域下我国网络信息安全问责机制研究［J］.信息技术与网络安全，2021，40（12）：19-25.

何在信息社会、数字经济中保证信息安全的这堂课。相关部门及其工作人员应当及时转变工作思路，变"事后追查"为"事前预防"，从农民群体的特性出发开展网络信息安全管理工作，特别是基层工作人员应当将网络安全的基础知识和一些最基本的防护技能传递到农民手中。例如，可以组织相关单位的网络信息安全管理人员开展广泛的、经常性的网络信息安全知识和相关法律法规知识的宣传教育，向农民群体大力普及网络安全的基础知识，增强其安全防范意识。通过益农信息社等网络平台，加大对网络信息安全重要性的宣传力度，普及信息安全的基本知识和技能，在将便民生活、电子商务服务带给农民的同时，也将网络信息安全知识和防护技能带给农民。还可以通过集体开会、专员宣传、黑板报等丰富的形式演示如何在实际生活中维护自身网络信息安全，让广大农户不仅能够熟练地运用网络，还能够掌握保证自身网络信息安全的基本技能。

同时，也要重视和提高农民的网络安全综合素质，加强对网络素质、网络技能、实际运用网络能力和网络安全意识的系统培养。除了普及基本的信息安全的知识和技能、常用杀毒软件知识外，还可以通过专题讲座，就网络安全规范、计算机安全防护、网络安全隐患的新动向、病毒查杀软件的使用等问题进行讲授，使他们更加系统全面地了解维护网络信息安全的工作机制。总之，只有农民群体的网络信息安全素质得到全面提高，推进乡村网络信息安全管理工作才能取得更具实质性的进展。

第二节　优化乡村网络信息安全管理制度

在乡村网络信息安全管理中，制度发挥着基础性作用。目前乡村已有的网络信息安全管理制度还很薄弱，有待进一步完善。例如，一些网络信息管理部门受某种因素限制，并未建立真正的网络信息管理制度，相关主体之间的职责界限也比较模糊，乡村网络信息安全管理工作总是落在某一个部门身上，其他部门又没有给予有效配合，严重影响了乡村网络信息安全管理工作进程，还有一些管理部门内部虽然已经建立了一套比较健全的管理制度，但在具体执行上存在问题，使得管理制度成为摆设，未能发挥应有的作用①。因此，建立一套较为完善的管理制度对于做好乡村网络信息安全管理工作至关重要。

---

① 毛群英. 大数据背景下农村网络信息安全管理的路径［J］. 农业经济，2020，(2)：38-40.

一、严格执行乡村网络信息安全管理制度

根据《中华人民共和国网络安全法》第二十一条规定：国家实行网络安全等级保护制度。目前，由政府部门建立的大部分农业信息系统都按照等级保护的相关要求进行了定级和备案，经过等级保护评估，暴露的安全问题得到了解决，具备了一定的网络信息安全防护能力。但是，不能排除在这些信息系统中，仍然存在网络安全设计缺陷和安全漏洞。如果这些信息系统成为网络攻击的目标，国家和农民的利益就会受到威胁。因此，需要持续不断地针对网络安全的薄弱环节进行系统修补，完善网络安全防护措施，开展网络信息安全专项检查，提高信息系统的安全防护能力。

对于企业建立的农业信息系统，《中华人民共和国网络安全法》第九条规定：网络运营者应当履行网络安全保护义务，接受政府和公众监督，在开办业务和提供服务时承担社会责任。企业应当承担起保护网络安全的重要责任，主动投入人力、物力和财力，确保农业信息系统的安全运行。政府应加强对这些农业信息系统的监督，可以通过约谈、协商和检查等方式，督促涉农企业依法做好农业信息系统的网络信息安全保护工作。只有通过政府和企业双方的共同努力，才能从整体上保障农业信息系统的安全性和稳定性。

此外，还要实施数据资源分类管理，围绕数据采集、传输、存储、处理、交换、销毁等环节，构筑数据安全防护体系。严格执行《网络安全法》《数据安全法》《个人信息保护法》《电信和互联网用户个人信息保护规定》《儿童个人信息网络保护规定》等相关法律法规，督促数字乡村建设运营企业建立用户信息保护制度，严禁网络运营者泄露、篡改、损毁、出售用户个人身份、联系方式、信用记录等隐私信息。定期开展网络安全意识普及活动，提高农村居民个人信息保护意识[①]。

二、持续优化乡村网络信息安全管理制度

由于互联网具有复杂性、多样性、自由性、开放性等特点，且网络信息攻击手段更新迭代较快，网络信息安全问题层出不穷，现阶段乡村网络信息安全管理制度仍需不断健全完善。例如，一些网络钓鱼、后门攻击等高级持续性的攻击手段，不仅很难及时发现，发现后也缺乏针对性的解决措施，

---

① 中国网信网. 数字乡村建设指南 1.0 [EB/OL]. （2021 - 09 - 03）. http：//www.cac.gov.cn/2021 - 09/03/c _ 1632256398120331.htm.

致使网络信息安全性降低，难以全面保护村民们的信息安全。因此，在制定乡村网络信息安全管理制度后，还要持续聘请相关领域的专家进行讨论，不断根据出现的问题对其进行补充和完善，从而不断优化乡村网络信息安全管理制度，充分发挥制度在保障乡村网络信息安全上的规范作用和强制作用。

同时，在引进相关网络信息安全防护技术的同时，针对基层单位和工作人员的特殊性和具体工作实际，制定与之匹配的安全管理制度，对于部分关键技术，还应制定相应的强制性规定，必要时可以将网络信息安全管理制度编订成册发给每一位工作人员，并严格要求每个人遵守制度的规定。另外，管理制度的落实需要依靠不折不扣的执行力，为了保证网络信息安全管理制度的健全性，工作人员要认真阅读和学习制度的内容，特别是其中的重点内容，如网络信息安全管理方法和措施等，并定期参加针对性的培训，促使其都能严格遵守制度的规定，按照制度的要求落实工作。

三 建立健全乡村网络信息安全监管制度

要加强乡村网络信息安全的监督管理，建立健全乡村网络信息安全监管制度。农村地区往往是电信诈骗、网络钓鱼、网络购物诈骗等网络犯罪的"重灾区"，其原因一方面在于农村居民对互联网还没有完全掌握，更不了解网络安全知识，防范意识十分薄弱；另一方面则是农民的个人信息、网络数据等也没有受到应有的有效保护。《中华人民共和国网络安全法》第四十条、第四十二条规定：网络运营者应当对其收集的用户信息严格保密，并建立健全用户信息保护制度，网络运营者不得泄露、篡改、损毁其收集的个人信息。那么，农民的个人信息数据在被收集、使用的过程中是否遵守了必要原则和自愿原则？是否符合相关法律的规定？信息收集过程中的行为者是否会因疏忽而泄露农民的个人信息或非法出售农民的数据信息？在存储和使用收集的农民个人信息时，是否采取了保密和安全措施？所有这些都需要由政府和公众来监督。只有加快建立覆盖信息采集、存储、编辑、使用全过程的信息安全监管机制，才能有效保证农民的个人信息不受侵犯，才能从根本上防止电信诈骗和网络诈骗在农村地区蔓延。

同时，也要及时总结信息安全监管的工作成果，形成可复制可推广的经验，建立健全信息安全监管体系，有序推进网络信息互联互通，实现网络信息的安全有效共享，以更为强大、包容、综合和更具韧性的信息安全监管能力为维护乡村网络信息安全提供有力支撑。

四、不断加大乡村网络信息管理投入力度

为了切实降低乡村网络信息安全风险，要不断加大对网络信息安全防护的投入力度，助力建立起符合现代管理理念的乡村网络信息管理制度。

目前，由于资金、技术、人员等方面的投入不足，维护乡村网络信息安全的基础设施建设总体上比较滞后，管理队伍建设也有很大问题，这势必会造成网络信息安全维护工作质量下降、工作实效不高等问题，进而影响乡村网络信息安全管理工作的质和量。因此，要将网络信息安全建设纳入乡村年度预算支出中，并拨出专项资金用于硬件的购置、信息的数字化和人才的引进，为实际工作的开展提供有力支撑。

同时，对乡村网络信息安全管理工作进行科学设计、统筹安排和机制创新，从防范和控制信息安全风险、数据安全风险、网络安全风险等方面，努力提升乡村网络信息安全管理工作的全面性和系统性。要对所有信息化设备进行整合管理，在物理层面上，可以设置密码锁、防盗门；在技术层面上，要保证所使用的软件必须是正版，加强技术研发和平台监控，定期更新升级防火墙和防病毒软件，密切关注异常访问账号的动向，避免数据被泄露和伪造。同时，日常要注重维护信息数据库的稳定性，定期做好调试和升级工作，防止因代码崩溃而导致节点丢失的问题。唯有多管齐下、加大投入，才能逐步建立乡村网络信息管理制度体系，真正地做好乡村网络信息管理工作。

第三节　补齐乡村网络信息安全技术短板

技术安全不仅是数字乡村发展的重要保障，也是维护网络信息安全的重要支柱。只有牢牢地把握技术这一核心要素，不断提升乡村网络信息安全的技术水平，补齐技术短板，才能从根本上维护乡村网络信息的安全。

在当前信息技术不断迭代升级的背景下，现有的网络安全技术不可避免地存在一定短板，导致各类网络信息安全问题接踵而至，严重影响了数字乡村建设与乡村数字经济的发展。网络信息安全技术的不完善一方面无法为乡村网络信息安全提供重要支持，另一方面也不利于乡村网络信息安全体系的构建。因此，为保证乡村网络信息的安全性，提高安全防护水平，相关部门必须补齐网络信息安全技术短板，通过行之有效的安全保障技术，实现对数据的实时监控和防护，及时消除系统在运行过程中所存在的漏洞，大大减少黑客、病毒等非法入侵的可能性，从而提升乡村网络信息的安全性。

一、提升网络防火墙的防范级别

在网络运行的实际过程中，往往存在着许多安全风险。而防火墙技术是当下应用最为广泛的网络信息安全技术之一，在保障网络信息安全、推动我国乡村数字经济深入发展方面具有不可或缺的重要作用。

一般而言，防火墙技术是在计算机运行过程中利用代理服务或状态监测的手段保障计算机信息安全，同时封锁计算机内部网络信息，提高网络信息安全级别，以防不法分子的非法访问或计算机病毒的攻击，提高用户使用计算机的相应体验[①]。利用防火墙安全技术不仅能够及时拦截计算机病毒，防止计算机病毒破坏网络信息，还可以筛查计算机中存在的不安全因素，隔断用户的非法访问，在网络内部构建防护屏障，进而确保用户网络信息安全。防火墙技术是一项随着信息技术发展不断更新迭代的网络安全防护产品，传统防火墙技术是通过策略筛选，对进出口流量进行过滤，以达到防范网络安全隐患的效果。而随着技术的不断成熟，更高级的防火墙开始出现。

高级防火墙是智能化、自动化和自适应的，不仅可以进行策略过滤和流量拦截，还可以帮助系统做出正确的应用决策，在程序运行过程中能够检查其中存在的不安全行为或者与外部的非法连接，以此来强化其防病毒、清除潜在隐患的功能和作用。高级防火墙在对用户访问的数据和信息开展系统性分析和研究时，能够帮助其进行高效的处理，根据用户网络状态运行的主要特点，进行高质量的查验配对，实现对管控访问的有效查验。总之，高级防火墙在运行期间具备防欺骗、防入侵、防病毒等多种功能，为了有效维护乡村网络系统运行安全，建议适当地提升防火墙方法级别。

二、定期使用网络杀毒软件

杀毒软件在计算机病毒检测工作中发挥着重要作用，杀毒软件技术的最大的特点就是能够检测出计算机系统中的病毒、木马等危险因素，并及时清除这些潜藏风险，帮助我们维护健康安全的网络环境。

在对乡村网络信息安全防护的过程中，要想获得巨大的安全效益，必须要对病毒进行全方位的"消灭"，这样才能为计算机系统的正常运行提供重要

---

① 于洪石. 基于网络信息安全技术管理的计算机应用［J］. 中国新通信，2022，24（7）：78-80，90.

保障。同时，随着计算机应用的不断更新，病毒入侵的方式也在不断更新，各种类型的病毒以及入侵手段层出不穷，并且越来越隐蔽，越来越不易被发现。虽然计算机系统有一定程度的自我防御能力，但还不够强大，无法防范复杂多样的计算机病毒。这种情况下，必须借助专业的杀毒软件。从当前我国网络杀毒软件的应用和发展的情况来看，其种类繁多，越来越趋于多样化。杀毒软件能够起到清除计算机病毒的作用，还能达到预防病毒入侵的效果，其预防性特点极大地满足了计算机网络信息安全管理的实际需要①。用户只需以自身需求为基础，选择适宜的杀毒软件，并定期使用这些杀毒软件来保障计算机系统运行的稳定性与安全性。

总之，为全面提高乡村网络信息安全性，提升网络信息安全管理水平，应定期使用网络杀毒软件，不断更新防病毒技术。

三、依托身份认证技术和入侵检测技术保障系统安全

采用身份认证技术，计算机系统不仅能够对用户的私密信息设置访问和使用权限，有效避免他人恶意获取和攻击文件，还可以对用户的身份进行自动辨认和验证，对用户所提供的身份数据进行判断，帮助用户更好、更合理地使用计算机。具体来说，身份认证技术又分为密钥验证和人像认证两种，密钥验证可以被看作是一种特殊的加密技术，即信息使用或持有者通过加密的方式限定信息访问人数，从而确保信息安全；而人像认证则是通过识别技术来强化网络信息与使用者的密切联系，通过赋予信息特定的人像特点来确保信息使用安全，从而最大限度地排除非法因素②。

总之，采用身份验证技术在乡村网络信息安全保护中是一项创新举措，不仅可以强化信息访问与获取的限制性，还强调对用户信息的辨认，从而为网络信息的运行提供一个安全稳定的环境，对于保护用户个人信息、保障系统安全具有重要的作用。

入侵检测技术也是有效维护乡村网络信息安全的重要防护技术，在预防用户信息丢失、用户信息泄露、判断计算机操作系统运行情况等方面发挥着至关重要的作用。入侵检测技术具有对非法访问进行及时预警的功能，从而提醒计算机网络信息安全管理人员及时处理。这就意味着，乡村网络信息系统在入侵检测技术的作用下得到了实时的检测，用户的信息数据安全得到了持续的保护。即便是"涉入"不深的非法入侵，该技术也能够及时发现，并

---

①② 杨光. 计算机网络信息安全技术应用［J］. 无线互联科技，2022，19（9）：38-40.

在准确判断入侵位置、做出入侵提醒的同时，做出相应的拦截反应，进而阻断入侵行为，维护系统安全。

第四节　培养乡村网络信息安全管理人才

网络安全的本质是人与人的对抗，没有人才梯队的储备，一切都是空谈。对于乡村网络信息安全管理工作来说，无论是管理理念、管理制度还是管理技术，归根结底都需要掌握这些信息管理要素的网络信息管理人才，同时，网络信息安全的管理保障和技术创新也主要依靠专业人才。

目前，在我国网络信息安全领域，人才匮乏是不争的事实。特别是在人才外流严重的广大农村地区，能够胜任网络信息安全管理的人才更是少之又少。在网络信息技术飞速发展的今天，要高度重视人才培养、人才引进等工作，加速培养一批具有高素质、高水平、高能力的网络信息安全管理人才。同时，也要积极对现有的网络信息安全管理人员进行综合培养，不仅需要他们具备信息技术方面的专业技能，还需要具备较强的技术创新能力、综合能力和较强的责任意识、安全意识。

一、建立健全乡村网络信息安全管理人才培养体系

推动相关乡镇企业与本地高等院校积极联动，共同构建人才培养体系与制度，按照企业的指定需求协同培养人才，通过建立实习基地、进行入职培训、邀请知名的信息安全专家进行培训指导，以及统筹安排网络与信息安全类专业学生参加学习、交流等多种方式，加大网络信息安全人才培养力度，切实把人才资源汇聚起来，并向乡村输送，从而促进乡村网络信息安全管理人才队伍建设，推动数字乡村发展。

二、提高乡村网络信息安全管理人员的思想意识

网络安全状况与网络安全管理人员的安全意识高低、责任心强弱关系十分密切，应不断加强乡村网络信息安全管理人员的责任意识和网络安全素养。

在责任意识的培养上，可以积极引导网络信息安全管理人员加强行业自律，使其树立良好的职业素养，明确自身的责任和义务，严格遵守行业道德，以专业、严谨、负责的态度，保证信息的安全。其次，也要加强监管和责任追究。可以通过定期开展信息安全检查、不定期抽查和重点抽查、专项检查等多种方式来进行检查监督，督促网络信息安全管理人员重视信息安全工作，

明确自身的安全责任，严格遵守制度规范。同时，要明确指出在乡村网络信息安全管理中的第一责任人，将相关职责到岗到人，并实行第一责任人的问责制，使领导切实担负起督促、管理的责任与职能。对于违反信息安全实施规定的，要实行可行的责任追究制，如绩效考核扣分制度、通报批评、违规处理等，从而切实加强乡村网络信息安全管理人员的责任意识。

在网络信息安全素养方面，虽然绝大多数管理人员能够了解和掌握相关的信息安全规定，具备一定的网络信息安全素养，在具体的实践中能够主动发现存在的信息安全问题并进行维护，但随着信息技术和内容的不断更新，仍然需要不断提高管理人员的网络安全素养，使其主动、及时更新自己储备的知识，从而为提升乡村网络信息安全管理工作效率提供保障。可以引入激励机制，通过完善物质激励和精神激励的方式，在肯定网络信息安全管理人员自身信息安全素养的同时，激发其提升自身信息安全素养的动力。可以采取网络资源学习、定期开展实战演练等形式，使网络信息安全管理人员对信息安全工作有直观的认识。例如，可以将信息安全学习资料上传到乡村信息管理内网网站上，供管理人员随时观看和学习；定期对全体网络信息安全管理人员开展应急演练培训，使其实际感受到对信息安全的威胁，从而不断提高自身的网络安全素养。

三、加强乡村网络信息安全管理人员的培训

网络信息安全管理人员的专业性直接关系着乡村网络信息安全管理工作的成效。在技术和技能方面，应广泛开展与网络信息安全管理相关的技术培训活动，使乡村网络安全管理人员能够熟练地使用现代信息技术，能对威胁网络信息安全的行为采取适当行动，从而确保网络信息安全。例如，我国目前正在全面推进信息进村入户工程，一大批村级信息员的技能得到了提高。但是，村级信息员的培训内容主要集中在计算机基础知识和农业信息等方面，而网络安全的相关知识和技能并不是培训和考试的重点。如果村级信息员对网络安全的认识不足，就可能导致其在为村民提供信息服务时，产生安全隐患，甚至造成财产损失。为了更好地服务广大农民、推进数字乡村建设，应加强对村级信息员的网络安全知识和技能的培训，提高网络安全知识和技能在村级信息员培训和考试中的比重。乡村信息员首先自身要掌握网络安全知识和技能，并安全使用互联网，然后再将这些知识传递给农民，指导他们安全使用互联网，提高农民的网络安全防范意识。

第十章

数字赋能乡村振兴未来可期

随着互联网、大数据、人工智能等数字技术不断应用于广大农村地区，数字经济的发展逐步向乡村延伸，乡村的生产生活方式也在悄然发生变化。数据成为农业生产生活中的新元素，信息技术成为农民生产经营的新工具，互联网成为农村包容性发展的新空间。数字技术正穿透乡村的经济和社会场域，构成了"数字中国"的战略要冲。作为"数字中国"和"乡村振兴"战略实施的结合点，数字乡村建设正成为乡村振兴的重要内容和有力支撑。

第一节　数字乡村建设取得阶段性进展

近年来，党中央、国务院高度重视数字乡村建设。从 2018 年首次提出数字乡村战略以来，我国的数字乡村建设经历了从提出战略到制定具体要求、任务、标准再到具体实践在全国各地全面铺开的过程，各地区的数字乡村建设取得良好成效。

一、乡村数字基础设施建设不断完善

自从实施数字乡村战略以来，我国农村的数字基础设施得到了全面升级，水、电、路、气等传统基础设施的数字化进程也不断加快。截至 2021 年底，我国行政村通光纤、通 4G 比例均超过 99%，互联网普及率提升到 57.6%，城乡地区互联网普及率差异缩小 11.9 个百分点。中国建制村快递进村比例已超过 80%，全年农村地区收投快递包裹总量 370 亿件，带动农产品出村进城和工业品下乡进村超 1.85 万亿元，全国农村网络零售额达 2.05 万亿元，农产品网络零售额达 4 221 亿元①。

---

① 联合国粮农组织驻华代表处，国际农业发展基金驻华代表处，等. 科技赋能乡村发展 2022：数字科技赋能乡村产业发展［R］. 2022.

二、农业农村数据体系建设初见成效

从数据资源看，乡村数据资源采集体系逐步完善，数据资源体系建设稳步推进，以重点农产品单品种全产业链数据采集、分析、发布、服务为主线的全链条数据应用体系逐步形成。从数据平台看，国家农业农村地理信息公共服务平台基本建成，农业农村"一张图"建设有序推进。从数据应用看，农业农村部同国家发展改革委、商务部等五部门联合发布生猪全产业链数据，中国农产品监测预警系统实现对 18 大类农产品产量、消费、贸易、价格等短中长期的智能预测，大豆、苹果等 8 个单品种全产业链大数据建设试点有效推进，公共数据服务能力和水平明显提升①。以大数据为核心的现代信息技术在设计育种、精准作业、农田建设管理、农业防灾减灾、动植物疫病防控、农产品质量安全监管等方面的独特作用开始显现。

三、农业生产数字化水平不断提高

数字技术的发展正不断赋能我国的农业生产，提高现代农业的生产效能。在种植业数字化方面，农情监测体系数字化建设不断完善，种植技术数字化指导成效显著。在畜牧业数字化方面，养殖场直联直报系统不断完善，养殖技术线上指导服务广泛开展。在渔业数字化方面，渔船渔港管理系统信息化建设持续推动，渔业装备升级改造不断加强，渔业生产大数据平台建设稳步推进。在种业数字化方面，数字化育种平台得到成功应用，大数据管理也在种子领域得到稳步加强。在农机数字化方面，农机装备数字化步伐不断加快，农机数字化作业服务深入推进，农机管理数字化水平明显提高。在农垦数字化方面，农垦基础数据资源建设不断提升，农业经营数字化转型的进程得以加快推进。

四、乡村数字经济新业态蓬勃发展

数字乡村建设不断推动乡村新业态蓬勃发展。一方面，农村电商继续保持高速发展。2021 年全国网络零售店铺数量达 2 200.59 万家，其中农村网商、网店数量达 1 632.5 万家，农村网店占全国网店的比重达 74.2%；全国农村网络零售额达 2.05 万亿元，同比增长 11.3%，增速加快 2.4 个百分

---

① 数据来源于中国农科院信息所农业监测预警研究中心。

点①。另一方面，直播、短视频助力农产品销售、乡村旅游、乡村培训效果明显，有力地促进一二三产业融合发展。淘宝直播近三年有 11 万农民主播，带动农产品销售 50 亿元，一个农民主播带动 2 个就业岗位，总带动 20 万人增加就业。2021 年，78 万人在抖音发布了"乡村游"主题视频，视频累计播放 63 亿次。乡村数字经济新业态加速发展，成为转变农业发展方式的新发力点。

五、乡村治理数字化水平大幅提升

数字技术的应用不断与乡村治理相结合，有力推动了乡村治理体系和治理能力的现代化。一是"互联网＋政务"加快向农村延伸，近年来我国不断推进"政务系统"服务平台终端延伸至村一级，全国一体化政务服务平台实名用户已超过 10 亿人②。二是"互联网＋基层党建"建设全面展开，通过建设智慧党建平台，推进农村基层党建信息化全覆盖。2019 年全国党员干部远程教育终端点 68.5 万个，其中乡镇（街道）3.8 万个、行政村 50.1 万个，农村党员全年接受远程教育培训 19 984 万人次③。三是借助数字化平台理顺了三资管理的体制机制，初步建成了平安乡村数字化平台，智慧乡村信息平台更是为乡村疫情防控提供了支撑。

六、乡村信息服务更加完善

为了保障数字乡村建设的有序推进，各地不断加大力度完善乡村的信息服务。一是基层信息服务体系进一步健全。截至 2020 年上半年，全国共建成运营益农信息社 42.4 万个，累计培训信息员 106.3 万人次，为农民和新型农业经营主体提供公益服务 1.1 亿人次，开展便民服务 3.1 亿人次，实现电子商务交易额 342.1 亿元。通过信息进村入户工程，初步形成了纵向联结从省到村，横向覆盖政府、农民、新型农业经营主体和各类企业的信息服务网络体系④。二是农业生产经营服务不断完善。通过农业科教云平台提升农业科技供给质量和效率；通过电视频道、微信公众号、抖音快手小视频等平台提升农产品产销对接服务能力；通过农产品市场信息服务平台提供全产业链数

---

① 数据来源于商务部。
② 中央网信网．国家互联网信息办公室发布《数字中国发展报告（2021 年）》［R/OL］．（2022 - 08 - 02）．http：//www.cac.gov.cn/2022 - 08/02/c _ 1661066515613920.htm.
③④ 农业农村信息化专家咨询委员会．中国数字乡村发展报告（2020 年）［R/OL］．（2020 - 11 - 27）．http：//www.moa.gov.cn/xw/zwdt/202011/t20201128 _ 6357205.htm.

据服务，等等。三是乡村公共服务的数字化水平不断提升。全面推进民政服务信息系统建设；更新升级乡村公共数字文化服务；推动乡村中小学教育信息化水平迈上新台阶，提升乡村就业、社保、医保服务信息化水平。

第二节　数字赋能乡村振兴仍面临挑战

自数字乡村战略启动以来，政府各部门进一步加强统筹协调，出台了一系列政策文件，在全国范围内组织开展数字乡村试点，稳步推进数字乡村战略的实施。各地区、各部门不断贯彻落实党中央、国务院的决策部署，积极参与推进数字乡村建设，取得了显著成效，但在实践中也面临着一系列挑战。

一、乡村数字基础薄弱，城乡数字鸿沟依然存在

党的十九大报告指出，我国社会主要矛盾是人民日益增长的美好生活需要和不平衡不充分的发展之间的矛盾。城乡发展不平衡、区域发展不平衡、农村发展不充分是当前我国经济社会发展中短时间难以消弭的客观存在。虽然近年来随着城乡一体化的持续推进，城乡之间的差距有所缩小，但在数字经济主导的新发展环境下，由于乡村的信息基础设施建设滞后、农民信息不畅等原因，数字鸿沟现象依然存在。

一是乡村新型基础设施仍需完善。乡村地区的数字化发展离不开互联网的支撑，新型基础设施的发展对于提升乡村地区的信息获取质量、信息传递速度和信息使用效率至关重要。由于城镇具有天然的区位优势、人口优势和由此带来的高投资回报率，其理所当然地吸引科技企业进行投资布局，成为部署数字技术的天然"孵化器"和"试验田"。而部分农村地区特别是偏远地区，由于新型基础设施建设成本高、难度大等因素，光纤网络、5G 网络等信息基础设施还未实现全覆盖，同时信息时代又具有网络升级更新迭代速度快的特点，因此部分农村地区还无法满足云计算、物联网、VR 技术、大数据、边缘计算等新技术对网络基础环境的需求。第 49 次《中国互联网络发展状况统计报告》显示，截至 2021 年 12 月，我国城镇地区互联网普及率为 81.3%，而农村地区互联网普及率仅为 57.6%[①]。互联网普及率的显著差距是乡村数字

---

① 中国互联网络信息中心. 第 49 次《中国互联网发展状况统计报告》［R/OL］.（2022 - 02 - 25）. http：//www.cnnic.cn/n4/2022/0401/c88 - 1131.html.

设备建设滞后、城乡信息鸿沟存在的重要表现。

二是农民数字应用能力有待提高。目前我国农村地区的宽带覆盖率不断提升，移动设备也在农村居民中得到广泛普及，但单纯的宽带物理接入与电信网点的设置并不等于数字乡村建设。因为数字技术及其相应的硬件设备终究是以一个客体、工具和要素的角色存在，而农村居民作为信息资源的使用主体，是数字技术输出普惠效能的直接参与者，信息主体产生的多样化信息需求与信息消费行为是培育农村经济新增长点，促进信息产业供给侧改革的重要驱动力①。

然而，目前我国农村居民的数字应用仍主要局限在即时通讯和在线娱乐等基础应用，他们对数字化的理解仍然是有限且肤浅的，不仅缺乏对数字技术和数字经济的全面了解，更不擅长数字技术与农村产业的结合。特别是我国农村人口老龄化严重，受教育程度较低，因而很难在短时间解决农民数字应用能力较弱的问题。

二、数字技术与乡村产业联动不足，发展机制尚未健全

农业生产和经营的数字化转型是数字乡村建设的重要组成部分，也是数字经济在乡村延伸的重要体现。在建设数字乡村推进农业农村现代化的过程中，不仅要将数字化思维运用在农产品的销售环节，解决产销对接问题，同时也应当积极地构建现代化的农业生产体系和产业体系，从而进一步提高农业生产质量和效率。就发展现状而言，数字经济与乡村产业的融合发展仍处于起步阶段，存在一系列亟待解决的问题。

一是缺乏高效的引导机制。相关数据显示，2019 年数字经济在农业方面的渗透率仅占农业增加值的 8.2％，远低于工业 19.5％、服务业 37.8％的水平。乡村产业发展本身面临着自然风险、社会风险、经济风险、生态风险等多种风险的挑战，而数字技术是化解风险的重要手段。但目前农业数字化仍面临农业技术供应不足、农业数据使用不足和农业政策支持力度不高等多重障碍，许多农业生产主体应用数字技术和相关设备的动力不足，需要进一步加强引导。

二是多元的资金投入机制尚未建立。农业生产力和生产关系的数字经济革命使现代农业生产出现了前所未有的数字化特征，深刻影响了农民的传统

---

① 冯朝睿，徐宏宇．当前数字乡村建设的实践困境与突破路径［J］．云南师范大学学报（哲学社会科学版），2021，53（5）：93-102.

生产观念，甚至影响了农民的参与意愿，削弱了他们在农业数字化转型中的主观能动性。农业机械的数字化、现代化升级以及为种植业、农业和渔业建立数字化工业园都需要高昂的前期投资成本和后期运营成本，这对本不富裕的农村人口来说是无法负担的。目前的投资主要以政府专项资金为主，农业数字化转型进程在资金方面受到一定阻碍。

三是数字产业融合发展评价标准不够因地制宜。由于各地的资源禀赋和自然环境不同，不能用"一刀切"的评价方法，而应尽量构建灵活的、多维度的评价指标体系。但现有评价模式多为仅以地区生产总值至上的单一评价模式，评价体系不够客观全面，未能建立科学的评价机制[①]。

三、乡村数字治理依旧薄弱，全面提升数字治理效能任重道远

目前，乡村治理的数字化转型已经取得了一定的进展，但数字治理仍然是数字乡村建设中的薄弱环节。总的来说，目前农村地区的数字治理仍然局限于消除数据障碍、开放信息渠道和促进信息公开等基本方面，在解构和重新设计传统治理体系，全面提升数字治理的整体效能方面依然面临着诸多障碍。

一是乡村数字治理能力不足。一方面，乡村基层管理人员受制于传统的治理思维模式，对数据的理解不深，缺乏数字化思维，导致乡村信息平台整体建设滞后、利用率不高。在当前乡村数字治理中，乡村民众并不是真正意义上乡村治理的参与主体，他们更多是在政府驱动下的数据提供者。另一方面，基层治理主体对于数字资源的开发利用程度还有所不足，乡村数字治理往往与数据采集和线上办公等同起来。总体来说，乡村当前的数字治理能力和现状距离真正意义上的数字治理仍有较大差距。

二是乡村数字治理成本过高。从信息基础设施建设到各类线上政务平台的构建，再到数字治理模式的常态化运行，每一步都需要政府耗费巨大的财力物力。当前不少乡村在治理方面仍然是依靠政策帮扶、财政补贴等输血式外生资源驱动，其经济基础难以负担乡村数字治理所需的各项要素投入费用。此外，从民众个人出发，让每个家庭甚至每个村民通过智能终端参与到政务监督与协同治理中仍存在诸多困难。数字治理成本过高一定程度上制约着乡村数字治理的发展。

---

① 陈一明. 数字经济与乡村产业融合发展的机制创新 [J]. 农业经济问题，2021（12）：81-91.

三是乡村民众参与程度不高。民众参与是数字政府促进有效治理的一个重要前提。从平台建设的角度来看，现有的各类乡村信息化平台在使用过程中仍然存在着政府信息更新不及时、用户反馈不及时、服务不到位等问题。平台的基本功能只包括公告栏形式的基本内容，如信息公开、信息查询等，村民仍然是被动的信息接收者。此外，青年人才的不断流失加剧了村庄人口减少和老龄化的问题，农村人口的数字素养和政治素养与数字治理参与者的要求难以调和，这很容易导致平台"无人使用"或"无人管理"的不利局面。

第三节　数字技术与乡村振兴需深入融合

数字赋能乡村振兴，数字技术是手段，核心是要推动农业农村现代化、实现城乡一体化。基于目前存在的困境与问题，要积极探索城乡融合信息化发展体制，加快完善数字经济与乡村产业融合发展，促进乡村数字治理的多元协同，并充分发挥数字技术的独特作用，因地制宜地探索具有本地特色的数字乡村发展模式，实现乡村振兴。

一、探索城乡信息化的同步推进

为了进一步缩小城乡"数字鸿沟"，使数字技术更好地助力乡村振兴，要加快乡村的信息化建设步伐。打造城乡统筹发展的新平台，加大对乡村地区的资金、信息、技术等要素的供给，为城乡统筹战略任务提供有力支撑，稳步加快农村结构调整，加快市场体系、经济组织以及基础设施等方面建设，促进城乡统筹发展。

（一）加快完善乡村数字基础设施建设

目前，国家大力发展新基建，必须抓住机会促进乡村信息基础设施的现代化，为数字技术赋能乡村振兴奠定坚实基础。要加大投入力度，把信息基础设施建设摆在乡村振兴的突出位置，制定具体政策，划拨专项资金，加大财政支持力度，切实做到财政保障有力。要推进重点工程，深入推进乡村宽带覆盖新技术应用综合示范工程，推进新一代网络覆盖工程等，加快推进乡村互联网基础设施、信息传输渠道和信息服务能力建设。要按照系统规划，把乡村信息基础设施建设与道路、电力等公共基础设施建设结合起来，一体建设、一体推进，提高乡村基础设施建设的整体质量。要改善乡村地区的电信服务质量，扩大基础网络的覆盖范围，促进城乡基础网络服务的融合，缩小城乡之间的"数字鸿沟"。

（二）积极培养乡村数字技术人才

人才稀缺是数字技术赋能乡村振兴的一个重要障碍。因此，要在人才振兴的基础上，积极培养乡村数字人才。一是突出重点群体，积极实施高素质农民培育工程，注重对新型农业经营主体、返乡创业人员、返乡大学生、农村青年和妇女、退役军人等群体的数字技术培训，提高他们应用数字技术的能力，建设一支高素质的农民队伍。二是创新方式方法，结合农民群众特点，充分发挥互联网和移动设备的作用，建立现代高素质农民培育体系。在组织数字人才下乡活动时，可以选择先进典型开展经验分享和交流学习，提高数字技术培训的效率。在培养领军人才时，不仅需要政府主导、政策支持，也需要各高校、科研院所、企业的共同努力，培养一批数字乡村建设的领军人才，畅通人才下沉渠道，夯实数字技术赋能乡村振兴的人才基础。

二、加快数字技术与乡村产业的融合发展

只有产业兴旺，才能不断壮大农村经济实力，切实提高农民收入。数字技术作为经济增长的重要引擎，必须与乡村产业深入融合，激发乡村的经济活力，增强乡村振兴的内生动力。

（一）加快建立数字技术与乡村产业融合发展的引导和激励机制

首先，对于地方政府和社会各界高度认可的融合主体和平台，要及时总结和发展其成功经验，加大宣传和培训力度，提高其知名度，将其成功做法和经验及时推广出去。其次，利用现有的产业支持基金和风险补偿基金，支持和引导更多的新型农业经营主体朝这一方向发展。最后，可以积极探索建立国家支持政策和融合主体经营效益的共享机制，以龙头企业为核心、农民合作社和家庭农场等为纽带、乡村电商和互联网金融平台为基础，培育和发展现代农业产业化联合体，形成更加紧密和更加稳定的新型组织联盟，使更多农民从综合发展的附加值中受益。

（二）加快建立数字技术与乡村产业融合发展的多方协同投入机制

一是以财政资金作为引导，大力推进农村信息基础设施建设，加大投入推行物联网、云平台体系在乡村落地，强化农村数据采集渠道建设，为数字技术的深度应用和智慧农业农村建设提供良好的基础服务。二是加快科技与金融在乡村的有效结合，植根于当地实际情况与产业特色，将互联网金融、大数据、云计算与本地农业农村特色相结合，实现金融产品与服务的多样性与实用性。三是引导社会资本投入，提高企业、合作社、新型农业社会化服务机构和数字经济平台等各方参与的积极性，并以市场需求为导向推动要素

跨界配置和二者的有机融合，稳步推进数字经济与当地特色农业产业的布局优化。

（三）加快建立数字技术与乡村产业融合发展的科学评价机制

一是根据中国乡村产业的发展现状和未来趋势，加快建立和完善数字经济与乡村产业融合发展的监测评价指标体系，精准把握二者融合发展的静态和动态特征，明晰二者融合发展的程度并找出不同地区的短板和改进路径。二是将重点放在增加自上而下的相关改革试点上的同时，也应鼓励更多自下而上的具有内生动力的民间智慧的尝试，并通过案例研究和多个案例的比较分析来对实践规律进行总结，以提炼出可复制、可学习和可推广的经验。

（四）加快完善数字技术与乡村产业融合发展的法律法规保障

一是通过大数据信息采集立法推进数据确权，确定数据产权与保护机制，完善流转与交易机制，实现数据这种新型生产要素的公平、高效、合理配置。二是通过建立健全法律法规，有效规范二者融合发展后相关数据的知识产权保护、责任权利归属、利润分配方式等，新秩序的法制基础要及时构建起来，从而使融合发展体系建设中的每一个社会参与主体的合法权益都能够得到有效保障。三是加大执法力度确保数据安全，通过完善监管框架，有效治理数据网络空间，确保数字经济与乡村产业融合发展在安全的轨道上加快推进。

三、促进乡村数字治理的多元协同

乡村数字治理是一项跨部门、跨层级、跨区域的系统工程，涉及领域广、业务范围大，单靠政府部门的自投自建自管，显然无法完全发挥数字治理的真正作用。因此，当下乡村数字治理需要多元主体共同参与，以形成协同推进乡村数字治理的良好格局。

一是要充分发挥政府和村级组织的治理主导作用。一方面，政府要继续加大对信息基础设施建设的投入力度，同时通过制定乡村数字治理发展规划，实现多种数字技术的耦合，构建共享信息数据库，规避数字治理排斥。并且要建立简约的城乡一体化政务服务平台，强化政府与民众、政府与企业以及政府各部门之间数据的互联互通。另一方面，要充分发挥村级党组织、村民自治组织、村务监督组织等在数字资源提供等方面的独特优势，同时可凭借数字赋权，使其获得与乡村数字治理相匹配的责任职权。

二是要保证多元治理主体的有效参与。一方面，要依托市场主体或政府委托市场力量进行乡村治理数字化改造，特别是要依托市场力量参与乡村数字治理平台总体架构设计、业务应用开发和系统运行维护等。另一方面，需要加大对乡村网络知识的宣传普及力度，利用社会网络的信息传播优势，鼓励村民通过网络平台积极参与乡村治理，从而培养村民的归属感，激发村民的主人翁意识。在回应村民参与过程中的公共诉求时，政府应充分尊重民意并及时做出反馈。

三是推动乡村数字治理的良性发展。一方面，要通过不断的学习培训来提升村民数字治理能力和数字素养，同时引导数字农业农村领域人才下乡，提升数字乡村建设的内生动力。二是重视社会组织、媒体等的群体监督作用，并发挥民主协商治理优势来解决乡村治理能力不足、治理效率低下等问题。三是加快完善数字乡村治理的制度保障与法律框架，制定科学合理的数据采集、储存与使用规则，保证政务工作的高质高效与透明公开。

四、探索数字赋能乡村振兴的本地特色

由于现阶段全国各地乡村的发展水平、要素资源等方面存在较大差异，各地区在推进数字乡村建设时应坚持因地制宜，科学把握乡村差异化特征和发展趋势，结合不同地区的乡村属性，制定针对性强的发展对策。要打破单一标准的创建体系，赋予乡村更大的发展空间，更为有效地推动数字赋能乡村振兴的精准化、特色化。

一是坚持试点先行，科学推进数字乡村建设。在数字技术赋能乡村振兴时要注重方法和途径，稳妥审慎推进，切忌"一刀切"，避免大而化之的做法，要对数字技术赋能乡村振兴先行先试，科学选定一批乡村振兴试点项目，取得成功经验后，再全面推广。

二是聚焦本地资源禀赋，建设特色数字乡村。数字乡村建设涵盖经济、文化、科技、环保、治理等多个领域，各地在推进数字乡村建设时，不要追求面面俱到，应充分尊重不同的村庄在地理区位、资源禀赋以及产业现状等方面的差异，从实际出发，有选择地发展兼顾地方特色的数字乡村，避免贪大求全、千村一面。

第四篇

数字赋能乡村振兴
在重庆的实践

第十一章

"乡村智治"探索基层治理新路径
——基于重庆市渝北区的案例

渝北区地处重庆市西北部，集大城市、大农村、大山区、大库区为一体。2014 年，重庆市政府批准启动建设位于渝北区的仙桃国际大数据谷，谷内重点布局大数据、云计算和跨境电子商务等新兴产业，致力于积聚大数据全产业链，包括数据感知、存储、挖掘分析以及区块链技术应用等。依托仙桃国际大数据谷，开发了"幸福云"农业智能服务平台，打造了集景区游玩、旅游消费、社区消费、农业生产、农产品体验销售为一体的综合性智能商务服务平台。

面对人口规模庞大、山地面积居多的乡村治理难题，渝北区抢抓把握数字化、智能化的发展机遇，及早谋篇布局，依托仙桃国际大数据谷集成创新人才、智能技术、智能产业等的优势，全力推进互联网、大数据、云计算等现代信息技术与农民生产生活、农村公共服务、农村社会管理深度融合，推进乡村治理数字化转型。

一、打好基层数字化治理组合拳

渝北区依托仙桃国际大数据谷集成创新人才、智能技术、智能产业等，加快互联网、大数据、云计算等现代信息技术在乡村治理领域的智能化应用，积极探索基层数字化治理新模式。以"三化"模式推动政务、生活服务便捷化，以"四张清单"明晰基层组织职能、推动基层服务效能跃升，以"五长制"提高乡村治理机制的协调联动能力。

(一)"三化"模式推动乡村治理数字化建设进程

渝北区通过大数据技术应用、网格化人员配置、智能化平台开放等多种手段，以数字化赋能乡村治理，打造了"在线化、精准化、实时化"的"三化"模式，推动乡村治理水平的提高，促进乡村基层组织自治能力的跃升。

第一，以"在线化"管理全面覆盖治理范围。推进乡村治理数字化，渝北区从织密织牢一张保障网出发，把构筑乡村智治"地网""人网""天网"作为"乡村智治"的基础性工程，加强系统谋划和整体设计，形成乡村治理的"天罗地网"，全面覆盖乡村地区、人口，统筹解决乡村治理中的各种问题。通过在乡镇、街道全面推广数字乡村管理体系，在房屋、十字路口等区域安装摄像头，形成乡村的"小天网"，只需要打开数字乡村管理系统，就能通过安装到位的摄像头，查看各区域环境卫生、社会治安等情况；通过农村地区的网格化管理，建立"地网"，以自然村落、村民小组或一定数量住户（一般按 200～300 户）为标准，渝北区将农村地区划分为 635 个网格，全面构建覆盖城乡、条块结合、横向到边、纵向到底的基层服务治理网格体系；通过加大农村网格工作经费投入，培训和配齐网格员，以网格员的"人网"促进乡村治理的人性化。

第二，以"精准化"定位解决治理难题。渝北区整合农村天、地、人"三网"，利用互联网集成数据，高标准建成乡村综合治理信息系统网。通过网格员数据采集、系统数据库对接等方式，全面采集农村地区人口、房屋、特殊人群、基层组织等数据并深度融合，建成乡村综治基础"数据池"。该系统已累计采集录入 11 个镇的人、房等基础数据 66 万余条，联通信访、司法、教育、民政等 46 个行业部门和领域，构建起"纵向到底、横向联通"的全流程事件处置网络，实现信息实时互通、事件闭环处置。同时，依托视联网系统，渝北区还搭建起覆盖 28 个区级部门、22 个镇街、353 个村居的全时空在线调度指挥的善治指挥链，借助网格员 App 等集成终端，搭建起统一指挥、分工协作、多元配合、一体处置的可视化立体化指挥体系，为开展乡村社会治理和服务管理提供全面、及时、精准的信息系统集成支撑。通过数字信息库的反馈，精准定位了农村出现的问题，能够进行有效应对和解决。

第三，以"实时化"服务提高服务效能。渝北区通过线上平台的构建和功能实现，聚焦破解农村地域广、人口多、管理压力大、办事难、找人难、信息传递难等问题，探索乡村数字治理"多元模式"和"小微平台"，让乡村智慧治理更接地气、服务群众更加暖心。通过建设"村村享"智慧治理平台，渝北区整合基层党建、扶贫、产业、乡村旅游、村民信息等数据，建立"村村享"综合服务体系，解决了群众办事门难找、跑路远、环节多、手续繁等突出问题，让村民办事从"最多跑一次"到"跑也不出村"，打通了服务群众办事、就业创业、生产生活等的"最后一公里"；通过推广"钉钉乡村"数字治理平台，整合便民服务、党务服务、政务服务、公益服务、电商服务、劳务服务、乡村教育服务等资源，实现"数据多跑路，服务零距离"。同时，推行"积分制"治理模式，将农村环境整治、清洁维护、绿化管护、道路养护等纳入积分管理，村民在线"随手拍"曝光环境"脏乱差"、矛盾隐患等，通过"红黑榜"在线监督，让群众共建共参与。

（二）"四张清单"明晰基层组织自治能力

渝北区农村现有面积 1 200 余平方公里，70% 以上是丘陵山地，推进数字化治理任务繁重。在"四张清单"发布以前，村民委员会作为基层群众性自治组织，常面临事务繁多的局面，陷入眉毛胡子一把抓的窘境，基层工作呈现"泛行政化"趋势。"四张清单"的发布明确了基层组织职能，为基层组织减负；提高了多元主体参与乡村治理的积极性，为乡村治理汇聚合力；解决了大量政务服务不便利的问题，为农民办事提供线上平台支撑。

第一，定好自治清单，提升治理能力。一是明确自治事项。梳理确定村级组织调解民间纠纷、办理公益事业等 23 项依法自治事项清单，明确村级组织依法履职的工作内容和责任边界。二是强化村民参与。强化村民在村级发展与乡村治理中的主体地位，创新群众在乡村管理事务中的联结度和参与度。例如，渝北区统景镇江口村探索线上线下混合治理模式，推出"民情茶室"自治方式，不断营造"村级事务共商共办、发展成果人人共享"的良好氛围，拉近基层干部与农民群众的情感距离。三是推进"三治"融合。建立村规民约、村民议事会、红白理事会和道德评议会，大力推行"三事分流"工作法，通过线上平台有效提高工作效率，实施村级事务管理"阳光工程"。坚持村级重大事项"四议两公开"制度，通过数字化平台公开政务信息和财务明细，将农村特色产业发展、人居环境整治提升、壮大村集体经济等重点工作纳入协商范围，充分调动农民群众参与"三治"融合的积极性和主动性。

第二，定好协助清单，推进多元共治。一是规范协助事项。明确村级组织应当依法协助政府做好社会救助、维护辖区社会治安等工作清单 27 项，督促区级部门按照"费随事转、权随责走"的要求，为村级组织提供指导服务、人员配备、经费投入等保障支持。除依法明确协助政府工作事项清单外，其他需要基层组织协助事项一律严格把关、限制准入，为部门随意委托行为戴上"紧箍咒"。二是推进"三社联动"。大力推动线上平台的社会协同效应，以社区为平台、社会组织为载体、社会工作者为支撑，大力推进社区、社会组织、社会工作者"三社联动"，开展心理疏导、资源链接、权益维护等社会工作，引导区级部门购买其提供的服务，实现资源互通、多元共治，更好地为困难群众排忧解难。

第三，定好负面清单，推动松绑减负。一是定规矩立红线。明确规定不得将村级组织作为行政执法、拆迁拆违、环境整治、城市管理、招商引资、协税护税、生产安全管理7项工作的责任主体，为"万能村委会"松绑。开展规范挂牌和工作机构专项治理，核减村级组织工作机构及牌子18个，规范管理制度、活动制度、工作规范等上墙制度25项。二是推动回归本源。通过订立准入规矩，严控准入源头，将专业性极强的工作"挡在门外"，让村级组织卸下包袱、轻装上阵，集中精力抓好村民自治、服务群众、推动发展等工作。三是实行动态管理。结合发展实际，对因法律法规制定、修改、废止以及"放管服"改革不断深化等原因确需新增或取消的负面事项，在严格执行事前协商、评估审核、审定批准程序后，动态纳入清单管理。

第四，定好证明清单，提高服务质效。一是推行减证便民。明确各部门、企事业单位、社会组织职责范围内的核实证明事项，不得要求村级组织出具证明。取消村级组织出具证明事项35项，保留村级组织依法出具证明事项7项，同时列明设定依据、统一办事指南、制订表单样本、简化办理程序、畅通办理渠道，为农民提供"一门式办理""一站式服务"，实现简单证明当场办结、复杂证明限时办结。二是依法据实证明。对国家部委、市外要求提供的证明事项，民商事主体或其他社会组织要求办事群众提供的证明事项，属于村民自治范畴的由村级组织依法据实提供；对未纳入证明事项清单的，经评估核实，在预先防范法律风险的基础上，依法据实出具证明，最大程度为群众提供高效优质服务。三是强化部门协同。建立部门信息核查反馈机制，依托"渝快办"、政务云等数字服务平台，推动政务数据资源"聚通用"，畅通高频信息授权查询方式，实现数据互通、资源共享、联动联办，避免重复提交纸质证明，让群众"少跑腿"、数据"多跑路"，变"群众来回跑"为"部门协同办"。

（三）"五长制"构建基层治理联动机制

渝北区在全区建立了"4+1""五长联动"机制（简称"五长制"），机制中的"4"就是以社区（村）为单位设立社区（村）长、网格长、片区长、楼栋（院落）长，"1"指物业长，农村等不具备物业条件的不设物业长。"五长制"通过各层级信息互通的方式，以及线上线下混合的联动模式，能够对辖区社会事务实行动态、有效管理，统筹做好治安稳定、安全生产、矛盾纠纷排查、政策宣传等各项工作。

第一，全面覆盖治理区域。各镇街坚持"地域相邻、规模适度、全域覆盖、方便管理"的划分原则，统筹人口规模、地理特征、驻区单位、党组织和党员、管理难度、治安安全现状等，因地制宜划分，将每个社区（村）划分若干网格，每个网格划分若干片区，每个片区划分若干楼栋（院落），并将辖区实有人口、实有房屋、实有单位以及城市设施部件纳入其中，做到不留空白、不留盲区。

第二，社区（村）长管理区域与社区（村）行政区划一致。网格划分在原有基础上，根据辖区特点和实际进行调整优化。片区划分要符合实际，依靠大数据地图，根据物业管理、门店是否连片、小区封闭程度等进行划分，大型商务楼宇、商贸市场、产业园区、企事业单位、公园、景区、学校、医院、工厂等相对独立、管理体系完备的区域可划分为一个片区，物业管理小区可根据大小划分为若干片区，没有物业的单体楼可根据密度、距离等可划分为若干片区。楼栋（院落）划分原则上按 20～40 户标准，可根据实际情况调整，确保突发紧急情况时，线上系统精确实时传达信息、线下各项管理服务及时到户到人。

第三，全面摸排、精准统筹、合理配置信息资源。积极推动"五长制"力量整合、信息融合、资源聚合，实现共享互动，提升治理效能。各镇街通过知悉辖区内村（居）小组长、村（居）民代表、党员、"五老"人员、物业、环卫工人、城管队员、业委会成员、社会组织成员以及热心群众等各方力量，做好线上线下的人员动员和配置，推动贤人能人上一线、精兵强将到基层；主动对接职能部门，结合实际制定辖区"五长制"工作管理规范，建立健全各项制度机制。区、镇街为"五长制"推行提供必要保障，增加资源力量，确保工作顺利开展。

二、乡村智治赋能治理有效

渝北区积极探索数字乡村治理路径，把推动"乡村智治"作为构建"三治"融合现代乡村治理体系的重要抓手，有力推动了乡村治理转型升级。

一是"三网"有力，全面覆盖。渝北区设置了个人、圈群、平台"三网"，村在网中、户在格中、人在其中，通过"三网"合一形成了一张严密高效、富有张力的乡村治理网。在"人网"方面，持续加大农村网格工作经费投入保障力度，近 3 年投入资金 7 000 多万元，配备网格员 609 名，各条块下沉人员 200 余人，开展各类专业培训 1 000 余次；在补强扎牢"圈群网"方面，组建了三级微信群 1 501 个，覆盖 15 万余户。目前，"乡村钉钉"治理平台已实现全区 13 个涉农镇街、173 个行政村全覆盖，使用治理平台常住农户达 9.49 万户共 10.32 万人。

二是精准服务，治理有效。通过乡村网格化治理，为村民提供了多元化、精细化、个性化的服务，实现了对乡村地区"人、事、物、地、组织"等要素的全面掌握，已累计开展走访入户 39.3 万次，宣传各类政策 2.95 万次，采集各类基础信息 66 万余条，在网格内解决处理各类问题 24.3 万余个。"村村享"和"钉钉乡村"推行以来，已累计成功调解群众矛盾纠纷 1 380 余次，处理群众信访事件 670 余件，就近就地解决群众难题 2 892 件。

三是"天网"覆盖，保障安全。"天网"的构建实现了对乡村地区重要生活场所的全面覆盖。通过登录线上治理平台，用户可以通过实时视频了解生活属地的安全情况。全面覆盖的实时视频监控在一定程度上预防和解决了犯罪问题，有效保证了村民的生命财产安全。近三年来，通过"智慧天眼"工程，农村地区破获各类刑事案件 1 105 件。同时，110 警情、治安警情同比分别下降 22.5%、15.8%，农村扒窃、盗窃车内物品的刑事警情同比分别下降 54.3%、35.1%。

四是因村制宜，各具特色。渝北区乡村地区以区级平台"村村享""钉钉乡村"为主导，各乡镇、村街通过发掘自身特点，在考虑到区域内居民使用习惯、文化特点、地理环境等要素的前提下，多个乡镇、村街开发了属地区域的数字化平台。具有区域特色的数字化平台在信息传播上更贴近区域内乡村的实情，在功能使用上更好满足村民的办事需求。如渝北大盛打造了"畅晚庭"平台，建立"一个党员一面旗"流动服务机制，以党建引领乡村治理新模式。

三、缔造乡村治理数字化标杆

渝北区乡村治理数字化的显著成效既离不开政府的高效统筹，也得益于平台因地制宜的有效开发，因此能够全面覆盖，并起到引领示范效应。

一是政府规划，高效统筹。渝北区政府早在 2014 年就对乡村治理数字化进行了规划，以大额的资金投入大力支持数字化产业的开发、应用、维护，并且整合了政府资源、社会资源共同对各项资源进行高效配置。渝北区不断推进数字乡村治理的顶层设计，出台了《渝北区农村通信基础设施提升三年规划》《渝北区智慧农业发展实施方案（试行）》《渝北区数字经济高质量发展实施方案》等一系列政策，给乡村治理的数字化发展提供政策支撑和建设标准；"四张清单"规划了乡村基层组织的治理内容，让基层组织治理工作的目标更为明确，提高了乡村治理的效能。

二是区域平台，各具特色。在渝北区内，很多乡镇、社区（村）充分考虑本地区的地理特点、村民使用平台的习惯等因素，开发了具有区域特点的线上平台，能够满足属地村民的使用需求，平台信息的推送也更接地气，能够较为全面的覆盖基层治理的平台功能供给。区域性线上平台的开发有效化解了通用平台对不同乡村的人口、需求覆盖不充分的问题。

三是数字治理，全面覆盖。渝北区具有良好的数字基础设施建设，能够实现信号覆盖全部行政村；通过"三网"布置，能够全面覆盖农民的生活属地，知悉农村情况，并对治理问题予以实时解决。渝北区积极探索乡村数字治理的"多元模式"和"小微平台"，多样的平台选择和功能配置有效地满足了村民需求，能够较为全面覆盖乡村治理中出现的各种问题。

四是辐射周边，典型示范。渝北作为重庆的主城区，较早着手乡村治理数字化并取得了显著成效，对周围地区具有较强的区域辐射效应。渝北区在数字治理平台的构建、协调联动治理机制的创立等方面积累了宝贵经验，给其他地区的数字化治理工作以参考模板。

四、渝北区乡村治理数字化面临的挑战

乡村治理一直是乡村振兴的薄弱环节，虽然数字技术的应用有效提高了乡村的治理能力和治理水平，但是面对乡村发展差异、乡村人口外流等现实问题，乡村治理数字化仍面临一些挑战。

一是区域间乡村治理数字化平台功能存在差距。渝北区乡村治理数字化平台的多元构建，一方面探索了基层自治的有效方式，有利于提升平台覆盖区域的治理效能；另一方面，不同治理平台的信息、功能供给存在差异，不同区域间缺乏统筹协调，相互独立，可能造成"信息孤岛"、功能供给不足等问题。

二是社会力量参与乡村治理数字化的规范有待引导。社会力量（如志愿者协会、网络公司）协助政府部门推进了乡村治理数字化进程，形成了多元共治的良好局面，但也存在一些问题。一是数据资源的安全问题，社会力量在数字乡村建设的过程中，必然会收集乡村的各种信息资源，可能存在对这类信息资源的滥用问题。二是对社会力量综合引导不足，在推动乡村治理数字化的过程中容易出现同一类社会力量的冗余，从而造成重复建设的问题，也容易忽视治理数字化建设中的弱项和短板。

三是村民参与乡村治理的积极性有待增强。虽然乡村治理数字化已经实现了对全区的覆盖，但是存在一部分村民（如留守老人、小孩）或缺少数字化设备，或缺少数字化技能培训，不了解如何使用数字化平台；还存在一部分村民因政府宣传力度不足，没有下载数字化平台，没有参与到乡村治理中来。

五、进一步推进渝北区乡村治理数字化的对策建议

针对乡村治理数字化实践中的困难和挑战，可以从以下几个方面加以完善：

一是制定乡村治理数字化的统一标准，以区级平台引领乡镇、社区（村）平台发展。由区级政府确立乡村治理数字化平台的建设标准，在信息供给、功能供给等方面提供统一而全面的建设目标，以满足乡镇、社区（村）的使用者对平台功能、信息的需求。在区级平台（如：村村享、钉钉乡村）主导下的次级治理平台要做好数据库的信息互通、平台功能的学习互鉴，让平台覆盖的用户知悉大事小情，使治理功能覆盖各地治理问题。

二是建立健全多元治理机制，提高社会资源配置水平。明确社会力量参与乡村治理数字化建设的规范，加强对社会力量的行为引导，确保信息数据的安全，确保社会力量对乡村信息资源的合理利用。提升社会力量参与积极性，通过对乡村治理数字化的缺项、短板进行梳理，引导急缺性社会力量参与。

三是加强数字化设备投入，扩大数字化治理的宣传效应。对于一部分没有能力购买数字化设备的村民，以收入水平、治理需求为划分标准，政府和社会资源共同投资，分批次解决数字化设备的使用问题。针对不懂数字化设备操作的居民，安排专人进行培训。加强乡村治理数字化平台的宣传力度，设立宣传专员进行定期宣传。

第十二章

大数据赋能生猪产业数字化转型
——基于重庆市荣昌区的案例

荣昌区位于重庆西部，地处重庆、四川两省接壤处，是重庆西部门户，辐射渝西、川东区域。荣昌拥有全国农业领域首个、重庆首个国家级技术创新中心——国家生猪技术创新中心，生猪交易市场覆盖全国，交易额累计突破 900 亿元，"全国畜牧看荣昌"成为共识。荣昌猪是世界八大、中国三大优良地方猪之一，品牌价值位居全国地方猪榜首。

2019 年 4 月，农业农村部批复在荣昌区建设国家级生猪大数据中心（以下简称为"中心"）。中心按照"国家平台、公益主体、科技创新、服务民生"的目标定位，重点汇聚国内生猪全产业链数据资源，形成服务于政产学研商的生猪数字产品，保障猪肉食品安全，助力生猪全产业链监测预警，提升生猪产业科技创新能力，促进我国生猪产业数字化、智能化转型发展。

一、围绕数字平台谋划生猪产业

中心建设以来，围绕生猪产业数字化、数字产业化，扎实推进生猪大数据平台建设，精准开展全国地方生猪数字化转型发展。

（一）围绕"四大应用平台"，推动生猪产业数字化

1. 智能养殖

中心探索数字养殖、楼宇养殖、绿色养殖，为养殖业主提供科学的、规模化智能化的养殖方案，降本提效。

一是实施养殖场智能化改造。实施全国智能养殖（生猪）试点区项目，项目总投资 2 600 万元，研发建成"智慧养殖、粪污、溯源等区域化综合服务大平台"和 9 个子平台（系统）成果，形成 6 套针对从 200 头至 10 000 头不同规模养殖场的智能养殖"荣昌示范"，可为全国中小养殖企业提供智能养殖解决方案。

二是探索楼宇集成养殖模式。中心联合重庆市畜牧技术推广总站、天兆

集团，针对天兆建设的全市最大楼宇式养猪场，探索楼宇式集成养殖模式，集成公猪养殖、配种及妊娠舍、产仔舍、保育舍、培育舍及环保中心等养殖功能。

三是打造粪污绿色生态链。建设全国粪污数字资源化利用平台，形成粪污全量还田、污水肥料化、固体粪便堆肥利用、异位发酵、污水达标排放的"产—运—用"全过程监控。推动养殖企业对畜禽粪污进行干湿分离、发酵处理，一部分通过管道输送到周边还田，一部分运至有机肥厂加工成有机肥。

2. 电子交易

一是建设全国唯一生猪活体网市。针对生猪交易的市场不规范、信息不对称、价格不透明、渠道不畅通等问题，荣昌区建立仔猪、生猪、猪肉电子化交易机制，构建全国生猪网络大市场。生猪交易采用"卖家挂单、买家搜索、线下交割、平台结算"的网市模式，建成"猪淘宝"，为全国生猪及肉制品在线交易＋线下交割提供服务。

二是"生猪大数据＋气象"赋能生猪交易。联合重庆市气象局推广运用"生猪大数据＋气象"，建设"生猪流通与气象大数据平台"，为养殖户、贩运户、仓储企业等提供全方位、智能化、24 小时的气象服务，降低生猪在养殖、加工及运输过程中的气象灾害风险。

3. 数字监管

荣昌区建立了生猪全生命周期数字化监管机制，实现全周期闭环监控。

一是大数据监管养殖全过程。研发生猪数字监管平台，为全区 3 万余户生猪养殖场（户）建立防疫电子档案，有效统计生猪数量。养殖户可通过监控端及时发现猪体温变化情况，及时采取措施救治病猪，减少损失。基层动物检疫人员不入猪舍，实现远程监控养殖区生猪疫病情况和喂养全过程。

二是智能系统监测防疫病。建立智能监测管理服务系统，将生猪免疫、人工授精、产地检疫、屠宰检疫申报与受理等政府在线管理服务，与生猪出栏、贩运流通等行业动态数据进行关联，准确监管生猪从出生到成品猪肉的来源和去向。利用养殖户端 App 精准掌握猪只死亡信息，通过数据比对核验，掌握全区范围疫病发生情况，提高防控应对效率。

三是研发"生猪监管区块链电子签章"并运行。基于区块链的电子签章签名技术在生猪产业监管的应用，研发"生猪监管区块链电子签章"并试运行，对生猪免疫、产地检疫、屠宰检疫、无害化处理、车辆洗消五个印章进行电子化、溯源化、无纸化管理，实现章章关联、证章关联、人章关联，解决"提前用印"、用"人情章"、开"人情证"等监管难题，有效防范违规调运、非法屠宰和监管廉政风险问题。

4. 智慧消费

运用区块链技术，整合生猪检疫免疫、车辆消毒、无害化处理和品质检验等系统信息，开发"荣昌猪产品区块链全过程溯源系统"。在荣昌区各农贸市场及商超设立 20 个猪肉食品溯源门店，打造生猪全链条、全过程溯源的"琪金食品"品牌，实现了猪肉生产到销售"一品一码""一店一码"溯源查询，消费者都能查得清楚、买得明白、吃得放心。

（二）围绕"四大数据服务"，推动生猪数字产业化

1. 数字平台服务

一是开发和优化生猪数字监管、电子签章、智慧养殖、资源化利用、猪肉溯源等生猪数字平台，在全国智博会、农博会上陆续亮相，并在四川自贡和内江、重庆万州等 5 市区，以及广西数广集团、广东 IPIG、农神集团等 10 余个企业试点运用，赋能地方生猪产业发展。

二是将生猪数字平台推向全国。2021 年 7 月生猪数字案例入选半月谈评选的"火种计划"2021 数字经济党建优秀创新项目；2021 年 8 月"生猪数字系列产品"亮相全国畜牧兽医统计监测与信息化会议并成为行业典型案例；2021 年 9 月生猪数字案例入选国家七部委组织编制的《数字乡村建设指南 1.0》；2022 年 5 月《重庆荣昌区探索生猪全产业链数字化改革》被重庆市委改革办作为第 31 期改革工作简报，分送全市，并报中央全面深化改革委员会办公室。

2. 数字资讯服务

一是打造生猪指数平台"荣昌指数"，及时反映生猪产业趋势，精准预测生猪产量。注册了"荣昌指数"的中国生猪产业公共指数平台，联合农业农村部信息中心、全国畜牧总站、重庆及四川农业农村委（厅）编制形成"全国（荣昌）生猪价格指数""全国生猪产业景气指数""川渝能繁母猪指数""重庆市能繁母猪存栏指数"等，以上指数被各大期货公司使用并逐渐认可，核心用户超过 30 家、5 500 人次。

二是编制生猪行情报告。2021 年 3 月创新开办"每日猪讯"栏目并对外发布 260 余期，联合市农业农村委已发布《重庆生猪及猪肉市场周报》135 期。

三是生猪舆情分析。利用各类新闻媒体发布生猪行情分析、价格高位运行分析等专题报道 42 篇；在重庆第一眼、荣昌电视台开设《生猪行情探》《生猪大数据》等报道栏目 50 余期。特别是在非洲猪瘟期间，形成 5 期《重庆市荣昌区动物疫病检测预警每周数据分析报告》，强化对非洲猪瘟的预警和数据分析，形成数据预警策略、防控工作风险评估体系。

3. 数据互通服务

依托全国首个畜牧单品种国家数据平台，形成全国、全市区、全行业、全链条监管数据和市场数据的数据采集网络渠道。

一是汇聚数据资源。接入全国 200 多个农贸市场、500 多个种猪场和全国进出口贸易的涉猪数据，各省市生猪及猪肉价格实现每日可采，每日获取生猪价格数据 13 000 余条，猪肉价格 500 余条，投入品数据 7 000 余条，中心已累积接入 712 万余条生猪结构化数据，覆盖生猪、仔猪、猪肉、检疫、养殖等。

二是制定数据标准。联合科研机构推进数据攻关，建立健全生猪全产业链数据目录，高质量发布"荣昌猪数据标准 1.0"，完善生猪数据资源图谱。

三是数据共享交换。2020 年 10 月，正式对外开放全国首个生猪大数据新型地标——国家生猪大数据运营中心，成为生猪大数据技术交流、数据互通的重要窗口，累计接待 400 余个团体共计 11 000 余人次。

4. 数字金融服务

探索拓展"生猪大数据＋"新业态。＋征信，启动建设"生猪信用综合服务平台"，推动生猪信用评估、信用查询、信用修复等信用体系建设。＋金融，探索与中国农业银行、重庆银行推广"猪 e 贷"数字金融产品，累计试点贷款 34 笔、发放贷款 1 600 余万元；完成功能需求并建设"活体贷"平台。＋保险，与中华联合保险共同开发的保险和无害化联动处理模式受到基层广泛好评，受益群众 5 万余人。

（三）围绕市场拓展和产业聚集，发挥生猪大数据的产业聚集效益

充分发挥区域中心拓展、数字经济招商、区域数字转型促进中心、公司市场运营"四大合作平台"作用，推动生猪全产业链融合发展。

一是拓展区域中心合作。按照"1＋7＋30＋N"的区域中心渠道布局与建设框架，在地方建设落地国家级生猪大数据中心地方区域中心，推动地方生猪数字转型发展。截至目前落地四川内江和自贡、广西南宁、广东种业中心等 15 个区域中心，行业带动作用、数字建设示范作用逐步显现。

二是开展数字经济招商。围绕大数据区块链产业链，整合资源开展畜牧数字经济招商，2021 年引进智慧城市、生猪 AI 智慧养殖、智慧园区等 10 个项目，项目总投资 44.4 亿元；2022 年上半年引进 4 个项目总投资 8 亿元。

三是推进区域数字转型。获批重庆首批区域数字化转型促进中心，将持续打造具有数字化转型公共服务、普惠服务、创新服务、数据要素服务等服

务的，且满足地方政府、企业数字化转型多种公共需求的综合性平台。

四是创新科技运营主体。中心建设运营国农（重庆）生猪大数据产业发展有限公司，实施"5＋3"科技创新战略。

二、以数字化推动生猪产业振兴

荣昌国家级生猪大数据中心立足重庆、服务全国，致力于生猪产业数字化、数字产业化，在推动我国生猪产业和畜牧业健康可持续发展上取得了显著成效。

一是生猪养殖更加科学智能。传统生猪养殖存在靠人工、规模小、占地多、成本高、污染重等问题，中心探索的科学规模化智能化养殖方案可达到降本提效的效果。目前已经在四川内江、自贡、遂宁，重庆万州、武隆等地输出生猪智慧养殖应用场景和管理系统，参与双昌产业园智慧养殖猪场建设。养殖场占地面积仅为传统养殖面积的八分之一，用工人数仅为同规模传统养殖用工的四分之一。

二是企业生产经营更加科学。中心打造的一系列指数及时反映生猪产业趋势，精准预测生猪产量，如"全国（荣昌）生猪价格指数""全国生猪产业景气指数""川渝能繁母猪指数""重庆市能繁母猪存栏指数"等被各大期货公司使用并逐渐认可。中心编制的生猪行情报告也发布在《重庆生猪及猪肉市场周报》上。

中心还对生猪舆情进行分析。利用各类新闻媒体发布生猪行情分析、价格高位运行分析等专题报道。特别是在非洲猪瘟期间，形成《重庆市荣昌区动物疫病检测预警每周数据分析报告》，强化非洲猪瘟预警和数据分析，形成数据预警策略、防控工作风险评估体系。

中心作为全国首个畜牧单品种国家数据平台，形成全国、全市区、全行业、全链条监管数据和市场数据的数据采集网络渠道。汇聚数据资源，接入全国 200 余个农贸市场、500 余个种猪场和全国进出口贸易的涉猪数据，各省市生猪及猪肉价格实现每日可采。制定数据标准。联合科研机构推进数据攻关，建立健全生猪全产业链数据目录，高质量发布"荣昌猪数据标准1.0"，完善生猪数据资源图谱。进行数据共享交换，2020 年 10 月正式对外开放全国首个生猪大数据新型地标——国家生猪大数据运营中心，成为生猪大数据技术交流、数据互通的重要窗口。

三是生猪数据产业链不断延伸。中心的数字金融服务探索拓展"生猪大数据＋"新业态，累计试点贷款 34 笔、发放贷款 1 600 余万元；完成功能需求并建设"活体贷"平台；与中华联合保险共同开发的保险和无害化联动处理模式，受到基层广泛好评，受益群众 5 万余人。

荣昌区建立仔猪、生猪、猪肉电子化交易机制，构建全国生猪网络大市场。整个应用产品体系上累计交易生猪 8 000 多万头，覆盖 30 个省市，注册用户 16 万余户，活跃用户保持在 3 万余户。运行生猪活体交易"价格指数"，成为生猪交易价格"晴雨表"。中心联合重庆市气象局推广运用"生猪大数据＋气象"，建设"生猪流通与气象大数据平台"，为养殖户、贩运户、仓储企业等提供全方位、智能化、24 小时的气象服务，降低生猪在养殖、加工及运输过程中的气象灾害风险。中心加大数据分析与应用，方便生猪养殖相关企业能够掌握行情、舆情。

四是食品安全得到进一步保证。中心接入的涉猪数据覆盖生猪、仔猪、猪肉、检疫、养殖等，其智能系统能够监测防疫病，将生猪免疫、人工授精、产地检疫、屠宰检疫申报与受理等政府在线管理服务，与生猪出栏、贩运流通等行业动态数据进行关联，准确监管生猪从出生到成品猪肉的来源和去向。利用养殖户端 App 精准掌握猪只死亡信息，通过数据比对核验，掌握全区范围疫病发生情况，提高防控应对效率。

中心研发的"生猪监管区块链电子签章"解决"提前用印"、用"人情章"、开"人情证"等监管难题，有效防范违规调运非法屠宰和监管廉政风险问题。2021 年 6 月上线以来，检疫生猪超过 15 万头，基层工作人员普遍反馈提高了生猪检疫效率，完善了监管流程，解决了猪肉分销、一证多用等问题。目前，中心通过区块链技术开发的无纸化出证系统（动检），正在推进与重庆智慧动检融合运行。

中心还在荣昌区各农贸市场及商超设立 20 个猪肉食品溯源门店，实现了猪肉生产到销售"一品一码""一店一码"溯源查询，消费者都能查得清楚、买得明白、吃得放心。

三、形成生猪产业的"荣昌模式"

荣昌区国家生猪大数据中心作为农业农村部和重庆市政府"部市共建"、荣昌区政府"承建运营"的国家生猪产业服务平台，取得的显著成绩既离不开政府的规划和支持，也得益于其运用独特的机制管理运营，立足本地优势，打造出有竞争力的生猪产业的数字产品。

一是政府的大力支持。荣昌国家级生猪大数据中心的建立和运行离不开当地政府的全面布局和整体规划。2018 年，荣昌区政府申报建设国家级生猪大数据中心，在2019年得到批复允许建设。中心要定期向政府做工作汇报，使政府对一段时间以来中心的发展、面临的困难、需要的帮助有充分了解，从而给中心提供政策和资金的支持与优惠。同时，重庆市政府和荣昌区政府也会把农业相关数据分享给中心用以数据分析，助力中心建设。

二是独特的运行机制。国家级生猪大数据中心打造了独特的运行机制。在市级层面，市政府成立以分管副市长为组长、市农业农村委主任和荣昌区政府区长为副组长的"国家级生猪大数据中心建设协调小组"，每半年听取一次工作汇报。在区级层面，区委、区政府高度重视中心建设，在2019年纳入全区"三件大事"之一，设立"一事一企"，即：重庆（荣昌）生猪大数据中心和国农（重庆）生猪大数据产业发展有限公司共同建设运营；区政府成立以区长为组长的"国家级生猪大数据中心建设领导小组"，区政府主要领导每季度调度一次进展情况，区政府分管领导每月专题研究建设事宜。

三是立足于本地优势。荣昌拥有当地有著名的生猪品种——荣昌猪，作为世界八大、中国三大优良地方猪之一，品牌价值位居全国地方猪榜首。并且荣昌区及其周边省份也是国家较大的生猪交易市场，因此中心的建设运营都立足于当地传统产业优势与品牌效益。

四是数据产品完整。中心基于大数据平台，打造了全产业链的数字产品。从生猪的养殖到售卖、运输、屠宰等等，可以对不同发展定位的企业提供不同的服务。同时，汇聚多方资源，与产业链上的优秀公司合作共同打造标准化的生猪数字产品。

四、荣昌区生猪产业数字化面临的挑战

荣昌国家级生猪大数据中心作为全国首个、目前唯一的畜牧单品种国家级大数据服务平台，其对生猪产业的数字化探索是具有开创性的，也不断在管理运营中积累了宝贵的经验，但在实践中也面临一些挑战。

一是相关领域人才缺失。现有研究表明国内大数据人才，尤其是数据分析、系统研发等技术类人才极度稀缺，同时还存在地域供需不均衡、学历层次错位明显、预期薪资与市场脱节等问题。荣昌国家级生猪大数据中心由于发展非常迅速，在数据分析、运营等方面需要大量人才，而国内高校较少开设直接相对应的专业，因此中心很难招聘到接受过系统且专业教育的人才。一般是招揽到相关专业人才后，先投入较高成本对其进行较长时间的培训，然后再安排到相应的职位上，人才缺失的瓶颈也会进一步制约中心的快速发展。

二是数据采集存在困难。采集的数据决定了数据分析挖掘的上限。中心首先要采集到全面性的数据，数据量足够具有分析价值、数据面足够支撑分析需求。其次采集到的数据要具有多维性。数据更重要的是能满足分析需求，满足不同的分析目标。最后，数据采集要高效。包含技术执行的高效性、团队内部成员协同的高效性以及数据分析需求和目标实现的高效性。因此，中心想要获得更好的发展需要得到一些生猪龙头企业的有效数据，但这些数据对于龙头企业来说是商业机密，很难获得。而政府公布的官方数据只能做比较简单的数据分析，很难做深度的数据挖掘，不利于中心进一步完善其数据产品，影响中心的对外推广以及数据产品的市场化。

三是市场区域壁垒尚需打破。国家级生猪大数据中心立足于荣昌的生猪交易市场，因而对重庆本地的生猪市场了解得比较充分，在重庆本地的推广成效很好，但是在向外推广时还不能充分把握其他地区的市场需求，推广效果不尽如人意。要想打破市场区域壁垒，需要充分了解市场需求，掌握市场行情及市场趋势走向，发现市场上的供应短缺，打开新的领域。

四是商业化运营仍需拓展。目前，中心打造的生猪产业链已经处于比较完整的状态，全产业链上的数字化产品趋近于完备。但是中心目前所提供的服务都是模式化产品，还没有形成商业化运营。

五、进一步推进荣昌区生猪产业数字化发展的对策建议

荣昌国家级生猪大数据中心深入贯彻国家大数据战略，依托中国畜牧科技城、中国畜牧科技论坛、国家现代畜牧业示范核心区、国家生猪交易市场等畜牧品牌优势，努力做好"一头猪"文章。针对实践中的发展困境，可以从以下几方面加以完善。

一是加强校企合作。首先，建立院企科技联盟，进一步加强科技资源共享，破除部分领域科技力量散小弱、信息不对称的弊端，实现取长补短、互促共赢。其次，中心内部要做好科研队伍建设，提前培养相关人才。最后，要拓展合作领域，在生猪养殖、区域试验、数据资源收集、资源共享等领域与高校、企业加深合作，一方面院所为中心提供技术支撑，增强核心竞争力，另一方面中心也为科研试验和成果转化提供崭新舞台。

二是加大数据汇集。扩大数据汇聚范围，共享接入农业农村部在生猪生产、屠宰、流通等环节的数据和生猪价格数据；对接重庆畜牧兽医云平台，实现生猪养殖屠宰数据实时共享互通；持续归集全国、全市、全区监管数据和区域中心数据。开展系列数据资讯。建设完成全国猪肉价格指数、生猪出栏

指数、生猪景气指数等 3 大指数；建设全市生猪产能调控辅助决策预警系统；持续发布生猪价格趋势分析、"重庆生猪及猪肉市场周报""每日猪讯"等。

三是做好市场分析。加快市场运营，推动创新示范。做好全国各个地区的市场分析，推广生猪数字产品，拓展地方区域中心，实现数字产品输出。打造全国性的畜牧数字技术创新示范园，吸引一批畜牧数字企业入驻，实现招商引资。

四是研发数据产品。中心全产业链上的数字化产品还需要进一步完善，补充缺失环节的数字化产品，继续深入研发原有数字化产品，固定产品标准，逐步实现商品化，推向全国市场。

第十三章

以"耘间"助力农业产业链协同高效
——基于重庆市巴南区的案例

巴南位于重庆中心城区南部，属重庆主城区、重庆大都市区，地处成渝地区双城经济圈，区位优势明显，是重庆典型的大城市大农村样本地区。近年来，巴南区高度重视农业现代化建设，重点发展了优质粮油、精品果蔬、品牌茶叶、生态渔业等山地特色高效产业，形成了"都市休闲，近在巴南"的都市休闲观光农业聚集区，农业质量、效益和竞争力不断提升。

"耘间·农业产业互联网"是重庆市巴南区人民政府联合中国农业大学打造的全国首个新型农业互联网创新应用体系，已经聚合数十家国内头部农业数字化供应商家，拆解封装出 100 余项农业专业数字化服务，基本覆盖了公共服务、种植、养殖、水产、加工、物流、仓储、销售、金融等多个领域的数字化需求。在数字打通的基础上，对产业链全要素进行智能聚合、精准适配、叠加放大和持续输出，打通商流、物流、资金流，让产业链协同配合更加高效、品质质量更有保障、整体效益更加凸显。

一、构建农业产业互联网体系

"耘间"定位于针对农业全产业链的全服务赋能平台、全数字连通平台、全要素聚合平台，以"1＋N"模式开发，由 1 个平台底座和耘农事、耘农资、耘交易、耘营销、耘产业、耘数字、耘金融、耘科技、耘管理 9 个板块组成，其框架关系如图 13-1 所示。

耘间以"耘底座"串接全平台数据并汇集所有服务：在生产端，通过"耘农事"板块提供农事全程社会化服务（含农机），通过"耘农资"板块提供农资网上集采集配服务；在销售端，通过"耘交易"板块提供 B2B 的大宗农产品集采服务，通过"耘营销"提供 B2C 的农产品精准营销服务；为打通农业产业链生产和营销端，通过"耘产业"板块进行业务连接，通过"耘数字"板块进行数字连接，通过"耘金融"板块进行资金整合连接，打通数字

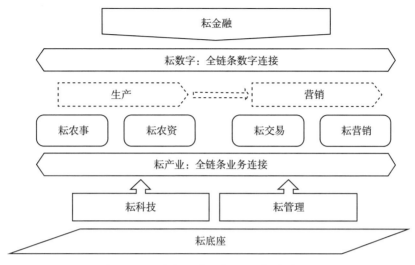

图 13-1 耘间·农业产业互联网框架图

流、商流、资金流；在基础服务方面，通过"耘科技"板块提供科技及人才服务，通过"耘管理"板块，汇集各类涉农办事、治理服务，支撑农业产业链发展。

（一）"耘底座"——基础数据服务引擎

建设产业互联网基础底座引擎，形成数据池、业务池、用户池，建设数据交换引擎、业务聚合引擎、用户管理引擎，让所有数据和所有服务能够通过模块化拆解，对接到基础底座上。

一是建设数据仓库，能够汇集所有模块所需汇总数据；二是建设业务池，能够让所有板块信息系统拆解为标准化服务模块，进入业务池；三是建设用户池，所有类型用户纳入用户池统一管理；四是建设数据交换引擎，业务板块之间所需数据可以通过交换引擎进行交换；五是建设业务聚合引擎，标准化业务服务模块可以按需动态组合，针对不同应用场景形成不同解决方案；六是用户管理引擎，所有用户针对所有板块、所有业务系统能够统一登录；七是形成巴南农业产业领导驾驶舱。

（二）"耘农事"——农事全程社会化服务

针对农业种植环节展开全程托管服务，按照"服务统一、形象统一、人员统一、价格统一、质量统一"的"五统一"原则，针对"耕、种、管、收"等各环节，提供包含机耕机播机收、测土配方、施肥灌溉、除草喷药、修枝整形等专业化服务。同时，通过全程社会化服务，创造农资、农技服务新模式，通过服务促进农资销售，并促进农技下乡。

一是配合农事社会化服务队伍建设，建设农事社会化服务耘商城，类似"嘀嘀打车"模式，农户可以通过商城下单，预约农事社会化服务，同时，可以预订服务中所用到的农资产品。二是建立农事服务数字化监管体系，对人员、农机、设施的作业情况进行全程监管，算清服务账，严把服务质量，将"耘服务"品牌做大做强。

（三）"耘农资"——农资数字集采集配

改变巴南区种子、化肥、农药等农资产业目前存在的产业集中度低、品种分散、议价能力弱等问题，以及由于农资层层分销、加价导致的巴南农资价格不稳定、农资质量参差不齐等问题。通过农资数字集采仓集中农资选品、价格谈判等集采工作，倒逼厂家接受新型业务形态，通过公开招投标方式进入平台，降低集采价格，使全区整个农资行业实现质优价廉、有利监管的良性循环。

一是建立农资数字集采集配仓库，含化肥、农药、农膜、种子、农机具等相关农资品类，进行统一的集采。二是针对农资零售店需求，建立农资数字集配功能，除农药需实名认证、平台登记批准外，其他由农户、专业合作社、经营大户、经销商等直接下单，平台审核后，由集采集配仓储中心按订单直配。

（四）"耘交易"——农产品大宗数字交易

线上建立农产品大宗数字交易平台，线下依托国际公路物流基地建立的国际农产品加工物流园区，打造农产品交易中心，优先针对火锅食材，建立线上线下结合的大宗农产品交易机制，统一把关采购标准，控制采购来源，确保食材品质，后可根据情况扩展到其他食材交易。交易中心是掌控定价权的关键，为巴南火锅食材产业奠定重庆乃至全国火锅食材产业的核心地位提供了坚实基础。

一是建立线上拍卖交易平台是交易进行的虚拟空间，买方可通过网站、手机端 App、平板电脑 App 等多种终端访问交易平台，在任意时间对食材标的物下单。买方在参与拍卖交易时根据的是拍卖对象的参数信息，而非拍卖对象实物。二是建立食材评级中心，负责对火锅食材标的物展开线下评级，并将评级和检测结果上传系统，作为食材标的物的买卖公允依据。三是建立数字交割仓，承担食材的分级、储藏、交割和物流等功能，包含仓库盘点、交割等功能。四是建设交易结算体系，通过线上能够进行预存、现场交易、担保结算等资金结算。五是展开市场预期信息服务，更进一步的加强市场导向性。六是发布火锅食材价格指数，成为主导火锅食材定价权的关键要素。

（五）"耘营销"——农文旅精准营销

结合巴南区文旅资源优势，依托"巴实游"，打造农文旅精准营销服务。按照消费者画像，精准匹配消费者需求，推荐农文旅精品路线或产品，满足消费者个性化的消费需求。

一是精准大数据消费者画像分析。通过消费习惯、收入结构、搜索历史等，对消费者展开精准营销分析。二是根据消费者习惯实现农文旅精品路线、产品的精准智能推荐，包含农文旅、康养、吃、玩、停车等地点和产品的精准推荐。三是展开农产品的线上展示和销售，形成农产品精准营销平台。四是展开销售效果大数据分析与评估，对农文旅线路、产品及农产品营销情况进行大数据分析，找到优势与痛点，支撑改善营销手段，持续推高销量。

（六）"耘产业"——产业链上下游撮合

农业生产经营主体有找到合适加工、物流、销售服务主体的需求；农产品销售主体有找到优质农产品的强烈需求。因此，平台将区内农业生产、加工、流通、营销主体纳入管理，针对需求精准匹配，促进产业链构成。

一是建立农业生产、加工、流通、营销主体数字化仓库，为各主体建立精准的画像，精确描述主体的生产、服务能力。二是建立"找下游"服务，为农业生产经营主体精准匹配加工、流通、销售服务主体。三是建立"找产品"服务，为农产品销售主体精准对接区内优质农产品。

（七）"耘数字"——农业全链条数字化管理

建立针对生产、加工、流通、销售的全数字化监管体系，汇集所有环节大数据，形成产业链大数据管理中心，形成产业链数字化连接。一方面，通过数字打通串接产业链条，分析找准产业链症结，为整体价值提升服务；另一方面，通过数据产生信用，支撑农产品销售及金融赋能。

一是在生产环节，运用智能种植、养殖 ERP 系统，对生产过程进行全面监管。二是在加工、流通环节，对接农产品加工厂 MES 等管理系统及仓储、物流专业管理系统，采集加工、流通数据。三是在销售环节，对接阿里、京东、拼多多、抖音等平台数据，并对接农文旅精准营销智能分析数据。四是建立区块链农产品溯源系统，用数字化保障农产品全程安全。五是建立巴南数字农业一张图，通过遥感等数据采集手段及全产业链数据汇集，对巴南农业形成全景式、全链条展现，支撑科学、管理决策。

（八）"耘金融"——农业供应链金融

金融赋能是农业产业发展的核心推动力。耘间的主要任务是推动破解金融落地农业的可行路径，通过数字赋能、专业服务，为投资、保险、贷款等金融服务进入农业发现机遇、提供可能。耘间打造农业供应链金融模式。

一是探索资金池模式，将农业贷款、补贴等资金放入资金池，合作社、农业企业购买农资、农事服务等，通过交易合同提出申请，资金池资金直接划转到农资集采中心、农资店或农事服务队伍。在农产品大宗交易或营销环节产生的资金，优先归还农业贷款。年末结余资金允许农民提取，避免了农业贷款、补贴资金被挪作他用。二是建立农业信用数据系统，对村集体、合作社、农业企业的农用三资展开评估，并通过资金使用等环节，综合评估农业生产经营主体信用，建立信用台账，对信用有问题的新型经营主体加强风险控制。三是通过信用数据支撑银行等金融机构展开农资信贷抵押、生猪活体抵押等金融服务。

（九）"耘科技"——农业人才及科技服务

利用巴南区人才和科技优势，联合各科研主体展开农业人才、科技等多方面的赋能服务。

一是展开科技特派员线上线下服务，依托科技局建立的科技特派员服务平台，农民可以通过文字、语音、视频等方式，随时随地联系到专业对口的科技特派员，对专业问题展开咨询。二是开展农业"耘课堂"服务，组织专家和科技特派员，形成一批专业课程，包含农技、农机、农事生产、电商销售等课程内容，为农民、新型经营主体等展开线上教学服务。

（十）"耘管理"——涉农管理、办事服务

对涉农主体进行管理、对涉农政策进行发布，并对接数字乡村服务平台展开各项涉农办事服务。

一是涉农主体管理，对巴南区涉农经营主体，包含种植养殖业主、加工企业、流通企业和农产品营销企业进行全面管理。二是政策发布，对助农惠民政策进行全面梳理和发布。三是数字乡村服务，对接农业生产、农村生活各类办事系统，农民和生产经营主体可以通过手机一键办理各类事项。

二、"1+N"产业聚合显成效

平台试运行以来，在数字能力方面，已经聚合国内头部农业数字化供应商 20 余家，在谈企业 30 余家。已拆解封装出 100 余项农业专业数字化服务，基本覆盖了公共服务、种植、养殖、水产、加工、物流、仓储、销售、金融等多种农业产业领域的数字化需求。打通商流、物流、资金流，让农业产业真正形成成本优、质量高、效益好的农业产业链条，助力农业行业新兴变革。

一是产业聚合。一方面促进巴南区做得好的农业龙头企业上云上网。另一方面，将农业社会服务逐步上线，包括品种培育、农机、灌溉、种植、养殖、加工、冷链、库存、包装、设计、电商、直播、品牌打造等，打造产业聚合服务矩阵。实现产品价值化，真正实现产业链价值最优，通过要素的科学有效配置，让专业的服务商服务农业，减少中间环节的低效内耗，有效提高农产品品质和附加值，让农业产业链的价值得到充分体现。

二是产品聚合。一方面是将已有的好产品聚合起来，目前已经聚合了巴南区数十余种优质农产品。另一方面是品牌塑造，实现农产品品牌化。通过产业互联网的聚合效应，有效解决信任问题，支撑品牌打造。目前已经聚合了数十个农业品牌，未来计划打造农业品牌矩阵。

三是人才聚合。农业的发展离不开人才，"耕间"通过互联网"双创"培养乡村职业经理人即乡村 CEO。目前已经建设了 600 亩"双创"实践基地，预期每年为行业输送 50 名以上乡村 CEO。

四是科技聚合。与中国农业大学建立了"三融"研究中心，共同研发农业产业互联网。同时与西南大学、重庆理工大学、重庆市农科院等建立合作关系，形成技术研究和科研转化机制，共同赋能农业。

五是金融聚合。联合保险公司、担保公司等展开气象灾害保险、生猪活体抵押贷款，并积极争取农业产业投资和数字农业孵化投资，为农业产业链金融赋能，推动金融服务于巴南区"三农"工作，探索金融落地农业的可行路径，通过数字赋能、专业服务，为投资、保险、贷款等金融服务进入农业发掘机遇、提供可能。

三、打造协作型数字化生态圈

农业要素繁多、链条多样，产业链协同整体价值最优较难。因此，打破边界，建设生态体系成为智慧农业行业共同的迫切需求。巴南区正探索互联网赋能农业产业，借助"耘间"，打造智慧粮油基地、绿色生态循环养猪场、智慧果园和智慧茶园等智慧农业基地，形成智慧农业"朋友圈"，打造综合生态体系。

一是创新"多主体"工作机制。平台坚持第三方原则，由"政府搭台、智库设计、企业聚合"。由区长领导，区农业农村委指导，中国农业大学顶层设计并指导实施，联合 10 余家国内头部数字农业企业，形成了专业服务队伍，实现工具数字化，为数字农业落地找到可行路径，不再仅限于建设数字化示范，而是让数字化工具真正在农业生产中发挥独特价值。

二是发展"多模块"产业标准。正在探索协作型服务商业模式,共同制定内部数字化标准,让农业产业链的数字化能力不断叠加,从而催生1+1>2的效应,实现生产标准化。通过数字赋能,种养殖的规范性和标准化水平将大幅提升。

三是赋能"多主题"应用场景。不仅仅着眼于建设示范项目,而是通过示范逐步凝练形成针对不同场景的普适性解决方案。目前在实践中已综合运用了智慧无人值守农场 ERP 系统、智能山地小型农机、智慧工厂化养鱼系统、绿色智慧有机肥发酵装置等一系列智能化系统,不断提升农业生产智能化水平,初步实现了农产品从高品质到高附加值的有效转换。

四、巴南区农业产业互联网面临的挑战

整体来看,"耘间·农业产业互联网"已经起步,对促进巴南区农业产业发展发挥了一定的作用。但是由于农业产业链的数字化发展尚在构建,在现实建设和推广过程中也面临一系列难题和挑战。

一是仍需进一步探索商业模式。农业产业互联网是一个新生事物,它不仅仅是一个公益平台,还要有自身的市场生命力。从工业互联网的发展看来,其通过对行业的服务能够带来足够利益。但农业产业有其特殊性,能否照搬工业互联网的运营模式还应不断探讨并经受实践检验。当前需要明确的是谁来运营该平台、产业链为谁服务、怎么形成服务能力、如何盈利等,同时更为重要的是需要协调好不同服务商的服务能力,形成协作型的新型商业模式。

二是仍需吸纳更多的服务商加入。"耘间·农业产业互联网"是以数字化服务商起步,但不仅局限于数字化服务商,还需要吸纳种业、农机、农技、农资服务、加工、物流、包装、设计、销售、投资、保险、贷款等各类服务商加入,形成生态圈。生态圈的建立不是一蹴而就的,是不断进化的,因此需要不断吸纳各种服务商加入,才能凸显聚集效应。

三是仍需让更多人了解接受并使用。农业数字化目前还处于试验和观望阶段,如何让农业从业者认识、了解、接受并使用这个平台,是平台发展的主要问题,需要通过一些典型的产业链发展案例让农业行业的从业者看到产业互联网的普惠效益。

五、进一步促进巴南区农业产业互联网发展的对策建议

面对"耘间·农业产业互联网"的各种现实挑战,可以从以下几个方面改进和完善。

一是探索协作型商业模式。充分用好"耘间·农业产业互联网"这个数字化平台，配合巴南区"双高"农业产业链发展模式，逐步形成"链长＋链主＋骨干"的协作型商业模式。首先，建议由政府与社会资本合作成立混改公司，作为产业链链长企业，打造农业发展生态圈，运营"耘间·农业产业互联网"平台。其次，建议从事优质粮油、黑猪、茶、精品水果等产业的优秀企业，逐步形成链主企业，并不断提升数字化水平，灵活运用数字化工具，聚合并规范管理产业链。最后，建议链主企业将数字化应用经验逐步推广到产业链上下游的骨干企业，让产业链能够真正通过数字化工具加强协同。

二是加强宣传推广。当前农业行业从业者普遍对数字化工具持新奇、观望的态度，建议通过加强宣传，让巴南区农业行业接受数字化、加入数字化。

三是加强资金引导。一方面，"耘间·农业产业互联网"短期内还是一个公益性为主的平台，需要加强政策资金投入，初步建立可运转的生态体系。另一方面，也要不断加强各链主企业和骨干企业的数字化资金投入，让粮油、黑猪、茶、精品水果等特色产业链在平台加持下做出典范，形成协同效应。

四是加强培养农业数字化人才。"耘间·农业产业互联网"是一个以数字化串接农业产业体系的生态圈，需要大量的专业人才支撑。一方面巴南区要加强培养农业数字化专门人才，另一方面也是更为重要的一点是还需要培养一批乡村 CEO 人才，既能利用数字化工具对产业链进行规范管理，也懂得互联网营销。

第十四章

电商公共服务体系建设助力乡村产业兴旺
——基于重庆市垫江县的案例

重庆市垫江县地处成渝地区双城经济圈东向腹心地带、重庆主城都市区与渝东北三峡库区城镇群重要联结点。垫江县坚持农业农村优先发展，着力推动农产品主产功能区、农文旅融合功能区和明月山乡村振兴示范带建设，力求打造生态美、经济强、百姓富的现代化新垫江。

垫江作为全国电子商务进农村综合示范县，是重庆市首批实施智慧农业试点的 6 个区县之一，同时也被重庆市纳入建设国家数字经济创新发展试验区 15 个支撑区县之一，这为垫江县抢占现代农业发展技术制高点奠定了坚实基础。在县委、县政府的高度重视下，垫江县商务委员会以国家电子商务进农村综合示范县为抓手，大力推动数字乡村建设工作，着力建设县、乡、村三级电子商务公共服务体系，使电子商务成为农产品出村进城、促进乡村产业兴旺的重要渠道和举措。

一、全面优化电商平台建设

垫江县搭建了电子商务综合性服务平台促进电商产业快速发展，建立了电商直播供应链基地畅通垫江产品网销通道，建设新型乡村电商孵化服务体系推动农产品出村进城，构建了垫江区域公共品牌营销体系促进垫江区域公共品牌建立。这一系列做法使垫江的电商公共服务体系更加完善，有力地促进乡村产业兴旺。

（一）搭建电子商务综合性服务平台

为促进电商企业发展，垫江县利用闲置厂房加快推进电子商务产业园建设，整合公共服务、创业孵化、仓储配送、物流集散四大板块功能，搭建了电子商务产业集聚化、专业化发展的综合性公共服务平台。垫江电子商务产业孵化园于 2016 年 11 月正式运营，办公面积 6 000 平方米，配套仓储50 000 多平方米，能容纳 50 家中小企业办公，为 350 家企业提供后勤仓储服务，可提供 1 000 个就业岗位。电子商务产业孵化园配有培训、仓储物流配送、产品摄影、网络美工、电商沙龙等一站式服务，配套完备、功能齐全。入驻孵化园可享受免费提供办公场地、免费提供宽带、免费创业培训、快递"首重"3 元包邮等优惠政策。目前，园区入驻快递企业 6 家、电商企业 3 家。建成电商产业园，已入驻顺丰、快大厨等 60 余家快递、电商企业。其中，年营业额 1 000 万元以上企业 4 家、1 亿元以上企业 1 家，已成为大学毕业生和返乡农民电商创业就业基地。产业园采取自主创业孵化和龙头企业带薪保姆式孵化相结合模式，通过创业结对、创业培训、创业辅导、项目咨询、金融服务、信息资源共享等方式扶持电商人才成长、企业发展壮大，将垫江打造成全国食品电商基地。

（二）建立电商直播供应链基地

近年来，以网络"直播带货"为代表的"宅经济"蓬勃发展，企业纷纷触网转型，传统行业积极探索直播"圈粉"，"直播＋电商"逐渐成为主流。垫江建立了电商直播供应链基地，基地里有供应链公司提供商品，省去了大量去市场筛选商品的时间。供应链平台的作用是整合上下游，选出品质合格、物美价廉的产品，环节较少，渠道成本较低。目前入驻其供应链的产品有上百个品类，知名度不断扩大。

一是明月山绿色发展示范带网货直播（电商）供应链基地。该基地位于垫江县工业园区 U 栋，面积 8 000 余平方米，计划投资 812 万元，包含智能化仓储配送中心、网货组装加工中心、带货直播中心、网络运营中心。该基地以开放性、公益性为重要服务方向，建成后将畅通垫江产品网销通道，带动相关产业发展，三年内基地交易（配送）量将超过 1 000 万单，总额达 5 亿元以上，助力垫江打造全市及成渝地区重要的电商基地。目前该基地已建设完成 96%，已开展试运营。入驻产品 100 余个品种，其中垫江产品 10 余个，2022 年 1—5 月基地销售额 6 000 万元。

二是垫江县电商直播基地。该基地位于垫江温州商贸城居然之家 4 楼，一期规划面积 4 500 平方米，由培训中心、见习中心、创业孵化中心、供应链中心、企业服务中心、大数据协同中心六大中心组成，致力于打造一个立足垫江、覆盖重庆、辐射明月山绿色发展示范带的直播基地。目前项目已建设完成 63%，部分建成投用。入驻培训机构 2 家、运营机构 2 家；开展电商直播培训 21 期，培训 700 余人；举办垫江县电商直播基地招商大会，签约带货主播 20 余人。

（三）建设新型乡村电商孵化服务体系

垫江县大力构建县、乡、村三级电商服务体系，实现电商服务覆盖率、农产品网络零售同比增长。为打通为农产品上行的"最初一公里",增加电商从业人员收入,为农业产业和农产品消费双升级提供助力,垫江县建立乡村电商孵化服务中心,推动村级电子商务服务站建设升级。首先,垫江县解决了乡镇快递网点的"二次收费"问题,支持邮政和快递联合成立了一家辐射全县 24 个乡镇的物流企业——重庆市丹桂物流有限公司,不仅为村民省下了 2 元钱,更畅通了物流进村的最后一公里。其次,垫江重点支持乡镇利用闲置楼宇改造建设新型乡村电商孵化服务中心基地,以电商直播等新媒体营销为方向新建或改造村级电子商务服务站,鼓励执行企业与当地种养殖大户、合作社、农户等合作,开展网上销售,推动农产品出村进城。目前,垫江县已启动 8 个镇村的电商项目建设工作(高安镇青坪村电商服务站项目、包家镇电商直播孵化中心项目、大石乡电商孵化服务中心项目、坪山镇新型乡村电商孵化服务中心项目、普顺镇长柏村电商服务站项目、沙坪镇毕桥村电子商务服务站改造升级电商直播孵化中心项目、周嘉镇骑龙村电子商务服务站改造升级电商直播孵化中心项目、高峰镇大井村电商服务站改造升级项目),目前,高安镇青坪村电商服务站项目已建成投用,发展签约合作农户 350 家,合作社 13 家。

(四)构建垫江区域公共品牌营销体系

垫江县高度重视重点培育品牌的精准服务,支持企业开展品牌建设,同时指导企业进一步增强品牌意识、提高产品质量。为促进垫江区域公共品牌发展,垫江县搭建"花田垫江"公众号及微商城,着力打造"花田垫江"区域公共品牌产品体系、仓配体系、平台体系、营销体系和品牌体系,着力培养电商人才、打造网红 IP,为垫江县农产品收购销售提供基础条件。垫江县致力于公共区域品牌"花田垫江"整体建设,通过立足当地特色农产品体系和深度参与乡村产业振兴进程,以稳定的市场渠道和完善成熟的服务体系促进垫江县乡村产业的进一步发展,使其在市场化竞争中形成稳定可持续的良性市场循环。目前已上线汇钜米粉、赵牛肉、豆干、黑花生、九叶青花椒、花酿红米酒、佳佳乳业饮品等产品,且已成功举办"爱尚重庆·花田垫江 618 电商节"大促活动。

二、促进增效增收效果明显

垫江县电商公共服务体系的建立极大地促进了垫江县电商产业的发展,并带动了农业生产、冷链物流等上下游产业的建立,为农业增效、农民增收发挥了巨大作用。

一是平台功能有效发挥。垫江县建成了电商产业园，整合公共服务、创业孵化、仓储配送、物流集散四大板块功能，搭建电子商务产业集聚化、专业化发展平台，已入驻顺丰、快大厨等60余家快递、电商企业，其中年营业额1 000万元以上企业4家、1亿元以上企业1家。基本建立县、乡、村三级电子商务公共服务体系，县级电子商务公共服务中心配置齐全，设展厅集中展示本土农特产品400余种，县供销合作社建设农村综合服务社301个，其中星级农村综合服务社29个，实现了行政村全覆盖。引导整合重点快递企业组建重庆丹桂物流有限公司，建设乡镇快递物流服务站24个，购置运输车辆5台，优化设置配送线路5条，开展共同配送，实现县到镇、镇到县当日直达，降低30%配送成本。以中国邮政垫江公司为龙头，已建农村电子商务服务站160个，为农村居民提供网上代买代卖、快件代收代发和各类网上便民服务。其中，乡镇社区农村电子商务服务站24个、行政村级电子商务服务站136个，行政村覆盖率61.26%。同时，县、乡、村三级电子商务物流服务体系基本建立，县级快递物流集散中心入驻快递企业14家，集中度100%，建设乡镇快递物流服务站24个，快递网点行政村覆盖率超过90%。建成136个村级快递物流服务点，融合村级电商服务点，引导快邮合作，依托邮政企业乡镇邮递员实现快递投递到村。垫江县还推进农业信息进村入户，建成益农信息社272家，采集发布各类信息5 000余条，销售农产品1 500余吨。

二是流通效率有效提升。"十三五"期间，垫江县开工建设中农联·渝东国际农贸城项目，打造川渝东部农产品交易中心。新建和改造规范化农贸市场15个，建成柑橘、蔬菜等农产品产地集配中心8个，新增农村超市30余个，基本形成以农产品批发市场为核心、农贸市场为基础、超市和电商为补充的农产品流通体系，全县农产品流通效率得到有效提升。优化全县快递物流网络，组建丹桂物流公司，开通共同配送线路5条，快递企业共同配送整合率92.9%，整合后人日均配送量超过350件，比整合前提高近1倍；投递费由1元/单降低到0.7元/单，投递成本降低30%。垫江县电商快递物流网络基本完善，农产品流通效率有效提升。

三是市场活力有效激发。垫江县聚焦电商领域精准招商，先后引进余府王等成熟电商企业，带动妙相源公司、坤豪公司等本土传统企业"触网"发展，培育快大厨等电商新龙头企业。着力推动新业态进村入户，组织开展电商基础知识普及、直播带货等专题培训，让淘宝、抖音成为农民"新锄头"。2016年以来，累计开展110期共计13 000余人次。截至2021年底，全县电商直接间接带动就业人数1.9万人，电商市场主体达6 392家。以县商务委直接组织为主，开展电商人才培训，累计开展培训 89 期，培训人数达 8 964 人次，全县带动创业就业 10 000 多人。2020 年县域农产品网络零售额 3.7 亿元，县域农产品网络零售额占农产品零售总额超过 8%，培育了"余府王""川久蒸鸭"等农产品电商品牌。电商产业园现入驻企业 60 多家，员工总人数 310 余人，2020 年入园企业网络零售额 2.7 亿元，有力促进了垫江县电商产业快速发展，市场活力有效激发。

四是电商供应链有效培育。垫江县建成江津双福国际农贸城"垫江特色农产品销售中心"、电商产业园"明月山绿色发展示范带特色农产品展示专区"，引导高安镇食品加工园转型打造网货加工园。优选 214 个产品纳入电商产品数据库，培育爆款产品 52 款。打造网货（直播电商）供应链基地，入驻产品 100 多个品种，其中垫江产品 20 多个。结合本土产业优势，推动汇钜米粉、石磨豆干、赵牛肉、川久蒸鸭、鹅莱福、快大厨自热火锅、桑葚柚子酒、余府王重庆榨菜等 9 个电商产品实现产业链本地化，其中快大厨自热火锅、余府王重庆榨菜日均订单量破万。直播电商供应链基地的搭建极大地培育了本土品牌，实现产业链本地化。

五是助力电商扶贫与乡村振兴有效衔接。垫江开展电子商务产业扶贫、消费扶贫、创业就业、网络促销扶贫、网店带动增收、人才培训等电商扶贫"六大行动"，支持发展"电子商务＋"，高安通久公司发展订单农业，包家"土货公社"、普顺长柏合作社等发展土鸡养殖，均通过网络销售初见成效。2021 年，全县畜禽、水果、蔬菜网络零售额分别为 5 882 万元、1 068 万元、500 万元。依托农村电商＋物流服务站、供销社"村村旺"服务站、农业农村委"益农信息社"体系，协调支持天猫、京东等下沉农村地区，为农村居民提供便利的消费环境。

六是农村消费有效激发。全县通过示范工程电商服务站、供销社"村村旺"服务站、农业农村委"益农信息社"体系，以及天猫优品、京东电器、苏宁易购等下沉乡镇，构建了覆盖全县农村市场的电商服务体系，营造了浓厚的网上购物、网上缴费消费氛围，有效激发了农村消费，农村网上消费连续多年保持增长。

三、完善公共服务体系推动发展

（一）建立县、乡、村三级电商服务体系

县、乡、村三级电商服务体系在电子商务进农村发展进程中有至关重要的作用，如果体系运行顺畅，不仅能促进县域产业通过电商手段"走出去"，

还能为县域地区吸引更多的资金和人才。县、乡、村三级物流体系的深度融合达到了"一点多用"的目的，不仅大大降低了县域物流成本，还补齐了偏远村（居）服务短板，打通电商物流服务"最后一公里"，畅通了农村电商经济双循环。政府要推动县域电商的发展，把农民、农产品和电商联系起来必须要有一只抓手，而县、乡、村三级服务体系可实现农村电商的发展。

（二）建立头部电商企业

头部电商企业可以迅速带动当地产业发展。垫江县快大厨食品产业（重庆）有限公司是全市食品网络销售排头兵企业和优秀供应链企业，成立于2019年6月，注册资金1 000万元，是一家集生产、分装、仓储配送和电商运营、网红孵化为一体的综合型农产品加工配送企业、电子商务企业和供应链企业，2021年生产（销售）总额超过2亿元，网络销售量450余万单、金额1.2亿元。

快大厨公司在天猫、京东、抖音、快手等21个电商平台开设旗舰店、专卖店、专营店、自营店等共205个，建设社区前置仓23个，设立运营中心3个，形成全平台、全渠道、线上线下营销优势、供应链优势和强大产品营销能力。以此为基础，公司积极投身垫江农业产业发展，生产销售自热火锅、自热米饭等45个品类，收购、加工销售本地榨菜、土豆、柑橘等农产品10余种，实现一二三产业融合发展，成为乡村产业振兴示范带头企业和重庆市市级农产品加工示范企业。

快大厨公司还强力吸引伊利、金龙鱼、达利园、海天等10余家全国知名品牌进行合作，与宁夏昊王米、四川天味、河南怀香调味品等100多家供应商建立长期合作关系，是全市食品网络销售排头兵企业和优秀供应链企业。公司计划投资800多万元，建设占地面积8 000余平方米，集智能化仓储配送中心、网货组工中心、带货直播中心、网络运营中心于一体的网货（直播电商）供应链基地，日供应处理能力达5万单以上，产业带动能力显著，发展前景蒸蒸日盛。

（三）加大招商引资为产业赋能

为推进农业招商引资工作，加快农业产业化步伐，以产业招商推动现代农业产业高质量发展，垫江县以项目引进新突破厚植经济发展新优势，为加速建设生态美、经济强、百姓富现代化新垫江提供坚实支撑。围绕优势产业、乡村振兴以及强链延链补链等工作重点，垫江县大力开展农业招商引资工作，建立农业招商引资项目储备库，实行动态跟踪、更新。2022年，垫江县签约项目39个，计划总投资102.4亿元，涉及智能装备、节能环保、农业种植、休闲康养等领域，是垫江县推进当地农产品主产功能区、农文旅融合功能区建设，加快融入主城都市区的年度重大引进项目。

（四）实现产业链本地化

产业和产业链密不可分，一个成功的产业离不开完整的产业链。产业链的"两端"，一头牵着上游企业的发展需要，一头连着下游企业的发展机遇。垫江县积极发展预制菜，快大厨等头部企业生产销售自热火锅、自热米饭等45个品类，收购、加工销售本地榨菜、土豆、柑橘等农产品 10 余种，实现一二三产业融合发展，健全完善农业纵向产业链条。保障粮食和食物供给是农业的基本功能，农业的纵向产业链贯穿了农产品从田园到餐桌的生产、加工、流通、消费全部环节，是农业基本功能实现的重要载体。稳步提升农业综合生产能力，围绕影响国计民生的粮食和重要农产品、满足多样化需求的特色农产品，推行规模化生产，加快形成各具特色、品类齐全的主导产业和支柱产业。积极发展农产品加工业，以"粮头食尾""农头工尾"为抓手开展农产品初加工和精深加工，做强做优做细食品产业。着力发展农产品流通业，加强农产品产后分级、包装、营销，建设现代化农产品冷链仓储物流体系，打造销售服务平台，促进产销有效衔接。

四、垫江县电商公共服务体系存在的挑战

一是电商人才缺乏。目前，随着垫江县农村电商规模的不断扩大，电商人才匮乏问题也越来越突出。由于农村本地居民的受教育程度有限，驻村电商创业群体在生产管理、营销、风险控制、包装设计等各个岗位都有不同程度的人才缺口，尤其是缺少创新型人才及高端复合型人才，且农村电商人才引进难度大、流失率高，专业人才缺口大，呈现出"难培、难引、难留"现象。

二是农业生产标准化程度仍需加强。垫江县农户生产组织形式仍以单一农户家庭为主，农产品生产规模小、标准化程度不足，阻碍了农村电商产业向品牌化、商业化、标准化发展道路的推进。农户在生产过程中对种植结构的选择随意性大，在生产管理过程中缺乏科学指导，自产农产品质量参差不齐，使得农户在销售过程中难以成为价格主导者；非标准化的生产模式难以形成品牌效应，不利于农户电商业务的商业化发展。小规模农户所具备的生产技术和经营管理意识与现代化零售业产品标准化之间的矛盾成为农村电商发展的痛点，未获得质量认证、商标注册的农产品难以获得更为广阔的产销渠道，使得农户对互联网电商平台的利用效果大打折扣。

三是农产品供应链物流配送效率仍需改善。农产品保鲜期短、时效性强，对供应链配送的要求较高。目前，垫江县缺乏冷链物流运输设施，农村区域预冷—分级—加工—包装—仓储的"最初一公里"冷链运输无法有效开展，损耗严重。其次，不同种类的农产品耐腐性不同，在冷链配送过程中分拣、包装等工序存在差异。农村地区技术水平和人才储备有限，在冷链配送上难以做到专业且有效的处理。同时，垫江县目前"最后一公里"配送服务的覆盖面有限，阻碍农村需求市场的进一步激活。农村地区人口居住较分散，交通运输等基础设施不够完善，快递企业配送成本过高，并且农村人口结构呈老龄化，老年人对现代化的智能终端设备不敏感，农村智能快递配送的推行严重受阻，配送效率仍较低，阻碍了农村需求市场的延展以及数字乡村改革的深化。而且，农村物流企业的场地、运力、人员等资源较为分散，存在快递网点重复建设、信息壁垒高筑等问题，尚未形成标准化的、有序的资源分配和管理脉络。

四是农民电子商务运用意识有待增强。由于受传统农业生产方式影响，再加上农民的文化水平低下，目前，农民对农村电子商务的运用意识并不强烈。近年来，垫江县陆续建立了农村电子商务服务点，并开通了宽带，配上了电脑，但是不少农民由于不懂得如何使用网络，在对农村电子商务的认识上存在局限性和习惯性偏差，对农村电子商务的概念和内容模糊不清，最终降低了农民对农村电子商务建设的主观能动性。

五、 进一步推进垫江县电商发展的对策建议

一是培育优质电商人才。人才建设是农村电商发展的"关键一招"，要通过引入电商人才，带动电商产业发展。一是加大农村电子商务专题培训举办力度，通过培训改变农村地区专业人才缺失现状，促进资源对接。二是加强专业性电商服务组织建设，强化电商人才培养，鼓励各地建设专业的农村电商人才培训基地，建立校企合作的人才培养长效机制。三是培育专业团队，加强实操指导，开展线下线上网络运营、推广等业务指导培训。四是培养"村红"和"农民带货主播"，加深群众对电商的认识和理解。

二是建立农产品标准化体系。发展壮大农村电商服务体系，解决农产品标准化问题至关重要。一是要推进农业全产业链标准化。农业产业链条多、分布广，实现一体化需建立统一完善的标准体系。要以产品为主线、全程质量控制为核心，严格落实农业全产业链标准体系，加强农产品质量安全全过程监管。二是推进农业全产业链绿色化。良好的生态环境是农业可持续发展

的根基。要坚持走产业生态化和生态产业化协同推进的新路，实现产业链与生态链有机融合，建设人与自然和谐共生的农业生态。构建农业生态循环产业链条，全面推行清洁生产，实现农副产品和农业废弃物在产业链条间的循环有效利用。依托乡村独特生态资源，积极发展休闲农业和乡村旅游，拓展农业全产业链绿色增值空间。

三是健全物流配送体系。加快建设智慧快递物流分拣中心。切实整合快递企业，推动建设智慧化、集中分拣的快递物流分拣中心，提升快递物流智慧化水平，进一步促进快递物流提高运行效率，降低运营成本。进一步发挥快递企业在农村寄递物流中的主渠道作用，优化现有配送网络体系和运营模式，进一步提高农村地区物流配送服务能力和水平。在政策上引导支持产地的蔬菜、水果等鲜活农产品保鲜冷链设施建设，支持农村冷藏运输车辆配备，提高农产品冷链运输率，补齐"最初一公里"冷链物流短板。

四是加大电商发展宣传引导。充分利用电视、报纸杂志和网络等形式向当地群众普及电子商务知识，灌输电子商务理念，提高其电子商务意识。加大对本县电子商务经营者的培训，邀请电子商务相关学校老师来授课，学习先进地区做法；邀请电子商务实战人士讲课，为本地企业提供沟通交流平台，加强电子商务理念的引导。依托垫江县特色农产品，联合电商企业、乡发集团，适时开展直播带货活动。创新农村电商销售模式，加强人货对接，营造电商发展氛围；积极挖掘电商典型创业人物，讲好电商创业者故事，切实发挥模范引领作用，提升电商创业氛围，激发农村电商创业热情，为农村电商发展营造良好的环境和氛围。

第十五章

"智慧养老"让老有所养落地生根
——基于重庆市大足区的案例

　　大足区位于重庆西大门，是重庆市劳务输出的重要地区，当地留守乡村的老人由于身体状况、地理环境、收入水平等原因，时常面临生活、劳动、出行不便等问题。2018 年，重庆市政府制定了"以大数据智能化为引领的创新驱动发展战略行动计划"，并组织专家拟定了"大数据＋大平台"的基本思路和"1＋3＋X"的总体框架，"智慧养老"作为政府公共服务的重要内容受到高度重视。在此契机下，大足区将"智慧养老"平台作为本区智慧民政的平台项目，于 2020 年 8 月 1 日正式上线，打造了"区—镇街—村（社区）"互联互通的智慧养老服务体系，开展线上线下结合的养老服务和农村互助养老服务。

　　大足区"智慧养老"平台的开发和推广较为全面的覆盖了全区乡村老人群体，有效地解决了由于种种原因造成的乡村老人的赡养、吃饭、洗浴、劳作等养老问题。大足区"智慧养老"平台让老有所养落地生根，是数字赋能乡村生活富裕的生动诠释。

一、构建统一智慧养老服务体系

　　"智慧养老"平台采用了云计算、物联网、大数据及移动互联网等信息技术，统筹了全区乡村老人的数据，打造了区、镇、村三级养老服务平台，构建了农村互助养老服务网络，健全了养老服务管理运营机制，塑造了线上线下双向互联互通的数字化养老新模式。

　　一是整合资源、夯实基础，建立养老服务数据库。由大足区民政局牵头，有效整合各个政府部门关于乡村老人的数据信息，调动了村级组织、社会组织（志愿者、残疾人联合会）等资源信息。依托重庆市首个智慧民政系统平台——"智慧养老"平台，建立养老服务数据库。首先，通过资源的汇集，对全区老人的信息进行大数据管理，保证全面覆盖，理清全区老人的居住范围、身体情况、收入情况等多种信息；其次，关注高龄、独居、空巢、失能等特殊困难老年人，开展摸查，设置这类特殊困难老人的帮扶标准和帮助形式。养老服务数据库已实现对大足全区的老人信息的全面覆盖，采集了全区20.97万名老人的基础信息，并对5 161名残疾人、高龄老人、60岁以上分散特困老人进行了等级能力评估，建立困难老人健康档案4 200份；整合256家养老服务设施，绘制1张老人"关爱地图"，地图上可迅速查找出区内老人信息档案、动态管理数据库、养老服务设施现状、服务质量监管等内容。"智慧养老"平台有效整合了社会资源、政府资源、养老服务资源等信息资源，实现了城乡养老服务信息共建共享，保障了数字资源的有效供给。

二是以人为本、农村互助，探索养老服务新模式。针对老人无固定经济来源、无年轻人照料生活、无社会文化活动、无良好养老服务资源等问题，为满足老人"不离开乡土环境、不失去亲情陪伴、不改变生活方式"的养老服务需求，"智慧养老"平台依托镇街养老服务中心、村级养老互助站等养老服务设施，在首批122个重点村（社区）试点推行农村社区互助养老模式，构建了"政府部门指导＋互助组织负责＋社工机构引导＋社会力量协同"的新路径。在考虑老人生活水平的前提下，大足区政府为5 161名残疾人、高龄老人、60岁以上分散特困老人购买智慧居家养老服务。此外，还培育起122支为老服务互助队伍和5 000余名邻里互助人员，探索开展"积分兑换"制度，建成"村（居）委会＋居家养老服务＋医养结合服务＋社会志愿服务"的基层社区互助养老新方式，累计为农村老年人提供服务1万余次，为数字乡村建设打下坚实的群众基础。

三是智慧引领、网络助力，开展"互联网＋养老"服务。通过老人个人健康管理和健康数据人工智能分析业务应用，进行老人健康电子档案管理、体检报告管理、健康大数据分析等多项服务。建立智慧养老呼叫服务中心，整合为老服务资源，委托第三方为首批近4 600名城乡低保、特困、空巢等困难老人提供服务，服务涵盖紧急援助、主动关爱、健康管理等线上支持和助洁、助餐、助浴、助行等线下上门等内容，实现服务派单、工单跟踪、服务项目和服务评价的整合。智慧养老呼叫服务中心自2020年8月运行以来，为农村老人提供12 772次助洁、助餐、助浴、助行线下服务，179 665次主动关爱、健康管理等线上服务，实施紧急救助15次。大足区通过"互联网＋养老"的服务，实现了农村老年人享有养老服务资源的机会均等。

四是远程管理、万物互联，推行养老服务在线监管。在社区养老服务管理中，空巢、失能的乡村老人为民政管理带来了很大的挑战。对于大部分老人而言，因为缺少人员监护，发生意外或走失往往无法被及时发现，并且能为老年人提供帮助的志愿队伍人力有限，难以实现全天候及时响应。"智慧养老"平台通过数字化手段，实现了空巢、独居的乡村老人的数据化实时监护功能，通过开发呼叫手机、随身定位装置、智能腕表等智慧养老设备，在物联网技术的作用下，实现了线下设备和线上数据的互通。在养老机构中，"智慧养老"平台结合机构内的视频监控、消防报警设施，能够实现对养老机构远程、实时、动态、高效的日常安全监督、管理，加强对机构的安全管理体系建设，提高消防安全保障和突发事件应急管理。

二、完善养老服务资源配置

"智慧养老"平台上线以来，有效促进了农村老年人享有均等的养老服务资源，建成"村（居）委会＋居家养老服务＋医养结合服务＋社会志愿服务"的农村社区互助养老新模式。根据服务跟踪评价，服务回访率100％，服务好评率99％。

一是资源整合，搭建为老服务桥梁。大足区"智慧养老"平台通过养老服务的资源整合，有效解决了服务供需信息不对称问题，有效调动了政府资源、社会资源、养老服务资源，形成了功能完整、覆盖全面、响应及时的养老顾问体系，养老资源在各个服务主体之间实现了及时对接、高效利用。同时，在实现全区养老资源高效利用的同时，也兼顾特殊的老年群体，依照区政府制定的评价体系，聚焦失能老年人群体，满足失能老人居家照护服务的需求，免除全区失能老人的生活服务费用。"智慧养老"平台还完善了上门服务标准化流程，有力化解了老人因出行不便而造成的难题，以线上预约服务的形式，依托专业社会组织，开展基本生活照料、康养、精神慰藉等上门服务。资源的整合极大提升了全区养老服务能力，也充分发挥了互联网＋养老综合服务平台的统筹、调度、监管作用，智能化跟踪分析老年人服务消费数据和行为模式，用科技推动养老服务业发展，不断提高老年人的获得感和幸福感。

二是构建体系，实现了新型养老业务管理。通过构建统一智慧养老服务体系，实现了虚实结合、线上线下协同、多渠道感知、多元服务主体共存、多类养老模式融合的新型养老管理服务模式。目前，大足区基本实现了养老服务基础数据、养老服务业务开展、政府补助资金和服务质量监管的智能分析应用，"智慧养老"平台已收集全区20.97万户老人的基础信息，为5 161名特殊困难老人建立完整的服务档案；还整合管理各类社区养老服务机构（设施）

256家，生成1张养老服务"关爱地图"，通过"关爱地图"上的数据显示，能够对区内养老资源进行全面的智能化、数字化管理。此外，通过构建统一的智慧救助服务体系，建立起了主动发现、及时施救的困难群众救助工作网络，推进帮扶救助工作精细化、规范化、标准化，实现养老业务管理的数字化、智能化、人性化，维护并促进社会和谐稳定。

三是数据汇集，实现养老领域数据共享联动。"智慧养老"平台汇集了全面的养老数据信息，形成了政府部门和社会服务部门之间的信息流通，各项养老事务的开展更显融洽。一方面，"智慧养老"平台解决了不同服务主体间信息孤岛和信息不对称问题，打通了养老信息在政府、社会之间的壁垒，形成了区、镇、村的三级养老通讯录；另一方面，线上平台模式能够让养老信息的传播和反馈更为及时，显著改善数据使用效率，提升公共服务能力。通过打破养老行业的信息壁垒，根据"智慧养老"功能设备的需要情况开发和使用相关产品，打造和谐统一的智慧养老全产业链生态圈，有助于各服务主体做精做强自身的业务，为老人提供更高效、更实用和更具性价比的产品，并充分发挥政府部门的监督管理作用。

四是安全至上，老人生命健康安全全面保障。"智慧养老"平台通过云计算、物联网及移动互联网等相关技术的应用，以智能前端设备为信息采集渠道，将老人健康管理、应急呼叫、在线监控、定位、设备管理等相关功能进行集中。在养老机构的安全管理中，结合机构视频监控实现对养老机构远程、实时、动态的日常安全监督、管理，使得养老服务、安全监管服务、健康管理服务能输送到每个家庭，促进养老服务实现跨越式的水平提升。大足区依托"智慧养老"平台建立1个养老视频监管中心，全区52家养老服务机构、各级社区养老服务设施的公共区域视频均接入监管系统，可以实现24小时远程、实时、动态、高效的日常安全监督、管理。

三、以完善平台功能推动覆盖全面

回顾大足区"智慧养老"平台的建设和应用过程，其有效经验主要体现在以下几个方面。

一是以功能多样化覆盖老人生活问题。"智慧养老"平台设置了生活服务、订餐、养老设施等多个功能模块，包含了助餐、助洁、助行、护理、检测、文化娱乐等多种具体服务功能，还提供养老机构、日间照料中心等养老基础设施的选择。将多种功能放进一个平台的做法较为全面的覆盖了乡村老人的大多数生活难题，助餐、助行等服务着力于老人物质生活上的问题，陪伴聊天等文娱活动还解决了部分老人精神生活空虚的问题。

二是以线上积分制促进志愿者积极参与。线上平台设立积分制功能，志愿者参与养老志愿活动后上传音频材料到平台，平台智能化系统以服务时间、服务质量作为评价内容进行评价，志愿者获取积分。平台显示志愿者的积分数值可用于"云"上商品兑换或购买商品打折。线上积分制极大程度促进了志愿者投身乡村治理的获得感、荣誉感。

三是以数字化技术手段监测老人生活情况。"智慧养老"平台通过大数据收集乡村老人的电子档案、体检报告，以算法功能对老人的身体状况进行"健康大数据分析"并通知到老人或者负责人，能较为有效的了解老人的身体状况。此外，应急呼叫、在线监控、定位等功能保证了老人能受到实时的健康监管，并且在老人独居和独自外出发生突发情况时能第一时间被发现并展开救助。

四是以养老数字化助推养老产业发展。数字化养老的实现需要一系列养老设备，如监控器、报警器、智能腕表等一系列智能终端，还需要建立养老合作社、互助社等一系列基础设施，这就催化出一批数字化养老产业的兴起。并且，不断更新迭代的养老设备为养老服务的精准化、便捷化提供了现实条件，养老产业的兴起和发展也促进养老服务的提高。在两者的双向促进下，大足区的养老水平得到了极大提高。

四、大足区"智慧养老"平台面临的挑战

整体来看，大足区"智慧养老"平台成效显著，通过数字技术有力地促进了辖区老年人老有所养、老有所乐。但由于数字化平台对于老人而言仍属于新鲜事物，在现实的建设和推广中也面临着一系列难题与挑战。

一是老人对"智慧养老"平台的认知度不高。一部分乡村老人由于居家环境没有网络宽带、没有手机或者不能熟练使用手机，所以对"智慧养老"平台的认知不高，现有的宣传渠道仅限于养老服务网站、微信公众号、App和养老服务热线，能够触达的养老服务消费用户和支付用户有限，这就导致"智慧养老"平台的功能设置不能覆盖到所有的老人，很多老人不了解"智慧养老"平台的功能和衍生产品的作用。另外，传统观念中"养儿防老"的养老思想使老人认为子女赡养的形式优于数字化养老，这在一定程度上也制约着老人对于"智慧养老"平台的使用。

二是智能化终端的普及率不高。智能终端（如报警器、监视器、一体式背包）的使用，虽然可以有效保障乡村老人的身体状况得到监测，还可以及

时的预测、防范老人疾病的发生，但是智慧养老服务多采用"企业运营、政府买单"的运营模式，基础养老服务和智慧健康终端产品多由财政以购买服务的方式免费发放给用户。而政府财政的购买力是有限的，可能造成智慧养老服务商盈利模式的不可持续性。

三是老人对养老服务功能支付能力较弱。"智慧养老"平台推出了一系列功能，如助浴、助餐、上门送餐等收费性服务，"上门烹饪"收费80元，收费最低的"上门送餐"项目也需要20元。但是一些老人未富先老，支付能力和意愿都比较受限，特别是对生活较为贫困的老人来说，这样的收费可能是昂贵的。收入的差距导致应用数字化养老服务水平的差异，还可能导致乡村老人对平台认可度的降低，影响平台的口碑。

四是满足老人文化需求的养老产品推出较少。"智慧养老"平台主要从日常生活照料角度出发，解决乡村老人物质生活难题的功能推出较多，比较全面地解决了老人日常生活的物质难题。但是，关于老人的精神文化需求，只推出了文娱活动的功能。乡村老人的精神需求是多样的，诸如棋牌休闲、歌舞等，而这些只能在养老中心或者是互助社实现。

五、进一步推进大足区"智慧养老"平台建设的对策建议

针对大足区"智慧养老"平台面临的现实挑战，可以从以下几个方面不断改进完善。

一是加强"智慧养老"平台的宣传。首先，加强对乡村老人的宣传，村委会、村级养老互助社组织人员与老人进行一对一宣传，通过直接对话的形式讲清"智慧养老"平台的政策补贴、功能使用、养老机构设置等；其次，加强对老人子女或负责人宣传，讲清智能化、及时化的功能性服务和安全性保障，尤其是一些独居的乡村老人的子女；最后，展开多种形式的"智慧养老"活动和宣传会，让一些受益于"智慧养老"的老人进行现身说法，增强乡村老人对"智慧养老"平台的认知。

二是以养老需要推进智能终端的普及。智慧养老不能为智而"智"，只追求养老终端的网络化和智能化，而要充分考虑乡村老人养老服务的需要和生活习惯。可以先普及满足老人基本需要的终端设备，如报警器、监护腕表，还要考虑到老人的操作能力，设计一些功能按键简便、可辨别的设备。总之，要从老人的现实需要出发来设计智能终端，以多种方式促进智慧养老的可持续发展，推动养老的数字化进程。

三是扩大补贴的来源，适当降低部分养老产品的价格。数字化养老需要

政府财政的大力支持，通过对老人以及家庭收入情况的不同，制定帮扶标准，对于一些生活特别贫困的失能、残疾老人进行财政覆盖；同时，加强村委会对乡村老人的安置，扩大"智慧养老"的宣传面，积极鼓励慈善行为。

四是加快养老文化产品的推出。首先，通过走访调研收集和整理老人的文化需要，在线上平台推出一些老人喜欢的正能量文化产品，如陪同下棋、陪同书画等，通过"智慧养老"平台可以组织线上、线下的免费文化活动。其次，发挥区级、县级、村级养老中心和互助社的区域影响，以养老机构为中心开展文娱活动，辐射所在地区的乡村老人；同时扩大志愿服务队伍，选拔具有文艺表演经验的人员，建立一支专业队伍，定期展开文化活动。

图书在版编目（CIP）数据

数字赋能乡村振兴：理论与实践／王娜著．—北京：中国农业出版社，2023.5
ISBN 978-7-109-30673-8

Ⅰ.①数…　Ⅱ.①王…　Ⅲ.①数字技术—应用—农村—社会主义建设—研究—中国　Ⅳ.①F320.3-39

中国国家版本馆 CIP 数据核字（2023）第 074478 号

数字赋能乡村振兴：理论与实践

SHUZI FUNENG XIANGCUN ZHENXING：LILUN YU SHIJIAN

中国农业出版社出版

地址：北京市朝阳区麦子店街 18 号楼
邮编：100125
责任编辑：闫保荣　文字编辑：何　玮
版式设计：杨　婧　责任校对：吴丽婷
印刷：北京中兴印刷有限公司
版次：2023 年 5 月第 1 版
印次：2023 年 5 月北京第 1 次印刷
发行：新华书店北京发行所
开本：700mm×1000mm　1/16
印张：14.75
字数：248 千字
定价：78.00 元